W0323922

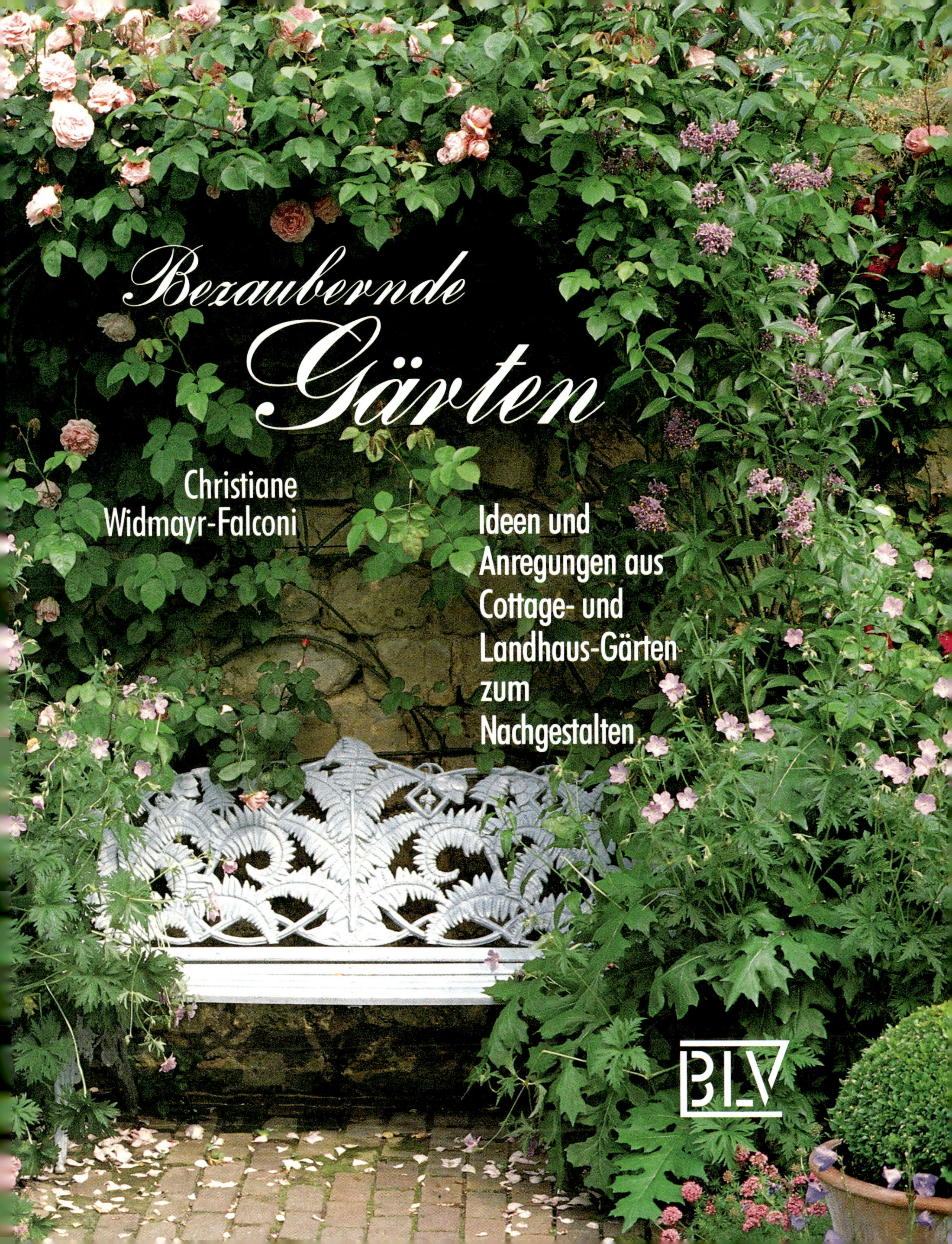

Bezaubernde Gärten

Christiane Widmayr-Falconi

Ideen und Anregungen aus Cottage- und Landhaus-Gärten zum Nachgestalten

BLV

»Es ist ganz gleich, ob ein Garten klein oder groß ist. Was die Möglichkeiten seiner Schönheit betrifft, so ist seine Ausdehnung so gleichgültig, wie es gleichgültig ist, ob ein Bild groß oder klein, ob ein Gedicht zehn oder hundert Zeilen lang ist. Die Möglichkeiten der Schönheiten, die sich in einem Raum von 15 Schritt im Geviert, umgeben von vier Mauern, entfalten können, sind einfach unermeßbar.«

Hugo von Hofmannsthal

Für Maria Burger

CIP-Titelaufnahme der Deutschen Bibliothek

Bezaubernde Gärten:
Ideen und Anregungen aus Cottage- und Landhaus-Gärten zum Nachgestalten / Christiane Widmayr-Falconi. –
München; Wien; Zürich: BLV, 1991
ISBN 3-405-14108-7
NE: Widmayr-Falconi, Christiane

BLV Verlagsgesellschaft mbH,
München Wien Zürich

8000 München 40

Das Werk einschließlich aller seiner Teile ist urheberrechtlich geschützt. Jede Verwertung außerhalb der engen Grenzen des Urheberrechtsgesetzes ist ohne Zustimmung des Verlags unzulässig und strafbar. Das gilt insbesondere für Vervielfältigungen, Übersetzungen, Mikroverfilmungen und die Einspeicherung und Verarbeitung in elektronischen Systemen.

© 1991 BLV Verlagsgesellschaft mbH, München

Satz: Appl, Wemding
Druck und Bindung:
Neue Stalling GmbH, Oldenburg

Printed in Germany · ISBN 3-405-14108-7

Bildnachweis:

Apel 176 u, 177 u, 180 u, 181 o, 183
Burda 77 m
Eisenbeiss 179 o, 179 u, 180 o, 181 u
Falconi 10/11, 12 l, 12 r, 18, 19, 20, 22/23 o, 22/23 u, 24, 25 o, 25 u, 26, 27 o, 28, 29, 30, 33 o, 34, 36, o, 36 u, 37 r, 39 o, 39 u, 40, 42, 44 o, 45 u, 46 ul, 46 o, 46/47, 47 m, 48 o, 48 u, 49, 50 u, 50 o, 51, 55, 56/57, 57, 60 ol, 61 o, 61 u, 62, 64/65, 66 u, 67, 69, 71, 72 or, 73, 74 r, 74 ul, 75 u, 76, 77, 78 o, 79, 80/81, 81, 82, 83, 86/87, 88, 89 o, 89 u, 90/91, 94, 96/97, 98, 111, 115, 116, 122/123, 124 l, 126 ur, 128 u, 130/131, 131, 132, 142, 150, 153 l, 160, 161, 163, 173, 185 u
Flora/Caspersen 108/109
The Garden Picture Library, London 91
Hans Huber 1, 2/3, 8/9, 37 l, 38 u, 54 u, 60 u, 60 or, 66 ol, 66 or, 68 u, 72 ol, 113, 118 u, 126 o, 128 o, 138, 140, 144, 145, 147/148, 149, 155, 185 o, 185 m
Kögel 13, 14/15, 21, 27 u, 32, 45 o, 47 or, 54 or, 65, 66 m, 78 u, 112/113, 124 r
Nickig 31 o, 53, 54 ol, 56 ul, 63 o, 63 u, 68 o, 84/85, 104/105, 110/111, 134, 143
Reinhard 31 u, 106
Seidl 43, 52, 105 o, 151, 153 r, 176 o, 177 o, 178 o, 178 u, 180 m, 182 o, 182 u
Stangl 105 u
Stehling 109
Stein 139
Tittlbach 16/17, 33 u, 38 o, 44 u, 58/59, 70/71, 75 o, 76/77, 93, 100 o, 100 u, 101, 114, 118 o, 123, 126 ul, 136, 138/139, 153 m, 170

Titelfotos: A. Nickig (Vorderseite)
A. Kögel, H. Huber (Rückseite)

Zeichnungen: Elfie Vierck-Petschelt

Umschlaggestaltung:
F & H Werbeagentur GmbH, München

Layout: Anton Walter, Gundelfingen

Danksagung

Allen, die mir bei der Entstehung dieses Buches mit ihrem Wissen und tatkräftiger Unterstützung zur Seite standen, möchte ich an dieser Stelle herzlich danken: meinen Eltern, ohne deren engagierte Hilfe das Buch weder angefangen noch beendet worden wäre, Monika Tittlbach, deren Sachkenntnis und herzliche Anteilnahme mir meine Arbeit erheblich erleichterte und Andrea Kögel, die mit vielen hilfreichen Tips aus ihrem großen Wissensschatz wesentlich zur Abrundung dieses Buches beitrug.

Dankbar bin ich auch dem BLV-Verlag, weil er es mir ermöglichte, meine Ideen zu verwirklichen und »meinen Mitarbeitern« beim Verlag, die durch ihre eigene Begeisterung für das Thema und die unermüdliche sachkundige Hilfestellung viel dazu beigetragen haben, daß das Buch so abgeschlossen werden konnte, wie es nun vor Ihnen liegt.

Mein herzlicher Dank gilt auch meinen beiden »Leibfotografen« – meinem Mann, Carlos Falconi und Hans Huber – sowie allen weiteren Fotografen, die die Gartenmotive, die mir so am Herzen lagen, auf solch ansprechende, subtile Weise mit ihren Kameras eingefangen haben.

Ebenso dürfen die wunderschönen Grafiken von Elfie Vierck-Petschelt an dieser Stelle nicht unerwähnt bleiben, haben sie doch wesentlichen Anteil an der schönen optischen Erscheinungsform dieses Buches.

Auch meinen Kindern Laura und Maira möchte ich an dieser Stelle Dank sagen für ihr Verständnis und die Geduld, die sie stets für ihre arbeitende Mutter aufbrachten. Und natürlich gilt mein besonderer Dank jenen Gärtnerinnen und Gärtnern, die die wahren Grundlagen dieses Buches hegten und pflegten und mir den Besuch und auch die Veröffentlichung ihrer grünen Paradiese freundlich gewährten.

Vorwort

Ein kleines grünes Paradies – geheimnisvoll, verlockend und mit einem Hauch von Romantik, voller zauberhafter Überraschungen, eingewoben in duftende Stille und mit einer üppigen Blumenpracht, die so natürlich wirkt, als hätte der Zufall sie dorthingepflanzt und nicht eine ordnende Menschenhand. Und über allem schwebt eine leise Heiterkeit, eine spielerische Leichtigkeit, die die Geräusche der hektischen und rastlosen Welt draußen – wenigstens für eine Weile – verstummen lassen. Wünschen sich nicht die meisten von uns insgeheim so ein grünes Glück vor der eigenen Haustüre?

Und wie sehen unsere Gärten statt dessen aus? Dort macht sich viel zu oft gähnende Langeweile breit. Kein Wunder, denn schon von der Terrassentür aus läßt sich alles mit einem Blick einfangen. Ein Rosenbeet, das an die Terrasse angrenzt, ein paar kleine Rabatten hier und da, etwas Rasen mit eingestreuten Koniferen, vielleicht noch ein kleiner Teich oder ein Steingärtchen und außen herum vereinzelt ein paar Sträucher – alles auf einen Blick serviert. Es gibt nichts romantisch Verborgenes, das unsere Neugierde wecken könnte, nichts, das unseren Entdeckerdrang anregt. Was fehlt, sind interessante Blickpunkte, etwas, das das Auge reizt und für Überraschung sorgt. Es ist also allerhöchste Zeit etwas zu verändern – nur »wie«, das ist die Frage.

Nun gibt es ja bekanntlich nichts, was den leidenschaftlichen Gärtner brennender interessiert, als sein Garten – mit Ausnahme des Gartens seines Nachbarn. Und so ein wenig »grüne Spionage« über den Gartenzaun hinweg ist wirklich oft das beste Hilfsmittel, um zu neuen Ideen und Anregungen zu gelangen. Glücklicherweise gibt es ja schon jene zauberhaft »verwunschenen« Gärten, von denen wir im Stillen träumen – zwar dünn gesät, aber immerhin. Seit Jahren haben mich diese Garten-Schätze fasziniert und beschäftigt, deren Bilder hin und wieder – wie kleine märchenhafte Lichtblicke – in Gartenzeitschriften und Büchern auftauchen und wieder verschwinden, ohne das Geheimnis ihres Zaubers wirklich zu lüften. Ich wollte es aber genau wissen – ich wollte die »Rezepte« herausfinden, die diese Gartenträume Wirklichkeit werden lassen. In England, Holland, Belgien und auch bei uns öffneten mir freundliche Gartenbesitzer bereitwillig die Gartenpforten und gaben unermüdlich Antwort auf eine ganze Flut von neugierigen Fragen.

Zu meiner eigenen Überraschung sind die meisten dieser grünen Paradiese tatsächlich von begeisterten Amateuren geplant und angelegt – abgesehen von vereinzelten Tips und Anregungen aus berufenem Munde, wenn es mal nicht so recht weiterging. Macht Ihnen das nicht Mut? Unter den Gartenschöpfern gibt es – neben Malern, Architekten, Lehrern auch ganz besonders viele Hausfrauen, deren Kinder schon erwachsen sind und die nun mehr Zeit haben, um ihrem grünen Hobby zu frönen. Alle diese Menschen scheint das Gleiche zu verbinden: Liebe zum Lebendigen, Feingefühl und Farbensinn, ein zarter Hang zur Romantik, nie versiegende Phantasie und ansteckender Humor, aber auch eine große Portion gesunder Menschenverstand und jede Menge Geduld. Was ich von ihnen über Gärten gelernt und erfahren habe, ist in diesem Buch gesammelt. Manches davon habe ich allerdings erst ein wenig auf deutsche Klimaverhältnisse und auf unsere – in der Regel bescheideneren – Gartengrößen »zurechtgebogen«. So sind auch in den Listen nur Pflanzen aufgeführt, die bei uns problemlos gedeihen. Und auch einige selbsterfundene und erprobte Gartenrezepte möchte ich diesem Buch beisteuern.

Viele unvergeßliche Stunden habe ich an diesen duftenden, friedvollen Orten, die die Seele berühren, verbracht und beim Lauschen auf ihre klingenden Gartenmelodien den Alltag um mich her vergessen. »Ein Garten muß voller Geheimnisse stecken. Und selbst noch die kleinste Fläche kann man so gestalten, daß es irgendwo eine Überraschung gibt.« Das war eine der Gartenweisheiten, die ich hier – von einer bezaubernden alten Dame – erfahren habe. Und wirklich, diese Gärten wissen ihre Geheimnisse zu hüten und lassen sich niemals gleich auf den ersten Blick erobern. Immer wieder ist Neues und Aufregendes zu entdecken. Blütenumsponnene Mauern, streng geschnittene Hecken, blumenübersäte Rankgitter, überwucherte Pergolen und Laubengänge und romantische Blumenbögen bilden die Kulissen und erlauben kurze, verlockende Einblicke in die Schätze, die sich dahinter verbergen. Vielleicht ist es ein nützlich-schönes Küchengärtchen, oder ein Blumenbeet ganz in schimmerndem Weiß und Grau, vielleicht ein leise plätschernder Brunnen oder auch eine Rosenlaube mit betörend duftenden Rosen aus Großmutters Garten, die es zu entdecken gibt. Grün umsponnene Pfade, die unseren Blicken entschwinden, lassen uns Neues ahnen. Blütenbekränzte Treppenstufen fordern uns auf, hinauf- oder hinunterzusteigen, um geheimnisvolle Plätze zu ergründen. Kleine Gartenornamente, von wuchernden Blumen fast verborgen, ziehen die Blicke auf sich. Jenseits des Rasens schimmert unter grünem Laub eine weißgestrichene Sitzbank hervor und in einer stillen Gartenecke wartet ein winziges, mit duftendem Geißblatt umranktes Gartenhäuschen auf Besucher. Gibt es wohl einen bezaubernderen Kontrast zur Welt aus Plastik, Beton und Asphalt, in der viele von uns heute leben müssen? Vielleicht ist es auch das Gartenglück von dem Sie längst im stillen träumen, das Sie auf herzerfrischende Weise von Ihren Alltagssorgen ablenken soll, Ihnen eine Erholungspause von der täglichen Hektik gönnt und obendrein Ihre Phantasie beflügelt und alle Sinne anspricht. Dann lassen Sie sich anregen und inspirieren von den mit der Kamera eingefangenen Gartenbildern in diesem Buch, denn »Schönes zu betrachten, ist ein gutes Werk«, sagt ein türkisches Sprichwort. Etwas mühsamer ist es natürlich, Schönes selbst zu bewirken – dafür ist die Freude am Geschaffenen aber auch unendlich viel größer. Dabei sollen Ihnen die vielen Pflanzenlisten, Gestaltungsvorschläge und Tips der folgenden Seiten helfen – damit Ihrem grünen Paradies vor der eigenen Haustüre nichts mehr im Wege steht.

Inhaltsübersicht

Über die Planung des Gartenglücks 9

Der »unvollendete Garten« 9

Ein wenig Detektivarbeit voraus 9

Falls es schon einen Garten gibt 10

Drei goldene Regeln für die Planung 11

Haus und Garten als Einheit 11
Die Idee 11
Blick durchs Fenster 12

Der Garten-Wunschzettel 12

Gartenideen erhalten Kontur – die Planung 13

Der Garten wird lebendig – die Bepflanzung 14

Der äußere Rahmen 17

Wege mit Charme 17

Feste Beläge rund ums Haus 19
Dauerhaft und wunderschön – Natursteinplatten 21
Hübsche Muster mit Klinkern 22
Granitpflaster hat den Bogen raus 24
Flußkiesel bereiten den Weg 25
Neue Gartenwege gehen – mit Kunststeinplatten 26

Weiche Beläge für pflastermüde Füße 26
Der gute alte Kiesweg 27
»Waldweggefühle« auf Rindenmulch 28

Trittfestes Grün – bepflanzte Wege 28
Rasenpfade 29
Duftpfade 29
»Laufkamillen« 30 – Thymian 30 – »Laufminzen« 31 – Fiederpolster 31

Treppauf, Treppab 32

Ein Blütenkleid für die Treppe 36

Wände für das grüne Zimmer 37

Geborgen hinter dichten Hecken 38
Heckenkunst mit der Gartenschere 39
Auf die richtige Auswahl kommt es an 40 – Wenn Sie eine Hecke pflanzen … 41 – Mit der Schere schnipp und schnapp 41
Blumengirlanden für die Hecke 42
Wände mit Blüten und Blättern 43

Eine Mauer birgt Geheimnisse 44
Ein Evergreen – der Zaun 46
Holz treibt Blüten – Klettergerüste für Pflanzen 47
Romantische Gitterwände 48
Klettergerüste aus Rundhölzern 49

Lebende Zäune als Raumteiler 49
Seilkünste und Drahtseilakte 49
Efeu-Wände 51
Ein »Jägerzaun« voller Leben – die Gitterhecke 51
»Blumenriesen« als Raumteiler 52

Romantische Garteneffekte: Blumenbögen, Laubengänge und Pergolen 53

Blumenbögen – Tore im Zauberland des Gartens 53
Idyllische Laubengänge 55
Mit südlichem Charme – die Pergola 56

Die Ausstattung 59

Sitzplätze für die schönsten Stunden 59

Viel Platz für gesellige Runden – die Terrasse 60

Lauschige Plätzchen im Grünen 63

Für stille Stunden – Gartenbänke 64

- Formvollendetes aus Holz 64
- Romantisch Verschnörkeltes aus Gußmetall 66
- Kunstwerke aus Stein und Kunststein 66
- Duftbänke 67

Die alte Laubenherrlichkeit 67

- Gewachsene Lauben 68
- Gebaute Lauben 68
- Pavillons 69
- Gartenhäuschen 69

Kleine Wasserwelt 70

So kommt Bewegung ins Wasser 71

Winzige Wasserstellen – große Wirkung 71

»Musikalische« Quellsteine 72

Faszinierende Kleinigkeiten 73

Blickfang im Garten – Pflanzgefäße 73

Zauberhafter Gartenschmuck 76

- Blätterrahmen und Blütenkleid 79

Grüne Geometrie 80

Romantische Gartenideen 85

Kräuterzauber 86

Ein Loblied auf die Kräuter 86

Üppige Kräutergeometrie 87

- Kräuterrabatte im Kreuzstichmuster 88
- Kräutersymphonie im Halbrund 88

Wildromantische Kräutergärten 90

- Die Kräuterterrasse 91
- Kräutergärtchen im Hochsitz 93

Das dekorative Küchengärtchen 94

Gaumenfreuden und Augenschmaus – ein Küchengarten nach klassischem Vorbild 97

Gärtchen vor dem Tor 100

Zaungäste 100

Troggärtchen vor der Hofeinfahrt 101

Ein Schaubeet für die Straße 102

- Nur eitel Sonnenschein 102
- Wenn hohe Mauern Schatten werfen 102

Im Garten der Düfte 104

Duftbeet für Nachtschwärmer 107

Kleine Duftinseln 108

Duftende Wasserwelt im Faß 109

Schwelgen im Minzen-Aroma 110

Ein Garten für Farbenkünstler 110

Sommernachtstraum in Weiß 115

Blumenpoesie in Blau 118

Romantischer Purpurglanz 120

Gelbe Lichtblicke 124

Gartenträume in Rosa und Violett 126

Garten der Blattkontraste 128

Geheimnisvoller Schattengarten 130

Helle Blüten bringen Licht ins Dunkel 132

- Strahlender Glanz für dunkle Ecken 132
- Garten der »Erleuchtung« 134

Bunte Blüten für dunkle Ecken 136

Rosen aus Großmutters Garten 138

Das »andere« Rosengärtchen 142

Rosen-Spielereien 144

- Bäume mit Doppelleben 144
- Rosenlauben 145

Pflanzen-Tabellen 146

Bezugsquellen 186
Literatur 188
Verzeichnis der abgebildeten Gärten 189
Register 190

Über die Planung des Gartenglücks

Der »unvollendete« Garten

Über eines sollten Sie sich unbedingt im klaren sein, bevor Sie daran gehen, Ihr grünes Paradies zu entwerfen – »fertig« wird es ganz sicher niemals sein. Mit der Planung schlagen Sie lediglich eine bestimmte Richtung ein. Man könnte auch sagen, Sie setzen einen Prozeß in Gang, der immer in Bewegung bleiben wird. So wie Sie sich im Laufe der Zeit wandeln, so wird sich auch der Garten mit Ihnen verändern – ein Leben lang. Wir und unsere Gärten befinden sich ständig in einer Art Übergangszustand und jedes Gefühl der Vollendung währt nur für einen kurzen, flüchtigen Augenblick.

Ein wenig Detektivarbeit voraus

Ein gelungener Garten hat nichts mit Hexerei zu tun und genauso wenig mit »plötzlicher Eingebung«. Das Gartenidyll, das uns vorschwebt, will sogar ganz besonders gut durchdacht und geplant sein – gerade weil es so romantisch verspielt und bezaubernd »zufällig« wirken soll.
Alles im Garten muß einen Sinn haben – praktischer oder ästhetischer Art. Sonst entsteht ein Wirrwarr und nicht ein harmonisches Ganzes. Überstürzen Sie deshalb nichts und lassen Sie sich bloß nicht zu einer übereilten »Blitzaktion« hinreißen. Das würden Sie hinterher sicher bedauern – vielleicht ein Leben lang. Ihr Haus werden Sie doch sicher auch nicht an einem einzigen verkaufsoffenen Samstag einrichten wollen. Beobachten Sie Ihren Garten erst einmal ein paar Wochen in Ruhe, bevor Sie sich ernsthaft daran begeben, Ihre Ideen in die Tat umzusetzen.
So sollten Sie sich unbedingt schon vorher über den Verlauf der Sonneneinstrahlung in Ihrem Garten klar werden, damit nicht Pflanzen, die ein Schattendasein bevorzugen, unvermittelt auf der Südseite landen. »Zieht« es etwa in Ihrem Garten, so daß

Windschutzmaßnahmen nötig wären? Sind Niveauunterschiede zu berücksichtigen oder ist Ihr Garten völlig eben? Gibt es einen Anblick, der Sie stört – vielleicht die Aussicht auf Nachbars Mülltonnen – und den Sie gerne kaschieren möchten? Oder können Sie sogar mit einer schönen Aussicht prunken? Es muß ja nicht gleich ein Gebirgspanorama sein, aber vielleicht ist es der Blick auf die Dorfkirche oder ein besonders schön gewachsener Baum auf dem angrenzenden Grundstück, der Ihnen gefällt und deshalb betont werden soll. Vielleicht könnten Sie das hübsche Bild sogar noch mit einem »Rahmen« aus Gehölzen oder mit Hilfe von Raumteilern hervorheben. Oder Sie stellen einen beeindruckenden Baum auf Ihrem Grundstück als anziehenden Mittelpunkt eines kleinen gepflasterten Platzes heraus.

An einem unfreundlichen, grauen Tag, an dem sie ohnehin lieber drinnen bleiben, bringen Sie dann Ihre Bestandsaufnahme in Form eines detaillierten Plans zu Papier. Im passenden Maßstab (oft ist 1:50 gerade recht) zeichnen Sie als erstes den exakten Verlauf der Grundstücksgrenzen auf. Dann folgt das Haus – vergessen Sie dabei aber nicht Türen und Fenster. Und schließlich führen Sie auch alle die anderen Gegenstände und Einrichtungen auf, die Ihr Garten sonst beherbergt. Zu guter Letzt tragen Sie noch sämtliche gesammelten Beobachtungen dort ein.

Falls es schon einen Garten gibt

Vielleicht sind Sie gerade stolzer Besitzer eines Hauses geworden, zu dem ein bereits angelegter Garten gehört. Und ziemlich sicher entspricht er nicht in allem Ihren Wünschen. Aber trotzdem – sehen Sie sich erst einmal ganz in Ruhe um, um sein Wesen, die ihm eigene Atmosphäre und seine Schönheiten zu erkennen. Nicht selten birgt ein bereits vorhandener Garten großartige Schätze. Einen alten Baumbestand etwa oder dicht gewachsene Hecken können Sie gar nicht hoch genug würdigen. Es liegt an Ihnen, mit großer Behut-

samkeit und Sorgfalt das Vorhandene, über Jahrzehnte Gewachsene, mit Ihren eigenen Ideen zu verbinden.
Freuen Sie sich über solch einen alten Garten mit einer zauberhaften »Patina«, die ihm nur die Zeit verleihen kann. Er wird Sie der Erfüllung Ihrer Gartenträume um ein großes Stück näher bringen.

Ein dichter Mantel aus Blüten und Blättern verwischt die harten Gegensätze zwischen Architektur und Garten. So entsteht ein fließender, harmonischer Übergang.

Drei goldene Regeln für die Planung

Jeder gute Garten hat seine eigene Atmosphäre und ein unverwechselbares Gesicht – und trotzdem gibt es für alle ein paar grundlegende, erprobte Regeln, die bei der Gestaltung weiterhelfen können.

Haus und Garten als Einheit

Am besten beginnen Sie mit der Gestaltung Ihres Gartens direkt am Haus. Damit zwischen beidem ein fließender, harmonischer Übergang entsteht, sollte die unmittelbare Umgebung des Hauses überwiegend formal und architektonisch gestaltet werden. Umgekehrt ist es von großem Vorteil, das Haus an seine grüne Umgebung anzupassen. Hüllen Sie es am besten in einen dichten, lebenden Mantel aus Spalierobst und Kletterpflanzen. Das empfiehlt sich ganz besonders, wenn Ihr Haus ohnehin ein bißchen Verschönerung nötig hat. Nicht umsonst heißt zum Beispiel der schnellwüchsige Kletterknöterich *(Polygonum aubertii)* im Volksmund »Architektentrost«. Auch eine blütenumsponnene Pergola kann in solchen Fällen wahre Wunder wirken.
Je weiter Sie sich dann bei der Gestaltung Ihres Gartens in die Randbereiche vorarbeiten, desto stärker können Architektur und Ordnung verblassen und desto »wilder« und natürlicher wird das Gartenbild. Grenzt Ihr grünes Paradies direkt an die freie Landschaft an, sollte der Übergang möglichst »nahtlos« sein.

Die Idee

Wenn uns ein Garten langweilt, wird uns dadurch deutlich, daß es nicht genug ist, nur Verschiedenes aneinanderzureihen. Viele Pflanzen im Garten – wären sie auch noch so schön – sind eben auch nur eine »Sammlung« und nichts weiter. Stopft man dann noch alles in ein einziges Blickfeld hinein, entsteht ein heilloses Durcheinander, das keinerlei Sinn ergibt.
Wenn uns der Anblick eines Gartens dagegen Vergnügen bereiten soll, braucht er zuallererst klare, erkennbare Ideen, die der Gestaltung zugrunde liegen. Teilen Sie Ihren Garten deshalb in eigenständige Bereiche auf, in einzelne »grüne Zimmer«, denen eine bestimmte Idee zugrunde liegt und die eine eigene Form erhalten. Die Kunst dabei ist, sie alle so zu einem harmonischen Ganzen zusammenzufügen, daß eine fließende wohlklingende »Gartenmelodie« entsteht. Dann wird Ihr Garten faszinierend und aufregend wirken.
Für die »Wände« der Gartenräume gibt es viele Möglichkeiten – man kann sie aus Hecken, Rankgittern, Pergolen und vielem anderen formen (Sie lesen an anderer Stelle noch mehr darüber). Setzen Sie diese grünen Kulissen ganz nach Lust und Laune ein. Sie können Blicke abschirmen, gewollt in eine bestimmte Richtung lenken, spielerisch kurze Einblicke gewähren und damit die Neugierde auf das dahinter Verborgene nur noch mehr entfachen oder auch – vielleicht ganz unerwartet – bezaubernde Durchblicke ermöglichen. Das hat nichts mit der Größe Ihres Gartens zu tun. Sogar ein schmaler »Handtuchgarten« am Reihenhaus gewinnt erheblich an Reiz und Spannung, wenn man in der Mitte einen blumenberankten, hölzernen »Raumteiler« – mit breitem Durchgang versteht sich – einzieht. Was sich dann dahinter befindet, liegt ganz bei Ihnen – vielleicht ein kleiner romantischer Sitzplatz, ein üppiges Küchengärtchen oder ein Paradies der Blumendüfte.

Blick durchs Fenster

In unseren Breiten läßt das Wetter leider oft zu wünschen übrig. Und so ist für viele Wochen beinahe alles, was wir von unserem Garten haben, der Blick durch das Fenster. Deshalb sollten Sie bei der Planung unbedingt darauf achten, daß Ihr Garten auch vom Zimmer aus gesehen wirkungsvoll und interessant ist.
Ich kenne einen Garten, der besonders attraktiv wirkt, wenn man ihn von oben betrachtet. Das war auch so beabsichtigt. Sein berufstätiger Besitzer möchte auch wochentags möglichst viel von seinem Garten haben und so genießt er ihn eben

Von einem Garten, der gleich vor dem Fenster beginnt, hat man viel mehr – auch werktags beim Frühstück und wenn das Wetter mal Kapriolen schlägt.

durch das Fenster – im Schlafzimmer, im Bad, im Wohn- und Eßzimmer – von allen Seiten.
Noch ein Tip: Holen Sie sich Ihren Garten so nah wie möglich ans Haus, damit Sie gleich auf »Tuchfühlung« sind. Lassen Sie die Grenzen zwischen Haus und Garten verschwimmen! Blumenrabatten direkt am Haus und »mobiles Grün« in Kübeln, Töpfen und Fensterkästen helfen Ihnen dabei. Und Kletterpflanzen senden Ihnen sogar noch Blumengrüße bis in die »höheren Regionen« Ihres Hauses.

Der Garten-Wunschzettel

Jetzt sollten Sie Ihre eigenen Wunschträume zu Papier bringen. Notieren Sie einfach, was Sie sich von Ihrem Garten wünschen. Vielleicht ein »lauschiges« Eckchen, um sich zurückzuziehen; einen großzügigen Platz zum Essen und Feiern; ein ro-

mantisches Gartenhäuschen für schöne Stunden zu zweit; ein aufregendes, grünes Paradies für kleine »Indianer auf dem Kriegspfad«; einen Ort, wo Gemüse und Küchenkräuter gedeihen; ein Refugium für bedrohte Tiere – zum Beispiel Schmetterlinge, Amphibien und Vögel – oder eine Blumenrabatte in sanften Farben.
Falls Sie – wie ich – zu den Leuten gehören, die immer genau wissen, was sie nicht wollen, aber für Vorschläge und Anregungen sehr empfänglich sind, dann blättern Sie lieber das Buch erst einmal durch – besonders den Teil mit den Gestaltungsvorschlägen. Vielleicht entdecken Sie dort noch das eine oder andere, das Sie gerne in Ihrem Garten hätten.
Bei aller Begeisterung für solch zauberhafte Plätze, dürfen Sie aber nicht vergessen, daß Ihr Garten auch auf das tägliche Leben zugeschnitten sein muß. Deshalb sollte er auch so »banale« Dinge beherbergen, wie Mülltonnen, Fahrräder- und Autostellplätze, Geräteschuppen und einen Platz für die Wäschespinne – nicht zu vergessen einen Komposthaufen, einen Aufbewahrungsort für Gartenmöbel und vielleicht sogar ein kleines Gewächshaus.
Schreiben Sie alles Nötige dann auf einer weiteren Liste zusammen. Es versteht sich von selbst, daß alle diese Einrichtungen im Garten gut erreichbar sein sollen. Aber weil sie nicht gerade einen »hinreißenden« Anblick bieten, lassen wir sie so schnell wie möglich hinter dichten Hecken und Rankgittern verschwinden.

Bei Blumenfreunden steht sie sicher ganz oben auf der Wunschliste: eine üppige Staudenrabatte.

Gartenideen erhalten Kontur – die Planung

Nun kommt das womöglich etwas kniffelige Problem auf Sie zu, wie Sie die Bestands- und die Wunschliste mit dem tatsächlich vorhandenen Platz »unter einen Hut« bringen. Vielleicht werden Sie – schweren Herzens – sogar dazu gezwungen sein, ein paar konsequente Abstriche an Ihrer Wunschliste vorzunehmen.
Am leichtesten wird Ihnen das fallen, wenn Sie gleich einen zweiten Plan »in Angriff« nehmen, auf dem Sie Ihren zukünftigen Garten dann entwickeln. Der Einfachheit halber sollten Sie dafür ein möglichst festes Transparentpapier verwenden. Das legen Sie auf Ihren Bestandsaufnahmeplan und pausen erst einmal die Grundstücksgrenzen, die Umrisse Ihres Hauses und alles, was sonst noch erhalten bleiben soll, durch. Und unter Beachtung all Ihrer zusammengetragenen Beobachtungen können Sie nun damit beginnen, die passenden Standorte für die verschiedenen Einrichtungen zu finden.
Zunächst werden Sie alles nur grob skizzieren und dann nach und nach mit den exakten Maßen herausarbeiten. Untergelegtes Millimeterpapier ist dabei hilfreich. Ist alles geschafft, wird sich der günstigste Verlauf der Wege beinahe von selbst aufdrängen. Schritt für Schritt ergeben sich so die Konturen Ihres Gartens. Sind Sie schließlich mit allem zufrieden, können Sie dazu übergehen, die wichtigsten Punkte und Linien und den Verlauf der Wege draußen, an Ort und Stelle, mit Schnüren und Stäben zu markieren und abzustekken. Und wenn Sie – vielleicht aus Rücksicht auf Ihren Geldbeutel – nicht gleich alle Ihre Gartenträume realisieren können, schadet das gar nichts. Mit Ihrem fertigen Plan wissen Sie ja nun, wo es »langgehen« soll und können Stück für Stück Ihren Garten Wirklichkeit werden lassen.

Der Garten wird lebendig – die Bepflanzung

Nun können wir uns endlich dem widmen, wonach wir uns angesichts der »nackten Tatsachen« um uns herum schon lange gesehnt haben – der Begrünung des Gartens. Dabei sind Bäume, große Solitär-Sträucher und Hecken erst einmal das wichtigste. Sie bilden den Rahmen, das Gerüst unseres Gartens. Und sie sind es auch, die für Sicht- und Windschutz sorgen. Dadurch wird klar, daß sie ganz besonders sorgfältig ausgesucht und plaziert werden müssen – und dies umso mehr, je größer und älter so eine Pflanze werden kann. Je eher sie alle einen passenden Platz erhalten, umso schneller wird Ihr Garten Form annehmen. Das ist auch der Grund, warum besonders leidenschaftliche Gärtner schon die ersten Pflanzlöcher ausheben, wenn gerade erst das Richtfest beim Hausbau gefeiert wurde.

Ist der lebende grüne Rahmen geschaffen, werden die kleinen Sträucher und die langlebigen Blumen eingefügt. Die schnellwüchsigen und kurzlebigen »Lückenfüller« halten erst ganz zuletzt Einzug. Mit diesen Pflanzen läßt es sich viel leichter experimentieren. Sie sind nicht so teuer und vertragen schon mal einen »Umzug«, wenn bei der Gestaltung Fehler unterlaufen sind. Was die mehrjährigen Stauden angeht, sollten Sie den Blumen mit auffälligem, hohen Wuchs und langer Blütezeit zuerst Ihre Aufmerksamkeit schenken. Denn als »Leitstauden« werden sie in der Blumenrabatte den Ton angeben und schon von weitem sichtbar blühende Akzente setzen. Der bescheidenere »Hofstaat« wird von vielen »Begleitstauden« gebildet. Diese Blumen wachsen mehr in die Breite und sind auch häufig mit weniger Licht zufrieden. Sie tragen dazu bei, die Schönheit ihrer imposanten Nachbarn noch zu unterstreichen und helfen vielfältige Variationen in das darzustellende Gartenthema zu bringen. Das heißt aber nun nicht, daß nicht auch ganz entzückende Schönheiten unter ihnen zu finden wären – man muß sie eben nur mehr aus der Nähe betrachten. Zusammen mit den ein- und zweijährigen Sommerblumen sorgen sie für Üppigkeit im Blumenbeet. Dazwischen bleibt noch genügend Platz für ausdauernde Zwiebelblumen, riesenhafte und winzige, die – wie Sternschnuppen – die Rabatte in ihr Licht tauchen, um nach verhältnismäßig kurzer Zeit wieder zu »verglühen«.

Für die verschiedenen Ideen, die Sie in Ihrem Garten verwirklichen möchten, müssen Sie sich nun unter der ungeheuren Fülle diejenigen Pflanzen heraussuchen, die für dieses Thema charakteristisch sind und es deutlich erkennen lassen. Die entsprechenden Listen im Buch werden Ihnen dabei behilflich sein. Besonders die »ungekünstelten«, schlichten Blumen-Schönheiten sollten in Ihrem Garten Platz finden. Die meisten von ihnen haben sich schon seit vielen Generationen, manche sogar seit Jahrtausenden bewährt. Es sind sehr »gutmütige« Pflanzen, voll strotzender Vitalität, »pflegeleicht« und ohne besondere Ansprüche. Sie benötigen von Ihnen kaum mehr Hilfe als einen guten Start, um pro-

blemlos zu gedeihen. Und viele sind auch schon mit »wohlwollender Vernachlässigung« zufrieden. So bleibt Ihnen – neben der Gartenpflege – auch noch Raum für andere Hobbys. Verschwenden Sie aber nie Ihre Zeit, Energie und Geld mit dem »Hochpäppeln« von heiklen »Exoten«, die trotz aller Säfte und Pulver dann doch nicht gedeihen wollen. Und meiden Sie unbedingt all die modernen Hybriden mit riesigen Blüten in lauten, »knalligen« Farbtönen. Es gibt wohl kaum etwas weniger romantisches als tellergroße Dahlien in den grellen Farben eines Rummelplatzes. Entscheiden Sie sich lieber für die echten Edelsteine unter den Blumen – die mit zierlichen Blüten, erlesenen Farbtönen, einem unvergleichlichen Duft und dem gewissen »altmodischen« Charme, Ihren Garten in einen wunderbaren Zauber zu tauchen vermögen.

Damit Ihr Gartenplan nicht in ein unübersichtliches Durcheinander ausartet, sollten Sie für die Pflanzen, die Sie ausgewählt haben, einen eigenen Pflanzplan entwerfen. Und für die Bepflanzung einzelner Gartenideen wären vielleicht sogar Detailpläne praktisch. Und hier noch ein paar Tips wie Ihr grünes Glück einen besonders romantischen Zauber erhält: »Üppigkeit« ist wohl eines der wichtigsten Rezepte dafür. Pflanzen Sie deshalb unbedingt dicht zusammen, notfalls können Sie später ja immer noch etwas auslichten. Und verwenden Sie lieber weniger unterschiedliche Arten und Sorten, diese dafür aber in größerer Stückzahl. Außerdem sollten Sie bewußt jene Pflanzen einsetzen, die von sich aus schon »üppig« wirken. Der Frauenmantel *(Alchemilla mollis)* mit den zahlreichen fächerartig geformten Blättern und saure-Drops-farbenen Blütenwolken ist ein Paradebeispiel dafür. Auch der unverwüstliche Storchschnabel *(Geranium)* in vielen Variationen gehört dazu. Besonderen Charme erhalten Blumenbeete, wenn man die ordnende Hand möglichst wenig spürt. Alles sollte eher »zufällig« und natürlich wirken. Regelmäßige Abstände innerhalb einer Pflanzgruppe wären ein krasser Widerspruch dazu. Deshalb – lassen Sie zum Blumenpflanzen Ihren Meterstab ruhig im Haus und vergessen Sie sämtliche Pflanzschemen, die irgendwie »exakt« wirken könnten. Sie wollen ja schließlich keinen Preis für »besondere Genauigkeit« gewinnen. Überhaupt sollten Sie alles vermeiden, was nur im Entferntesten übertrieben ordentlich und pedantisch wirkt. Das wäre das sicherste Mittel, um jeden Hauch von Romantik aus dem Garten hinauszugraulen. Lassen Sie auch »Mutter Natur« bei der Gestaltung Ihres Gartens mitwirken. Man darf es gar nicht so laut sagen, aber oft entstehen durch Zufall die allerschönsten, zauberhaften Gartenbilder. Sehen Sie also ruhig zu, wie die kleinen blühenden »Vagabunden«, die sich so leicht selbst aussäen – wie Akelei, Fingerhut und Nachtkerze – durch Ihren Garten streifen. Sie werden dadurch die hübschesten Überraschungen erleben. Sie können ja – wenn es einmal sein muß – immer noch energisch werden.

Die ordnende Menschenhand sollte so wenig wie möglich zu spüren sein – erst dann ist die Bepflanzung gelungen.

Der äußere Rahmen

Bei einem gelungenen romantischen Garten ist es wohl die Pflanzenwelt mit ihrem ungezwungenen Wuchs und ihrer Üppigkeit, die uns zuallererst auffällt. Aber genau betrachtet, sind die Pflanzen nur die »Akteure« des »Garten-Theaters«, die mit der grandiosen, abwechslungsreichen Schau ihrer Knospen und Blüten die Aufmerksamkeit auf sich ziehen. Das ist aber nur möglich, wenn auch eine passende »Bühne« und entsprechende »Kulissen« vorhanden sind, damit die Pflanzen des Gartens so richtig zur Geltung kommen. Gepflasterte Wege und Plätze, Treppen, Mauern, Hecken, Zäune und »Raumteiler« sorgen dafür. Sie bilden das Gerüst des Gartens, schaffen seine Proportionen und seinen inneren Zusammenhalt.

Wege mit Charme

Wege sind in erster Linie funktionale Gartenelemente, die uns sicher und möglichst trockenen Fußes zur Garage, zum Wäscheplatz, ins Kräutergärtchen oder zu einer schattigen Sitzbank geleiten sollen. Aber welche Unterschiede gibt es da! Da sind zum einen die schnurgeraden, langweiligen Pisten mit den ewig gleichen grauen Verbundsteinen aus Beton gepflastert. Wer kann sich dafür schon begeistern! Unbeteiligt eilen wir über sie hinweg, ohne sie überhaupt richtig wahrzunehmen.

Die Gartenwege, von denen wir jedoch im stillen träumen, sehen ganz anders aus. Sanft gebogen und in einen grünen Mantel aus üppigem Blattwerk gehüllt, halten sie unser Ziel zunächst im Verborgenen und machen uns neugierig auf das, was hinter der nächsten Biegung wartet. Vielleicht knirschen feine Kieselsteinchen unter unseren Schuhen oder wir fühlen die kleinen Unebenheiten von moosbedeckten Pflastersteinen. Und zwischen den Fugen haben sich zierliche Pflänzchen niedergelassen, eifrig bemüht, einen weichen grünen Teppich über den Weg zu weben. Unsere Neugierde auf die Garten-Geheimnisse, die vor uns liegen, ist geweckt und doch ist das Gehen auf dem Weg allein schon ein wunderbares Erlebnis.

Was hält uns eigentlich davon ab, diesen Traum von einem Weg Wirklichkeit werden zu lassen? Denn wir wollen ja nicht einfach nur von A nach B gelangen und diese Strecke irgendwie hinter uns bringen. Wir wünschen uns Wege, die unseren Sinnen Anregungen bieten und für Abwechslung sorgen. Und ohne den praktischen Zweck eines Weges zu vergessen, können wir ihn doch so reizvoll gestalten, daß er selbst zum Garten-Ereignis wird.
Besonders natürlich wirkt ein Weg, wenn er in der Breite variiert. Angepaßt an die Geländeform, können Sie ihn gelegentlich zu kleinen Plätzen erweitern – zu einem Sitzplatz etwa, einer Fläche zum Spielen oder auch mit einem dekorativen Baum als Mittelpunkt. Mit einem Griff in die gärtnerische »Trick-Kiste« gelingt es sogar, einen völlig gleichmäßig verlaufenden Weg interessanter zu gestalten. Setzen Sie Pflanzen – wie Salbei, Frauenmantel, Heiligenkraut und Lavendel – die besonders üppig wachsen und sich weit in die Wege hineinlehnen, hier und da als »Wegbegleiter« ein. Überhaupt sollten Sie die Wege – wo immer möglich – mit Pflanzen begleiten. Denn mit einem grünen Rahmen fügen sie sich besonders harmonisch in den Garten ein, weil die harten Konturen durch die Blätter und Blüten gemildert werden. Und zu jeder Jahreszeit erscheinen solche Wege in einem neuen abwechslungsreichen Pflanzenkleid. Aber vergessen Sie nicht, daß die grünen »Wegelagerer« auch Platz benötigen. Bemessen Sie deshalb die Hauptwege so großzügig, daß mindestens eine Breite von einem Meter zum Gehen übrigbleibt. Für Nebenwege genügt eine »freie Bahn« von 60 cm. Und wenn wir schon beim Technischen sind – denken Sie auch daran, daß Wege immer ein leichtes Gefälle haben sollten, damit bei starken Regengüssen das Wasser besser abfließen kann. Für einen Weg von 1,2 m Breite sind 1 bis 2 cm Gefälle von einer Seite zur anderen gerade richtig.

Grüne »Wegelagerer« lassen einen gepflasterten Weg natürlicher erscheinen und bringen ihn regelrecht in Schwung.

Hüten Sie sich bei der Planung des Wegenetzes aber unbedingt vor allzu geschwungenen »Brezelwegen«. Sie wirken immer »gekünstelt« und wenn es einmal eilt, kann man sie nicht zügig genug durchschreiten. Und was dann daraus wird, kann man gelegentlich in öffentlichen Grünanlagen beobachten: Schon bald ist daneben ein neuer Weg getrampelt, der viel natürlicher und gleichzeitig zweckmäßiger ist. Solche Pfade sind auch niemals ganz gerade, sondern stets – ein wenig unregelmäßig – geschwungen. Das rührt daher, daß wir beim Gehen selbst ein bißchen schwanken – mal ein Stückchen nach rechts, mal etwas nach links – während wir bemüht sind, das Gleichgewicht zu halten. Deshalb kommt ein leicht geschwungener Weg unserem Bewegungsablauf besonders gut entgegen. Denken Sie auch daran, daß Abzweigungen und Einmündungen im Wegenetz ebenfalls gebogen und keinesfalls eckig geformt sein sollen. Denn Ecken werden mit der Zeit doch nur abgetreten. Es kann übrigens sehr reizvoll wirken, eine Abzweigung so zu betonen, daß sie schon von weitem zu erkennen ist. Das weckt die Neugierde und erhöht die Spannung. Als solch optische »Ausrufezeichen« mit Fernwirkung eignen sich beispielsweise säulenförmige Eiben (*Taxus media* 'Hicksii'), Säulenwacholder (*Juniperus communis* 'Hibernica') und auch andere geometrisch geformte Gehölze, die paarweise – also links und rechts des abzweigenden Weges – gepflanzt werden sollten. Bezaubernde Wegweiser sind auch Blumenbogen, an denen blühende »Klettermaxe« in die Höhe klimmen. Und vergessen Sie nicht – kleine Blickfänge lassen sogar den Weg zum Wäscheplatz und zur Teppichstange in ganz neuem Licht erscheinen. Das könnte vielleicht ein schöner, bemooster Stein sein, der einem schattigen Weg einen eigenen Reiz verleiht, oder ein kleines Wasserbecken, in dem sich ein Stückchen Himmel widerspiegelt.
Wie ein Gartenweg auf uns wirkt – ob »laut«, unruhig und künstlich oder harmonisch, hängt im wesentlichen auch von seinem Belag ab. Für Wege, wie wir sie uns wünschen, kommt eigentlich nur ein natürliches oder wenigstens natürlich wirkendes Material in Frage.

Feste Beläge rund ums Haus

Wenn Sie auch beim schlimmsten Regenwetter noch wohlbehalten und mit sauberen Schuhen von der Gartenpforte ins Haus oder vom Haus zur Mülltonne und Garage gelangen wollen, sollten Sie einen festen Belag wählen. Das wäre überhaupt das beste für alle Wege rund ums Haus, die häufig begangen werden. Denn es ist viel einfacher, Schmutz von einem festen Belag herunterzubekommen als beispielsweise von einer locker aufgeschütteten Kiesfläche. Natürlich haben wir gleich eine ganze Liste von Vorstellungen und Wünschen, die sonst noch zu erfüllen wären. Der Belag müßte nicht nur schön, sondern auch praktisch, langlebig und möglichst preiswert sein. Und damit nicht genug, sollte er zum Stil des Hauses passen und gleichzeitig mit der Umgebung harmonieren. Da ist guter Rat teuer! Oder vielleicht auch nicht – wenn Sie einen Spa-

Für vielbegangene Wege ist ein fester Belag empfehlenswert.

ziergang in die nähere Umgebung unternehmen. Dabei spähen Sie dann bevorzugt bei älteren Häusern im traditionellen Baustil über die Zäune. Dort werden Sie – je nachdem, wo Sie zu Hause sind – Wege aus Klinker im altüberlieferten »Fischgrätmuster«, entdecken oder auch Flächen, die mit Platten aus rotem oder gelbem Sandstein gepflastert sind. Denn jede Gegend hat ihre typischen traditionellen Baustoffe. Wenn Sie sich dafür entscheiden, wird sich Ihr Garten garantiert wohltuend von den anderen Gärten mit den immer gleichen Betonverbundsteinen unterscheiden. Außerdem sparen Sie Geld, weil die Transportkosten für Material aus der Umgebung nicht so hoch ausfallen. Und mit Ihrer Wahl helfen Sie dem Siedlungsgebiet in dem Sie zu Hause sind, seinen einzigartigen Charakter zu bewahren.

Natürlich ist das nicht nur eine Frage des guten Willens, sondern leider auch des Geldbeutels. Doch selbst dann brauchen Sie nicht gleich zu verzagen. Manchmal kommt man recht günstig an solche Materialien, wenn in der Umgebung ein altes Haus abgebrochen wird. Auch die örtlichen Straßenbauämter haben gelegentlich gebrauchte Granitsteine oder alte Pflasterplatten und Klinker zu erschwinglichen Preisen anzubieten. Gebrauchtes natürliches Material hat auch den entscheidenden Vorteil, daß es eben nicht mehr »brandneu« aussieht. Gerade verlegt, erweckt es schon in kürzester Zeit den Eindruck, als läge es hier schon seit Generationen. Auf diese Weise erhält auch ein neuer Garten ganz schnell die erwünschte »Patina«.

Sie können selbstverständlich auch teures, natürliches Material mit preisgünstigen Betonplatten mischen. Zum Beispiel lassen sich eintönige Betonflächen auf dekorative Weise mit Klinkerstreifen oder Pflastersteinen aus Granit unterbrechen. Nur sollten Sie es vermeiden, gleich mehrere unterschiedliche Materialien miteinander zu kombinieren. Auch hier liegt im Schlichten der Schlüssel zum Erfolg. Lassen Sie sich aber Zeit mit Ihrer Wahl und übereilen Sie nichts. Denn feste Wege sind nicht billig und Sie sollen doch für lange Zeit Freude daran haben. Fehlplanungen lassen sich nur mit einem hohen Aufwand an Zeit und Geld, verbunden mit einer großen Portion Ärger, noch einmal korrigieren. Wenn Sie also nicht gleich etwas Passendes finden oder es sich noch nicht leisten können, reicht für den Anfang vielleicht doch ein einfacher Kiesweg.

Perfekte Harmonie: Der Belag paßt zum Stil des Hauses und zu den Pflanzen.

Entscheiden Sie sich für einen gepflasterten Weg, sollten Sie folgendes beachten: Führen Sie den Weg an großen Bäumen mit gebührendem Abstand vorbei. Denn die Wurzeln breiten sich oft mächtig aus und zeigen keinerlei Hemmung, auch auf das Sorgfältigste gepflasterte Flächen zu verformen oder ganz aus den Fugen zu sprengen. Platten, die an eine Rasenfläche grenzen, sollten bündig mit der Grasnarbe abschließen. Liegen sie zu tief, sammelt sich Regenwasser darauf. Verläuft der Weg aber entlang einer Pflanzfläche, empfiehlt es sich die Platten ein wenig höher zu legen. Dann müssen Sie sich nicht dauernd mit abgeschwemmter Erde aus den Beeten herumärgern.

Wenn irgend möglich, sollten Sie bei Ihren Gartenwegen und Pflasterflächen für einen durchlässigen Unterbau sorgen. Und auch die Pflasterfugen werden mit Sand und nicht mit Mörtel aufgefüllt. Ein lebender, atmender und wasseraufnahmefähiger Boden ist besser als ein auf Dauer »versiegelter«, dann gibt es auch weniger Probleme mit dem Oberflächenwasser nach starken Regenfällen. Bei einem Unterbau von 10–15 cm Kies und 5 cm Pflastersand braucht man keinen Beton und selbst bei stärkerer Belastung gerät Ihr Weg nicht auf »Abwege«. Aber nicht vergessen – wenn der Boden in Ihrem Garten erst vor kurzem aufgeschüttet wurde, ist es wichtig, daß die Flächen zuerst fachgerecht mit einem Rüttler verdichtet werden, bevor man ans Pflastern denkt.

Bitte greifen Sie nie zur »chemischen Keule«, wenn sich in den Pflasterfugen der Hauptwege ein paar »Unkräuter« breit machen. Sehen Sie lieber erst einmal genau hin. Denn manchmal ist es auch wirklich ganz bezaubernd, was sich hier von selbst ansiedelt. Und was einem nicht gefällt, zupft man kurzerhand heraus. Wird das etwa dreimal pro Jahr gemacht, geben Sie – ganz ohne Spritzen – »ungebetenen Gästen« keine Chance. Bei Wegen, die weniger oft begangen werden, kann es sogar ganz besonders romantisch wirken, wenn kleine Pflänzchen einen lebenden grünen Teppich weben. Kleinformatiges Material – wie Granitpflastersteine und Klinker – sind für solche Vorhaben ideal. So ist dafür gesorgt, daß es mit der Zeit nicht etwa – durch ungezügeltes Gewuchere – ein Weg ins »Ungewisse« wird. Und in den vielen Pflasterfugen dazwischen bleibt trotzdem noch genügend Platz, um auch die Natur bei der Gestaltung der Wege mitwirken zu lassen.

Dauerhaft und wunderschön – Natursteinplatten

Schönheit hat ihren Preis. Das bewahrheitet sich leider auch für diejenigen Gartenfreunde, die mit einem Belag aus Naturstein »liebäugeln«. Dafür haben die Platten aus Granit, Quarzit, Sandstein oder Schiefer aber auch viel zu bieten. Sie sind wohl die strapazierfähigsten Wegebeläge überhaupt und halten garantiert ein Leben lang. Und durch ihr großes Eigengewicht kann man sie – auch ohne speziellen Unterbau – einfach in Sand legen. Vorausgesetzt, es ist ein fester Untergrund vorhanden. Für gleichmäßig gesägte Natursteinplatten müssen Sie wesentlich tiefer in die Tasche greifen als für Bruchsteine. Dafür verlangt ein unregelmäßiges Pflaster mehr Zeit und Mühe beim Verlegen. Da kommen Sie bei den gleichmäßigen Platten finanziell wieder besser weg. Versuchen Sie nur nicht, kleine Plattenreste irgendwo »dazwischenzufummeln«. Das würden Sie später sicher bereuen, weil sie nicht fest liegenbleiben. Halten Sie sich deshalb lieber an folgende Faustregel: Natursteinplatten sollten wenigstens so groß sein, daß man mit beiden Füßen gut darauf stehen kann. Wenn die Platten direkt in die Bepflanzung übergehen, darf der Rand der Pflasterfläche ruhig unregelmäßig ausfallen. Ein Schnitt der Platten ist ganz unnötig. So wirkt der Übergang zwischen Pflaster und Grün viel harmonischer und natürlicher.

Natursteinplatten sind leider nicht billig – dafür halten sie ein Leben lang.

Hübsche Muster mit Klinkern

Genau das richtige, um unseren Spieltrieb auszuleben, sind Wegebeläge aus hartgebrannten Ziegeln. Denn die Kombinationsmöglichkeiten sind schier unendlich. Es gibt viele überlieferte Muster, aber wenn Sie möchten, können Sie auch erst einmal Ihrer eigenen Kreativität – am einfachsten auf Millimeterpapier – freien Lauf lassen, ehe Sie sich entscheiden. Sogar Fächer, Kreise und Richtungsänderungen bereiten den anpassungsfähigen Ziegeln keine Schwierigkeiten. Es gibt wohl kaum etwas Vielseitigeres – speziell für kleine Gärten.

Wählen Sie aber unbedingt nur hochgebrannte und deshalb besonders harte und frostfeste Vollziegel, wenn Sie lange Zeit Freude an Ihrem Weg haben möchten. Die gewöhnlichen Mauerziegel sind für unsere Zwecke nicht geeignet, weil sie bei Frost bald splittern und abbröckeln. Aber vielleicht haben Sie das Glück – beim Abbruch eines betagten Hauses – günstig an hartgebrannte alte Ziegel heranzukommen. Dann sollten Sie zugreifen! Über Baustoffhandlungen können Sie auch spezielle Pflasterklinker beziehen. Zu haben sind sie in wunderschönen, schlichten Naturfarben – von erdbraunen über rote und rotbraune bis hin zu bläulichen Schattierungen. Die gängigsten Maße sind 24 × 11,5 cm, beziehungsweise 22 × 10,5 cm (Oldenburger Format) bei 5–7 cm Stärke. Mir haben es ganz besonders »Pflasterklinker aus Holland« angetan. Mit den Maßen 19 × 8,5 cm, bei einer Stärke von 6,5 cm sind sie noch kleiner und kommen

Aus Klinkersteinen lassen sich viele Muster komponieren

parallel in Streifen, hochkant verlegt

Diagonalverband mit Einfassung, flach verlegt

rechtwinkliger Diagonalverband mit Einfassung, flach verlegt

flach verlegt

hochkant verlegt

hochkant verlegt

halbe und ganze Steine, flach verlegt

hochkant verlegt

hochkant verlegt

uns auch bei schmalen Wegen niemals plump vor. Überhaupt wirken Klinkermuster zierlicher, wenn man die Ziegel auf die schmale Seite legt, anstatt auf die breite. Dadurch gewinnt der Belag auch gleich an Stabilität. Leider braucht man dann auch die doppelte Menge an Ziegeln. Aber schon mit einer Reihe von hochkant gestellten Ziegeln als Randeinfassung ist Ihr Weg um vieles stabiler. Das ist vor allem wichtig bei den etwas problematischen Mustern, wo am Rand sonst kleine Klinkerabschnitte zu liegen kämen, die leicht aus den Fugen geraten. Und ein erfreulicher Anblick ist so ein »krönender« Abschluß noch obendrein. Ansonsten wäre auch eine einfache Rückenstütze aus Beton möglich, die zur Pflanzfläche hin abgeschrägt wird.

Im Handel werden auch quadratisch geformte Pflasterklinker angeboten – mit den Maßen von 18 × 8 cm bis zu 24 × 24 cm. Vielleicht sind Ihnen auch die typischen Gehsteigplatten (zum Beispiel das Münchner Stadtpflaster) mit ihren hübschen Mustern aus Streifen oder Rhomben schon einmal angenehm aufgefallen? Es gibt sie schon seit langem und sie machen sich bestimmt in Ihrem Garten sehr hübsch. Mit den Maßen 21 × 21 cm haben sie gerade die rechte Größe für die schmalen Wege im Küchen- oder Kräutergarten. Ein Ziegel-Pflaster wird mit den Jahren immer schöner – es altert mit Charme. Wind, Wetter und unzählige Schritte prägen die Oberfläche – sie wirkt »weicher«, gemütlich und erhält mit der Zeit einen eigenen »Charakter«. Und deshalb gibt es inzwischen viele Gartenfreunde, die sich speziell um altes, gebrauchtes Ziegelpflaster bemühen, um mit diesen »Antiquitäten« den Zauber der Vergangenheit in ihre neu angelegten Gärten zu bringen. Einen Haken haben Ziegelwege allerdings: An schattigen und feuchten Plätzen überziehen sich Klinker leicht mit einem Belag aus Moos und Algen. Dadurch besteht Rutschgefahr. Wählen Sie deshalb aus Sicherheitsgründen immer unglasierte Klinker.

Klinker wirken lebendig und lassen sich in vielen ansprechenden Mustern verlegen.

Granitpflaster hat den Bogen raus

Als unverwüstliches »Kopfsteinpflaster« auf alten Straßen ist Ihnen dieser Belag sicher ein Begriff. Beschwingte Muster aus Bögen und Kreisen lassen sich aus den würfelförmig zugeschlagenen Granitsteinen zaubern. Es geht aber auch schön ordentlich in Reihen oder einfach in »wildem« Verband. Doch damit ist die Vielseitigkeit noch nicht erschöpft – denn auch mit den unterschiedlichen Farbtönen lassen sich ein Weg oder ein kleiner Platz wunderbar strukturieren. Granitsteine gibt es nicht nur in den verschiedenen Grauschattierungen und in bläulicher Färbung, sondern auch gelblich und rötlich getönt. Natürlich soll man die Farbenspielereien nicht so übertreiben, daß Sie sich auf dem Weg vorkommen, wie in einem Nest voll bunter Ostereier. Aber ein kleiner Platz, der in hellem Grau gepflastert ist, wirkt noch viel ansprechender mit einem umlaufenden, deutlich abgesetzten Streifen in dunklem Grau. Übrigens gibt es bei Granitsteinen auch Unterschiede in der Körnung, die von »grob« bis »fein« reicht.

Für kleine Pflasterflächen bietet der Handel Granitwürfel im Mini-Format – Mosaikpflaster genannt – mit einer Seitenlänge von 4–6 cm an. Häufiger im Garten verwendet wird aber das Kleinpflaster mit einer Kantenlänge von 8–10 cm. Sage und schreibe 11–12 kg Gewicht bringt der größte Granitwürfel – mit einer Länge von etwa 18 cm – auf die Waage. Ganze Pflasterflächen aus diesen großformatigen Granitsteinen – besonders in kleineren Gärten – halte ich für etwas zu plump. Aber als »Bremsklötze« am Rand einer Pflasterfläche leisten diese »Schwergewichtler« ausgezeichnete Dienste. Übrigens muß es ja gar nicht immer nur Granit-Pflaster sein. In Würfel-Form wird auch Gneis, Kalkstein, Sandstein, Melaphyr und Porphyr in den unterschiedlichsten Farbtönen angeboten. Wer die Wahl hat, hat eben auch die Qual!

Granitpflaster eignet sich auch bestens für kleine Flächen. Bögen und andere beschwingte Muster sind kein Problem.

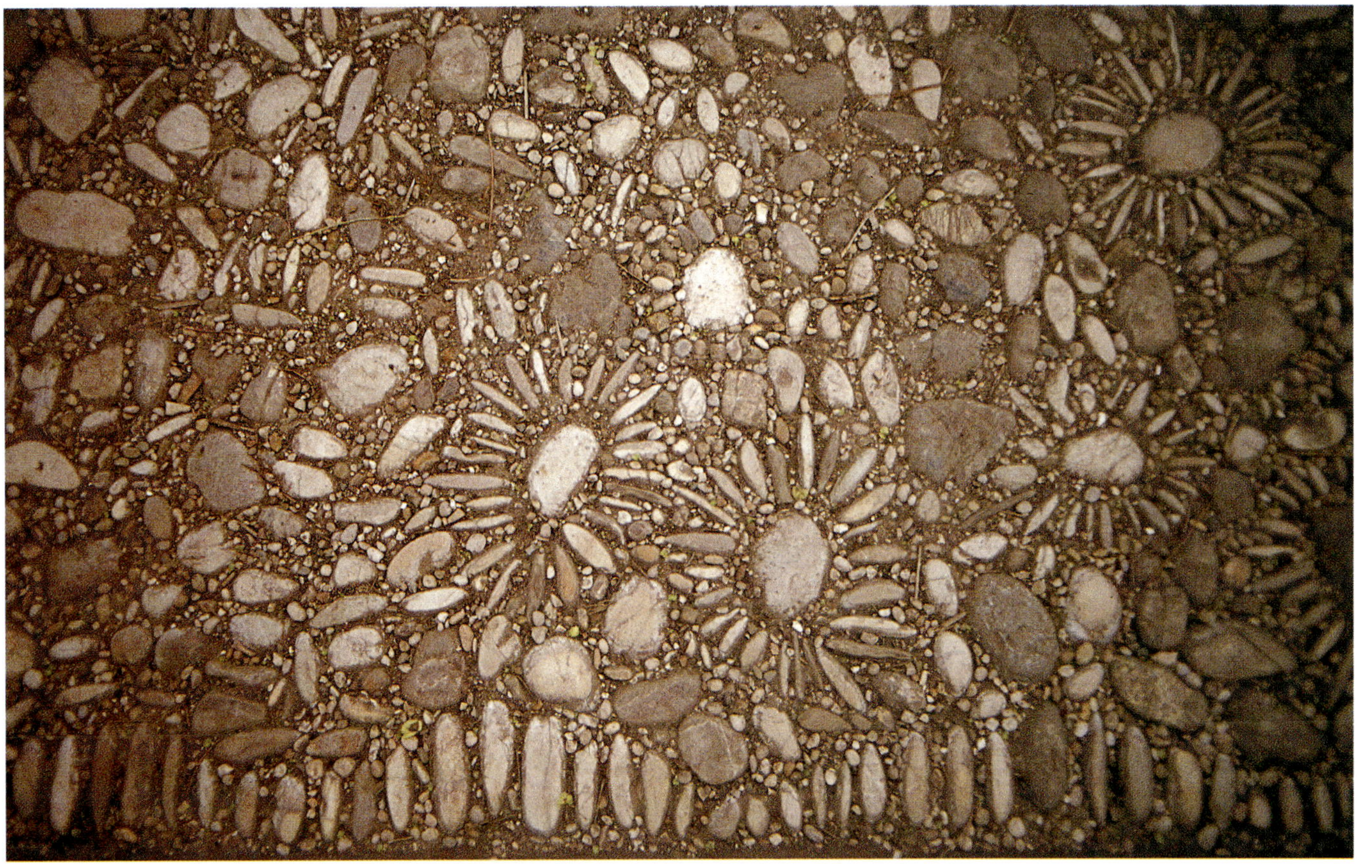

Flußkiesel bereiten den Weg

Phantasievolle Muster lassen sich aus Flußkieseln »zusammenpuzzeln« (oben). Mehr Bequemlichkeit beim Gehen versprechen flache Kieselsteine (links).

Die Idee, Wege mit vom Wasser rundgeschliffenen Kieseln zu pflastern ist schon Jahrtausende alt. Im alten Rom wußte man schon bezaubernde Blumenmuster aus glatten Kieseln zusammenzupuzzeln, und in den mittelalterlichen Siedlungen bei uns waren Flußkiesel der übliche Wegebelag. Unsere Vorfahren waren wohl damals auch nicht so empfindlich wie wir heute. Denn mit dünnen Sohlen über ein Kieselpflaster zu laufen, ist nicht gerade ein Vergnügen. Aber dafür bietet es wirklich einen hübschen Anblick, wenn die gerundeten Kiesel dicht an dicht – wie Eier in einer Schachtel – liegen und sich die »Köpfe« exakt auf gleicher Höhe befinden. Und welch zauberhaftes Licht- und Schattenspiel daraus entsteht! Schonender für empfindliche Füße sind allerdings die Kiesel, die mit der flachen Seite nach oben und in »wildem Verband« verlegt werden. Wie hoch der Arbeitsaufwand ist, können Sie sich sicher vorstellen, dafür sind die Materialkosten aber umso geringer. Und wenn es Fluß- oder große Bachläufe in Ihrer Nähe gibt, können Sie die Steine auch kostenlos zusammensammeln. Erkundigen Sie sich aber zunächst bei der zuständigen Ortsverwaltung, ob etwas dagegen spricht. Mit etwa 100 großen Kieseln pro Quadratmeter müssen Sie rechnen. Falls Sie es gerne ordentlich haben, wäre eine feste Kante – zum Beispiel aus speziellen Granitkantensteinen – zu empfehlen. Sie sorgt dafür, daß die Kiesel am Rand nicht ins Rutschen geraten. Trotz des »fühlbaren« Nachteils geben Flußkiesel einen ausgesprochen attraktiven Garten-Belag ab. Vielleicht sollten Sie einen lauschigen Winkel damit bepflastern. Dann fehlt eigentlich bloß noch eine Gartenbank und viele blühende Pflänzchen zwischen den Steinen zum romantischen Gartenglück.

Neue Gartenwege gehen – mit Kunststeinplatten

Auch wenn wir noch so sehr mit Natursteinplatten »liebäugeln«, die meisten von uns werden schließlich doch bei den Kunststeinplatten als Belag für Wege und Plätze landen. Denn hier ist Dauerhaftigkeit glücklicherweise mit einem erschwinglichen Preis verbunden. Bei dem riesengroßen Angebot, das es inzwischen auf dem Markt gibt, sind durchaus Platten zu finden, die auch zu unseren Vorstellungen vom grünen Paradies passen. Und es gibt tatsächlich einige, die in Färbung und Struktur echtem Naturstein – wie Sandstein oder Nagelfluh – sehr ähnlich sind. Einen großen Bogen sollten Sie jedoch um jene Platten schlagen, die wegen ihrer »knalligen« Töne bereits von weitem unangenehm ins Auge stechen. Ihre Farben »verschießen« zwar häufig mit der Zeit – besonders, wenn sie intensiv der Sonne ausgesetzt sind. Doch das ist kein Vorteil, weil der Belag dann auf Flächen, die teils überdacht (zum Beispiel eine Pergola!) und teils offen sind, merkwürdig »gescheckt« aussieht. Greifen Sie lieber zu gedeckten Tönen und sehen Sie sich die Platten unbedingt auch in nassem Zustand an, bevor Sie sich zum Kauf entscheiden. Denn manche zeigen dann eine ziemlich häßliche Färbung – was bei Regenwetter ja auch nicht gerade zur Hebung unserer Stimmung beiträgt. Kunststeinplatten gibt es übrigens in vielen unterschiedlichen Größen auf dem Markt.

Wenn Sie größere Flächen zu pflastern haben, können Sie einen langweiligen »Plattensee« dadurch verhindern, daß Sie Kunststeinplatten mit Klinkern oder Granitpflastersteinen kombinieren. Sie werden staunen, wie sehr Ihr Garten dadurch gewinnt.

Kunststeinplatten sehen gleich viel attraktiver aus, wenn man sie mit Klinkerpflaster mischt.

»Weiche« Beläge für pflastermüde Füße

Zwischen den beiden Extremen – hartem Pflaster und weichem Boden, der von einer Pflanzung oder Rasen bedeckt ist – gibt es auch noch einen angenehmen »Mittelweg«. Damit sind die »weichen« Wegebeläge wie Kies oder Rindenschnitzel gemeint. Über sie gibt es allerhand Erfreuliches zu berichten. Das Material ist preiswert zu bekommen und leicht einzubauen. Und wegen der großen Anpassungsfähigkeit ist auch für die kniffligsten Fälle und die verwinkeltsten Gartenecken kein Kopfzerbrechen nötig. Außerdem kommen Pflanzen durch diese schmeichelnden Beläge gleich noch einmal so gut zur Geltung. Und was gibt es wohl angenehmeres für pflastermüde Füße? Nur eines stört uns bei diesen Materialien und das ist die Neigung, an den Rändern »auszuufern« und zu »zerfließen« – womöglich gar in die angrenzenden Rasenflächen hinein. Mit Hilfe einer festen Kante oder eines Plattenstreifens als Abschluß können Sie aber dem »Ausbreitungsdrang« von Kies und Rindenschnitzeln energisch einen Riegel vorschieben.

Der gute alte Kiesweg

Romantisch und hübsch »altmodisch« wirken Wege, die mit feinem, runden Perlkies bedeckt sind – besonders, wenn sie mit vielen bunten Blumen oder streng geschnittenen Buchsbordüren gefaßt werden. Erinnerungen werden bei ihrem Anblick wach – an üppige Bauerngärten und die grünen Gartenparadiese alter Villen, oder gar an die großartigen Anlagen aus der Zeit der Renaissance. Und immer scheint der herrliche Duft altmodischer Rosen in der Luft zu schweben . . .

Doch wieder zurück auf dem harten Boden der Wirklichkeit gibt es auch gleich wieder etwas zu bemängeln. Bei abschüssig verlaufenden Wegen waschen sich während stärkerer Regenfälle leicht Furchen und Rinnen in den Kiesbelag. Deshalb sollten Sie – bei einem Gefälle von mehr als 8% – am besten überhaupt auf einen Kiesweg verzichten. Und für Kinder ist es ziemlich mühsam, mit Puppenwagen und Tretauto darauf herumzufahren – da sind feste Beläge praktischer. Außerdem verlocken die hübschen runden Steinchen unsere lieben Kleinen zu angeregten »Buddelspielen« auf den Wegen, die uns nicht gerade in Begeisterung versetzen – besonders, wenn der Kies hinterher eimerweise im Blumenbeet oder auf dem Rasen landet. Und falls Sie womöglich eine Vorliebe für Schuhe mit Profilsohle haben, dann schleppen Sie sogar noch selbst – wenn auch ganz unfreiwillig – die Steinchen mit sich herum. Auch das »Unkraut« fühlt sich auf einem Kiesbelag recht wohl, und wenn der Weg nicht mit der Zeit völlig zuwuchern soll, muß es eben flach herausgehackt oder – nach Regen – mit der Hand herausgezogen werden. Aber trotz dieser schwachen Seiten – ein Kiesweg im Garten ist und bleibt einfach zeitlos schön. Wie bei den festen Belägen sollte der Kiesweg einen Unterbau aus Schotter von 15 cm Stärke erhalten, der am besten von den Rändern zur Mitte hin verdichtet wird. Dadurch entsteht eine leichte Wölbung, die dafür sorgt, daß das Regenwasser gut zu den Seiten hin abfließen kann. Danach tragen Sie eine etwa 3 cm starke Schicht Perlkies auf, der übrigens auch Rundkies oder Gartenkies genannt wird, und in gelblichen, rötlichen oder grauen Farbtönen zu haben ist. Vergessen Sie aber nicht bereits gewaschenes Material zu verlangen. Schließlich wird die Fläche nochmals gestampft oder – besser noch – gewalzt. Verwenden Sie aber niemals scharfkantigen Splitt statt runden Perlkies. Denken Sie nur an die ohnehin schon immer ramponierten Kinderknie!

Hübsch »altmodisch« und romantisch wirkt ein Kiesweg im Garten, besonders wenn er von bunten Blumen oder einer Buchsbordüre umgeben ist.
Damit er an den Rändern nicht »ausufert«, sollten Sie ihm Grenzen setzen – zum Beispiel mit Kantensteinen (oben) oder Granitpflaster (links).

»Waldweggefühle« auf Rindenmulch

Träumen Sie nicht manchmal davon – besonders nach einem strapaziösen Einkaufsbummel in der Stadt – Ihren müden Füßen Erholung auf einem weichen, unter Ihren Schritten federnden Waldweg zu gönnen? Und haben Sie dort nicht auch immer so ein herrlich »schwebendes« Gefühl, so als berührten Ihre Füße kaum den Boden? Diesen Traum können Sie sich auch in Ihrem Garten leicht erfüllen. Denn der Bau eines solchen »Waldweges« ist denkbar einfach. Auch hier ist die Voraussetzung wieder ein verdichtetes Wegebett. Dann brauchen Sie nur noch Rindenmulch, der säckeweise erhältlich ist, in einer Stärke von 10 cm gleichmäßig zu verteilen. Das wär's dann auch schon. Der weitere Aufwand für die Pflege ist nur noch sehr gering. Besonders hübsch wirkt so ein Belag natürlich in baumbestandenen, schattigen Bereichen Ihres Gartens. Aber beispielsweise auch im Küchengarten macht er sich ausgezeichnet und erinnert uns ein wenig an die herrlichen Schweizer Bauerngärten mit ihren teppichweichen Wegen aus rotbrauner »Gerberlohe«, die allerdings einzig aus Rindenschnitzeln der Eiche besteht.

Trittfestes Grün – bepflanzte Wege

Eigentlich immer lohnt sich der Blick über Mauern und Zäune der englischen Gärten – auch, was »Gartenwege ganz in Grün« angeht. Was uns nämlich als ziemlich gewagte Idee erscheint, hat dort schon seit Jahrhunderten Tradition. Selbstverständlich sind solche »gewachsenen« Wege nicht so belastbar wie die gepflasterten. Aber für Verbindungen, die nicht so häufig benützt werden, bieten sie eine gute Alternative. Und was könnte sich wohl besser in die Gartenwelt einfügen, als lebende, grüne Wege!

Erholung für pflastermüde Füße bietet ein weicher Teppich aus Rindenmulch. Er eignet sich auch für den Küchengarten.

Rasenpfade

Wie wohltuend Graswege auf die Augen wirken, hat man bei unseren englischen Nachbarn längst erkannt. Besonders beliebt ist dort das beruhigende Grün zwischen üppigen, farbenfrohen Blumenrabatten – wo es Formen und Farbtöne noch stärker hervorhebt. Und durch eine »wilde« Blumenwiese führt uns ein grüner Pfad ohnehin am allerbesten. Aufwand und Pflege braucht es dafür kaum. Man hält ihn einfach mit dem Rasenmäher kurz und sticht die Kanten gelegentlich ab.

Wenn Sie einen Rasenpfad anlegen möchten, empfiehlt es sich, besonders strapazierfähige Mischungen auszuwählen, die unter den Bezeichnungen »Spiel-«, »Gebrauchs-«, »Parkplatz-« und »Sportplatz-Rasen« angeboten werden. Bei »Matsch-Gefahr« – also dort, wo es häufig regnet und wo Wege viel begangen werden – bewahren zusätzliche Trittplatten den Rasen davor, sich in einen unwegsamen Sumpf zu verwandeln.

Duftpfade

Ist es nicht eine sehr verlockende Idee, auf dem Weg durch den Garten auch unseren abgasgeplagten Stadtnasen duftende Erholung zu bieten? Beflügelt Sie nicht die Vorstellung, in ätherischen Wohlgerüchen zu wandeln, die in Wolken, Schritt für Schritt, zu Ihren Füßen aufsteigen?

Was würde Ihnen wohl am meisten behagen – der Duft nach Zitrone, reifen Äpfeln, Pfefferminze, frisch geschälten Bananen, süßem Honig – oder darf es vielleicht von allem etwas sein? Sie haben die Wahl. Gar so neu ist die Idee mit den Duftpfaden eigentlich nicht. Schon um 1600 riet ein englisches Gartenbuch dazu, Wege mit Thymian, Kamille und Minzen zu bepflanzen, weil sie so köstlich duften, wenn man sie mit Füßen tritt. Und – kaum vorstellbar – Rasen aus Gras war damals noch gar nicht erfunden. Die ersten genauen Anleitungen für einen Gras-Rasen stammen aus dem englischen Buch »Flora« von John Reas, das 1665 erschien. Davor bestand der Rasen für gewöhnlich aus duftender Kamille. »Duftpfade« und »Duftrasen« haben in England auch heute noch Tradition. Bei uns jedoch sind die aromatischen Kräuterteppiche weitgehend unbekannt.

Die meisten der niedrig bleibenden Pflanzen sind für einen grünen »Teppich« nicht geeignet. Sie wachsen entweder zu lückig oder sie nehmen es auf die Dauer doch übel, wenn man über sie hinwegläuft. Nur eine Handvoll »Teppichpflänzchen« ist für unser Vorhaben wirklich geeignet. Einige stelle ich Ihnen hier vor.

Grün auf Schritt und Tritt verheißt der Rasenpfad, während er sich hier durch die Rabatten mit Gehölzen und Blumen schlängelt. Solch ein gewachsener Weg wirkt beruhigend auf Auge und Gemüt und versteht es, bunte Blüten noch besser zur Geltung zu bringen.

»Laufkamillen«

Eine spezielle Variante der Römischen Kamille, nämlich *Anthemis nobilis* 'Treneague', ist die zuverlässigste unter allen trittfesten Duftpflanzen. Als ich ihre Bekanntschaft in einem englischen Kräutergarten machte, war ich überrascht. Aus der Entfernung hielt ich sie zunächst für einen etwas ungewöhnlichen, irgendwie »weich« und »wolkig« wirkenden, gleichmäßig grünen Rasen. Doch die spitzentuchfeinen Fiederblättchen aus der Nähe besehen und der herrliche Apfelduft, den sie schon beim ersten Schritt so freigiebig verströmten, belehrten mich schnell eines besseren.

Man möchte dem kleinen, zierlichen Geschöpf so viel unverwüstliche Robustheit wirklich nicht zutrauen. Aber – vorausgesetzt, die »Laufkamille« erhält einen Platz in voller Sonne und mit durchlässigem Boden – entpuppt sie sich als wahrer Lebenskünstler. Selbst so unsanfte Behandlungen wie das Befahren mit einem beladenen Schubkarren nimmt sie völlig klaglos hin. Da muß wirklich schon einiges passieren, bis sie uns mit kahlen Stellen im grünen Pelz bestraft. Weil die Pflänzchen steril sind, also niemals blühen, können sie ihre ganze Energie für ein sehr rasches Wachstum verwenden. Und hat sich so ein Kamillenteppich erst einmal dicht geschlossen, dann bleibt dem Unkraut keine Chance mehr.

Natürlich müssen Sie auch hier – wie bei allen anderen Teppichpflänzchen – für eine günstige Startposition sorgen und vor dem Pflanzen alle Unkräuter rigoros entfernen. Auch während der ersten Zeit sollten Sie ein wachsames Auge für »ungebetene Gäste« haben. Weil diese Kamillensorte von sich aus flach wächst, können Sie die Probleme mit dem Kurzhalten getrost vergessen. Lediglich die Wegkanten müssen gelegentlich abgestochen werden, um die kleinen »Wucherer« in Zaum zu halten. Mit den abgestochenen Tuffs können Sie ja gleich den nächsten betörend duftenden Weg oder vielleicht auch einen Kamillenrasen in Angriff nehmen. Wenn Sie die Pflänzchen kaufen, sollten Sie etwa 10–20 Stück pro Quadratmeter berechnen – je nachdem, wie schnell die bepflanzte Fläche zugewachsen sein soll.

Besser bekannt, als die gerade beschriebene sterile Form, ist bei uns die blühende Römische Kamille *(A. nobilis)*. Nicht nur wir sind von den verhältnismäßig großen, duftenden Blumen angetan, sondern auch die Bienen und Schwebfliegen geraten darüber ins »Schwärmen«. In der Küche lassen sich die nützlichen Blüten sogar zu einem heilkräftigen Tee aufbrühen. Soll diese Art von Kamillenrasen jedoch möglichst gleichmäßig dicht und geschlossen bleiben, ist es besser, ihn mehrmals im Jahr zu mähen. Dann müssen Sie auf die Blütenpracht leider verzichten. Ein besonderer Vorteil dieser Kamille ist, daß sie sich nicht nur vegetativ, sondern auch durch Samen vermehrt. So müssen Sie nicht unbedingt Pflänzchen kaufen, sondern können Ihren künftigen Weg einfach ansäen. Die jungen Pflänzchen wachsen zunächst ein wenig »drahtig« und deshalb sollten Sie den ersten Schnitt noch recht vorsichtig vornehmen, damit die ganze »Kinderstube« nicht etwa mitsamt den Wurzeln herausgerissen wird. Nach und nach bildet sich aber ein dichtes Laubgeflecht heraus, das gut begehbar ist und das man – mit etwas Vorsicht und höher gestelltem Messer – schließlich sogar mit dem Rasenmäher schneiden kann.

Es gibt außerdem noch eine Form der Kamille mit sehr hübschen gefüllten Blüten (*A. nobilis* 'Plena'), die allerdings auch steril ist und sich dadurch ebenfalls nur vegetativ vermehren läßt.

Thymian

Herrliche Duftpfade können Sie auch mit unserem heimischen Feldthymian *(Thymus serpyllum)* anlegen, der ab Juli noch eine ganz besondere Attraktion für uns bereit hält. Unzählige, winzige, rosarote Lippenblütchen bilden dann ein wogendes, bienenumsummtes Blütenmeer, durch das Sie – mit etwas Vorsicht, um nicht den Zorn der emsigen Honigsammler zu erregen – getrost waten dürfen, ohne Schaden anzurichten.

Vielleicht macht es Ihnen aber auch Spaß, einen Blütenteppich aus verschiedenen Farbtönen zu knüpfen. Ein strahlendes Weiß liefert Ihnen dazu *T. serpyllum* 'Albus', der ebenfalls »hart im Nehmen« ist. Für rote Akzente könnte – der nicht ganz so kräftige – *T. serpyllum* 'Coccineus' mit seinen Blüten und sogar mit rötlichem Laub sorgen. Ebenfalls ungestraft läßt sich *T. citriodorus* mit Füßen treten und steuert ein betörendes Zitronenaroma dem Duft-

Aromatische Duftwolken hüllen denjenigen ein, der einen Kamillen-Pfad betritt.

potpourri auf dem lebenden Weg bei. Damit nicht etwa nur ein bloßes »Farbendurcheinander‹, sondern ein hübsches »Mosaik« entsteht, sollten Sie wenigstens sieben Pflanzen einer Sorte zu einer Gruppe zusammensetzen.

Auch der Thymian ist ein Kind der Sonne und liebt durchlässigen Boden. Wenn Sie fertige Pflänzchen kaufen möchten, benötigen Sie – wie bei der Kamille – 10–20 Stück pro Quadratmeter. Aber Thymian läßt sich auch leicht aussäen.

»Laufminzen«

Für halbschattige, etwas feuchtere Gartenbereiche eignet sich die Poleiminze *(Mentha pulegium)*, allerdings ist sie nicht ganz so strapazierfähig. Vor allzu vielen unsanften Tritten sollten wir sie durch ein paar Pflasterplatten bewahren. Dann muß man die Poleiminze auch nicht unbedingt kurz halten, sondern kann sie – zur Freude aller Bienen – zur Blüte kommen lassen und erst nach dem Verblühen schneiden.

Eine besonders niedliche, nur zwei Zentimeter hoch wachsende, polsterbildende Minze ist *M. requienii*, die ursprünglich aus Korsika zu uns kam. Sie ist deshalb leider auch ein wenig kälteempfindlich.

Aus verschiedenen Thymian-Sorten läßt sich ein bunter Teppich knüpfen, der sogar begehbar ist (oben).
Auch die Poleiminze (unten) darf man schon mal mit Füßen treten.

Das tut unserer Liebe zu diesem niedlichen Winzling aber keinen Abbruch, weil er sich – durch Selbstaussaat – von alleine regeneriert und trotz der geringen Größe ausgesprochen dichte, minzenduftende Pflanzenteppiche webt. Daß man auf der kleinen Minze so unsanft herumtrampelt, nimmt sie erstaunlich gelassen hin.

Fiederpolster

Es gibt zwei Sorten, die für einen »Duftpfad« in Frage kommen, nämlich *Cotula potentillina* mit gefiederten, grau angehauchten Blättchen und *C. squalida*, deren Laub an kleine Farne erinnert. Solange der Boden durchlässig und nicht zu trocken ist, können Sie diesen nach süßem Honig duftenden »Teppich« in der Sonne oder auch im Halbschatten ausbreiten.

Übrigens lassen sich sämtliche duftenden Teppichpflänzchen auf dekorative Weise mit Pflastermaterialien wie Klinker, Granitsteinen und Pflasterplatten kombinieren. Ihrer Phantasie sind dabei kaum Grenzen gesetzt. Und haben Sie schon einmal daran gedacht, daß Sie mit den duftenden, trittfesten Gewächsen nicht nur Wege und »Rasenflächen« gestalten, sondern auch Sitzplätze in Wolken aus herrlichem Blumenaroma hüllen können?

Treppauf, treppab

Auch wenn es manchmal Schwierigkeiten damit gibt, bis man sie »im Griff« hat – Höhenunterschiede im Garten sind eine ausgesprochene Bereicherung. Ein »bewegtes« Grundstück wirkt gleich um vieles interessanter und bietet zusätzliche Spannung und Abwechslung. Und wir haben die verlockende Möglichkeit unsere Gartenideen gleich auf verschiedenen Ebenen zu inszenieren.

Sollte Ihr Garten so eben sein wie ein Nudelbrett, ist das auch noch kein Grund, den Kopf hängen zu lassen. Dann verschaffen Sie Ihrem grünen Paradies eben selbst ein bißchen »Bewegung«. Das erreichen Sie, wenn Sie ein Stückchen Ihres Gartens kurzerhand »versenken«. Ein paar Quadratmeter Fläche – im Viereck oder auch kreisrund – und eine Tiefe von 40–50 cm genügen schon. Den Höhenunterschied zum übrigen Gelände könnten Sie mit einem dekorativen Mäuerchen abfangen oder auch eine sanfte Böschung modellieren, die Sie dann üppig bepflanzen. Wäre das vielleicht der lauschige Sitzplatz, von dem Sie schon immer geträumt haben? Oder würde Ihnen ein kleines, »versunkenes« Gärtchen mit einem stillen Wasserbecken, in dem Seerosen und Wasseriris blühen, besser gefallen?

Natürlich verlangen verschiedene Gartenebenen auch nach Treppen, um die Höhenunterschiede zu überwinden. Aber es wäre wirklich jammerschade in ihnen nur eine bloße Notwendigkeit zu sehen. Eine harmonisch angelegte Treppe ist eine echte Attraktion. Und mit ein wenig Phantasie lassen sich hinreißende Miniatur-Gartenbilder gestalten. Das ist zwar eine kleine Kunst für sich – aber wiederum nicht so kompliziert, daß man sie nicht erlernen könnte.

Doch bei aller Freude am Gestalten, sollten wir uns zuerst einige Gedanken um unsere Sicherheit machen. Denn alle Romantik ist schnell verflogen, wenn wir beim Treppensteigen hauptsächlich darauf

In bewegtem Gelände sind Treppen eine Notwendigkeit. Wenn sie dazu noch schön sind – umso besser.

bedacht sein müssen, uns nicht den Hals zu brechen. Ganz bestimmt haben auch Sie sich schon über Treppen geärgert, deren Stufen so flach sind, daß sie zur Stolperfalle werden. Oder, was auch nicht besser ist, sie erweisen sich als ungemütlich steil und mit so winziger Auftrittsfläche, daß man kaum weiß, wie man die Füße setzen soll. Genauso wenig finden wir Gefallen an allzu breiten Stufen, die uns nur die Wahl lassen, mit Riesenschritten nach oben zu stürmen oder hinaufzu»trippeln«. Weil man sie viel zu leicht übersieht, ist es auch wenig sinnvoll einzelne Stufen in den Garten einzubauen. Und Kopf und Kragen riskieren wir schließlich bei jenen Treppen, wo es mit der Berechnung der Stufenhöhe nicht geklappt hat und die letzte Stufe plötzlich höher oder niedriger ist als die übrigen. Daran hat man sich auch nach Wochen noch nicht gewöhnt. Zwar bestimmen die verwendeten Materialien bei Größe und Form der Treppenstufen mit. Aber wofür Sie sich am Ende auch entscheiden, jede Treppe muß zuallererst sicher zu begehen sein, im durchschnittlichen Schrittempo von Erwachsenen.

Nun kann man, wie es das Gelände erfordert, einen Treppenlauf verhältnismäßig kurz und steil gestalten, oder ihn auch ganz allmählich ansteigen lassen. Wie dem auch sei – mit Hilfe einer einfachen, aber raffinierten Formel können Sie Ihre Treppe stets so anlegen, daß sie mit einer durchschnittlichen Schrittlänge von 65 cm angenehm und sicher zu begehen ist. Dazu muß die Länge eines Schrittes entsprechend auf die Höhe und Breite einer Stufe verteilt werden. Und das geht so:

Stufenhöhe × 2
+ Auftrittsbreite = 65 cm

Mit etwas Phantasie läßt sich eine praktische Treppe in ein bezauberndes Gartenbild verwandeln.

Im völlig ebenen Gelände sorgt ein »versunkener« Sitzplatz für Abwechslung.

Als recht komfortabel erweisen sich Stufen von 15 cm Höhe. Nach der Treppenformel berechnet, wäre eine Auftrittsbreite von 35 cm gerade passend dazu, um beschwingt und sicher hinauf und hinunter zu gelangen.

Damit uns ein längerer Treppenlauf nicht ermüdet, wäre es gut, einen Treppenabsatz, ein sogenanntes Podest, einzuschieben, wo man sich ein wenig »verpusten« kann. Aber nicht nur das – Treppenabsätze geben auch »hervorragende« Ausstellungsflächen ab – für Kübel- und Topfpflanzen zum Beispiel, oder für ein kleines Gartenornament. Sie haben sicher ein paar Schätze gehortet, die nur auf ein passendes Plätzchen zum Ausstellen warten.

Damit wir auch genau die richtige Länge für unseren Treppenabsatz herausfinden, muß ich Ihnen noch einmal ein bißchen »mathematisch« kommen. Aber nur keine Sorge, es ist wiederum eine ganz einfache Formel:

Anzahl der Schritte × 65 cm
+ Stufenbreite

Zwei Schritte breit sollte das Podest mindestens sein – schon damit es sich auch deutlich von den Stufen abhebt.

Zur endgültigen Meisterschaft im Treppenbau werden Sie es bringen, wenn Sie bei einer längeren Treppe mit mehreren Podesten dafür sorgen, daß die einzelnen Treppenabschnitte mit ungerader Stufenzahl gebaut werden und die Absätze mit gerader Schrittzahl – oder umgekehrt. Damit erreichen Sie, daß Sie – nach einem Podest – abwechselnd mit dem rechten und mit dem linken Fuß beginnen. Langes Treppensteigen wird dadurch weniger ermüdend. Übrigens kann man mit Hilfe eines Treppenabsatzes den Verlauf der Treppe im Winkel von 90° schwenken – und sogar um 180°, wenn Sie genügend Platz haben, um zwei Podeste einzufügen.

Damit das Treppenlaufen auch im Winter ein »Kinderspiel« bleibt, sollten die Stufen ein leichtes Gefälle erhalten – etwa 0,5–1 cm pro Stufe. Dadurch kann das Wasser gut ablaufen – ehe es gefriert.

Nun zum Material. Waschbeton zum Beispiel hat wirklich nicht eine Spur von Romantischem an sich und kommt deshalb ganz bestimmt nicht in Frage. Dafür aber Klinker und Granit-Pflastersteine, Flußkiesel, Natursteinplatten und all die anderen Materialien, die uns schon als Beläge für die Gartenwege bekannt sind.

Es versteht sich eigentlich von selbst, daß die häufiger benutzten Treppen aus möglichst dauerhaftem Material gebaut werden. Außerdem sollten Sie darauf achten, daß die Weganschlüsse am Kopf- und Fußende Ihrer Treppe aus dem gleichen Material bestehen. Das wirkt gefälliger. Sollte, besonders bei steileren Treppen eine seitliche Begrenzungsmauer notwendig sein, muß sie natürlich auch mit den angrenzenden Flächen harmonieren.

Es gibt unglaublich viele Möglichkeiten eine Treppe anziehend zu gestalten. Vielleicht helfen die folgenden Vorschläge Ihrer Phantasie ein wenig auf die Sprünge und inspirieren Sie sogar zu völlig eigenen Treppen-Kreationen.

Kinderleicht zu konstruieren – auch für »Lehrlinge« – ist eine Treppe aus imprägnierten Rundhölzern. Und erfreulich billig ist sie auch. Schlagen Sie einfach – in den gewünschten Abständen – zwei Pflökke so tief ins Erdreich, daß sie in der errechneten Stufenhöhe herausragen. Sie dienen als Halt für die dahinter waagrecht übereinander gelegten Rundhölzer. Schon zwei bis drei von ihnen ergeben die gewünschte Auftrittshöhe. Schließlich wird aufgefüllt – zunächst mit grobem Kies oder Schotter, so daß die waagrecht liegenden Rundhölzer fest gegen die senkrecht stehenden Pflöcke gedrückt werden. Feiner Perlkies bildet die oberste, etwa 3 cm starke Schicht. So eine ausgesprochen natürlich wirkende Treppe eignet sich ganz besonders für die naturnahen, »wilderen« Gartenbereiche.

Für eine Treppe aus Blockstufen benötigt man auch nicht mehr handwerkliches Geschick – dafür aber einiges an gestählter Muskelkraft, oder – ersatzweise – eine Portion Überredungskunst, um Freunde und Verwandte von ihrer Hilfsbereitschaft zu überzeugen. Denn Blockstufen sind ausgesprochene »Schwergewichtler«. Dafür ist dann aber – bei einem festen Untergrund – auch kein spezieller Unterbau nötig. Es genügt schon eine dünne Sandschicht als Ausgleich. Eine gute Möglichkeit bieten Blockstufen aus Naturstein, doch mit Rücksicht auf den Geldbeutel werden wir uns vielleicht eher für Stufen aus Beton entscheiden müssen. Sie kann man sich praktischerweise genau in den benötigten Maßen anfertigen lassen. Sehr reizvoll wirkt auch eine Treppe aus Holzschwellen. Allerdings muß man, wenn das Holz naß ist, wegen erhöhter Rutschgefahr auf der Hut sein. Beim Einbau der Blockstufen sollten Sie darauf achten, daß jeweils die obere Stufe die untere um etwa 2 cm überlappt.

Stellstufen bieten Ihnen die meisten Variationsmöglichkeiten bei der Gestaltung Ihrer Treppe. Die Stirnseite der Stufen könnte zum Beispiel aus hochkant eingebauten Naturstein- oder Betonplatten bestehen. Auch senkrecht verlegte Pflasterklinker ergeben eine ideale Tritthöhe. Sie sind ganz besonders ideal, wenn Sie sich rundgeformte Treppenstufen wünschen. Oder wie wär's denn mit auf die Schmalseite gestellten Holzschwelle als Stufen-Vorderkante? Bei einigen Materialien reicht es aus, sie lediglich fest in den Boden einzustampfen. Wo Sie zweifeln, daß dies genügt, sollten Sie sie mit Hilfe von Beton sicher im Boden verankern. Wie Sie nun die Auftrittsfläche der Stufen gestalten wollen, liegt ganz bei Ihnen. Es bietet sich einiges dafür an – zum Beispiel Granitpflaster, Naturstein- oder Betonplatten, Klinker und auch Flußkiesel. Oder Sie entscheiden sich kurzerhand für einen Belag aus feinem Gartenkies – eine einfache und doch schöne Lösung.

Noch ein zusätzliches Repertoire an Treppen-Varianten bieten die Legstufen. Ihre Auftrittfläche kann aus Kunst- oder Naturstein-Platten bestehen. Für das »Darunter« wählen Sie entweder das gleiche Material, so zum Beispiel einen Quader aus Naturstein. Oder Sie verwenden Klinker – zwei Reihen hoch – für die Stirnseite der Stufen. Auch wenn die schwergewichtigen Materialien – wie Natursteinquader – der Treppe an sich schon genügend Stabilität verleihen, sollte doch grundsätzlich die unterste Stufe in Beton verlegt werden. Denn auf ihr lastet der gesamte Druck der Treppe. Treppenläufe aus Legstufen wirken wunderbar plastisch, wenn man die Platten der Auftrittsfläche etwa 3 cm überstehen läßt. Dadurch entstehen ausgesprochen hübsche Hell-Dunkel-Effekte.

Treppen-Variationen

Einfache Treppe aus Rundhölzern

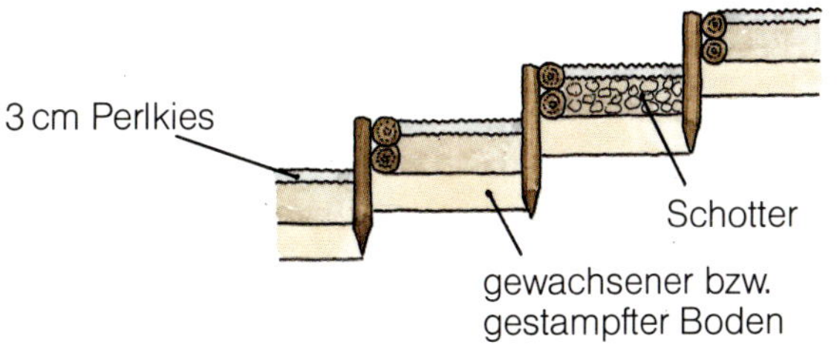

Stellstufen

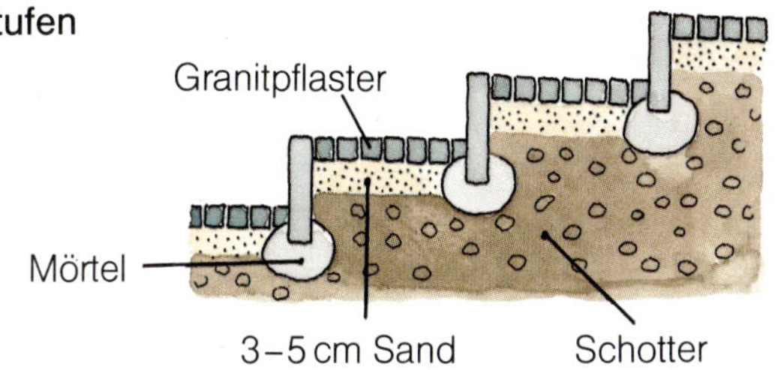

Legstufen

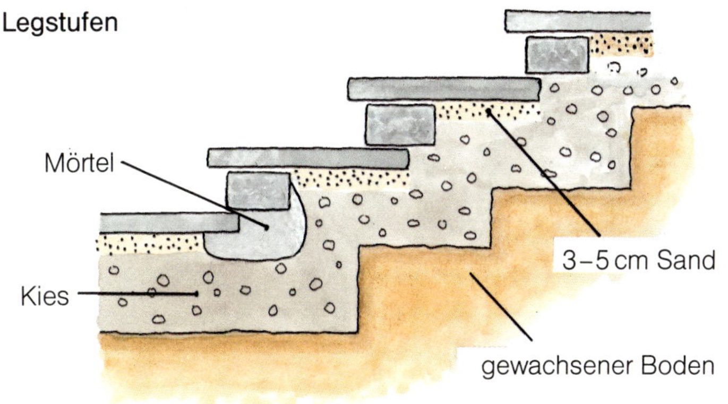

Blockstufen

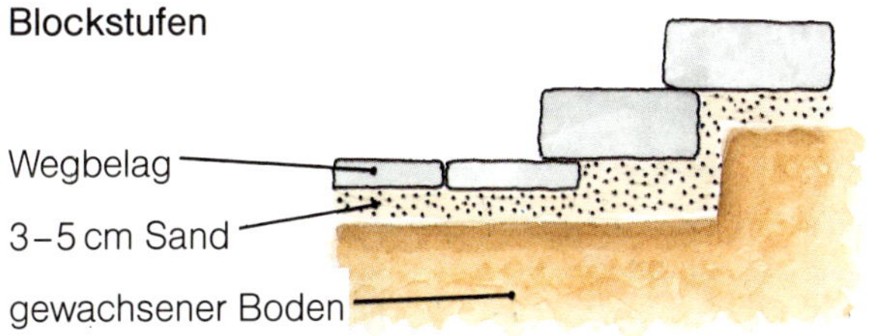

Üppiges Grün mildert die harten Konturen und läßt die Treppe wie »gewachsen« wirken.

Sogar in den Treppenfugen fühlen sich kleine Pflanzen wohl.

Ein Blütenkleid für die Treppe

Was unserer Treppe jetzt noch fehlt, ist ein romantisches Blütenkleid – damit sie mit ihrer grünen Umgebung eine harmonische Verbindung eingehen kann. Schon innerhalb kurzer Zeit sorgen Blüten und Blätter dafür, daß eine nagelneue Treppe wie »gewachsen« wirkt. Und die harten Konturen werden gemildert und überspielt.

Mit Hilfe von üppigem Grün kann man eine gerade Treppe sogar regelrecht »in Schwung« bringen. Man muß nur dafür sorgen, daß Blumen von den Seiten her in die Treppe hineinwachsen. Die eben noch exakt und hart wirkenden Stufen führen auf einmal viel natürlicher, in geschwungenen Linien nach oben.

Damit sich eine praktische und nützliche Treppe endgültig in ein anziehendes Gartenbild verwandelt, fehlen noch ein paar Spritzer blütenbestickten Grüns auf den Stufen selbst. Natürlich darf dies nicht in wildes Gewuchere ausarten. Wir wollen ja schließlich nicht ins Stolpern geraten. Was wir brauchen, sind kleine, dekorative Pflänzchen, die nicht zu stark wuchern und sich mit einem kargen Plätzchen in den Treppenfugen bescheiden. Robust müssen sie selbstverständlich sein und dürfen sich nicht gleich beleidigt geben, wenn man mal auf sie tritt. Natürlich kommen uns gleich als erstes Thymian und »Laufkamille« in den Sinn. Aber es gibt noch viel mehr zierliche Blumen, die als Treppenpflänzchen in Frage kommen. In der Liste auf Seite 148 habe ich eine Auswahl für Sie zusammengestellt. Aber lassen Sie sich nur ja nicht davon abhalten, selbst mit genügsamen Winzlingen zu experimentieren. Sicherlich finden Sie noch eine ganze Reihe von Gewächsen, die sich als »Treppengrün« eignen. Und bestimmt werden Sie bald entdecken, daß Ihre Treppe eigentlich viel zu schade ist, um nur auf ihr herumzulaufen. Denn wirklich gelungene Treppen laden auch zum Sitzen ein – bei einem kleinen Plausch, um zu lesen oder einfach nur ein wenig zu faulenzen. Probieren Sie's aus – falls Sie dazu noch Platz finden. Denn gemütliche Treppen sind besonders auch für Kinder ein magischer Anziehungspunkt. Es läßt sich eben so herrlich darauf spielen.

Wände für das grüne Zimmer

Hecken, Mauern und Zäune, die den Garten umschließen, hatten früher – neben ihrer Aufgabe als Windschutz – hauptsächlich eine Bedeutung: Sie sollten Räuber fernhalten, die auf vier Pfoten und ebenso die zweibeinigen. Auch heute noch suchen wir bei einer Einfriedung Schutz und Geborgenheit. Aber ihre Aufgabe hat sich geändert. Jetzt möchten wir mit ihrer Hilfe nicht nur den Wind, sondern ganz besonders auch Autoabgase, Straßenstaub, Lärm und Hektik ausschließen und manchmal am liebsten gleich die ganze Umgebung, wenn sie besonders unerfreulich ist. Und dann soll uns die Einfriedung natürlich auch vor allzu neugierigen Blicken schützen. Nicht daß wir etwas gegen unsere Nachbarn hätten! Aber oft sitzt man sich gezwungenermaßen wirklich viel zu dicht »auf der Pelle« – besonders in den Städten, wo die Gärten nur noch Handtuchgröße besitzen. Und es muß ja nicht gleich jeder

»Blickdichte«, grüne Hecken sorgen für eine heimelige Atmosphäre im Garteninnern und bringen Pflanzenfarben zum Leuchten.

Sommers wie winters bietet die immergrüne Eibenhecke dem Garten Schutz und Geborgenheit.

Geborgen hinter dichten Hecken

Zugegeben – es ist schon eine größere Portion Geduld erforderlich, um in Ruhe abzuwarten, bis eine Hecke endlich die gewünschte Höhe und Dichte erreicht hat. Je nachdem, wie hoch sie werden soll und für welche Pflanzen Sie sich entscheiden, ist es ein Vorhaben, das fünf oder sogar zwanzig Jahre in Anspruch nehmen wird. Dafür bietet eine gut gepflegte Hecke aber auch großartige Vorteile: Kein Bretterzaun kann soviel Zeit überdauern wie sie – nämlich sogar Jahrhunderte. Es ist – im Gegensatz zu hohen Mauern – auch keine Baugenehmigung erforderlich. Man muß lediglich einen vorgeschriebenen Mindestabstand zur Grundstücksgrenze wahren. Außerdem bleiben Hecken in der Höhe immer variabel und lassen sich dadurch neuen Verhältnissen bestens anpassen. Ein weiterer Pluspunkt: Wenn Hecken auch manchmal streng geformt sind, so vom Gehweg aus bis in unsere Kaffeetassen gucken können, wenn wir auf der Terrasse frühstücken.

Eine »blickdichte« Einfriedung um unser Grundstück kann Wunder wirken. Durch sie wird der Garten zum Zufluchtsort. Wir fühlen uns in seiner Abgeschiedenheit herrlich geborgen und es gelingt uns, für kostbare Stunden den Alltag hinter uns zu lassen. Auch ein kleiner Garten gewinnt an Ausdehnung, sobald er »abgeschlossen« ist. Man kann ihn – geschützt vor störenden Einblicken – bis in den letzten Winkel nutzen und er wird so zum Wohnraum, weit über die Terrasse hinaus.

Daß Hecken, Mauern, Zäune und Schirmwände in allen möglichen Variationen auch im Garteninnern – als »Raumteiler« – ausgesprochen wirkungsvoll sind, ist bei uns leider noch viel zu wenig bekannt. Durch sie erhält der Garten die nötige Tiefe und sie schaffen Spielraum für unzählige Überraschungen. Sie zaubern lauschige Nischen und geben verheißungsvolle Durchblicke frei. Und mit ihrer Hilfe läßt sich die Gartenfläche in grüne »Räume« gliedern – in kleine eigenständige Welten, die dem Garten eine geheimnisvolle Atmosphäre und Romantik verleihen. Und sie bilden den wirkungsvollen Rahmen vor dem die Blumenwelt noch besser zur Geltung kommt. Mit Hilfe von »Raumteilern« wird der Garten zum aufregenden »Erlebnis« und wirkt dadurch um vieles größer, als er – in Quadratmetern gemessen – wirklich ist.

Halbhohe Hecken wirken im Garteninnern auf raffinierte Weise trennend und verbindend zugleich.

handelt es sich doch immer um etwas Lebendiges und Wandlungsfähiges. Zartgrünes Laub beim Austrieb im zeitigen Frühjahr, duftende Blüten, faszinierende Licht- und Schattenspiele im üppigen sommerlichen Blattwerk, lodernde Herbstfärbung und schmückende oder nützliche Früchte führen uns den Wandel der Jahreszeiten deutlich vor Augen – im Gegensatz zu einem stets gleich aussehenden Zaun. Und denken Sie doch nur an all das Leben, für das Ihre grüne Einfriedung ein sicheres Zuhause bieten könnte. Vögel finden geschützte Plätze zum »Hecken«.
Auch für alle möglichen Kleinsäuger und Insekten hält sie Nahrung und Unterschlupf bereit. Gegen all diese Vorzüge fällt der einzig vorhandene Nachteil kaum ins Gewicht. Aber er soll trotzdem nicht verschwiegen werden: Grüne »Wände« sind im Gegensatz zu Mauern und Zäunen hungrig und saugen den Boden aus. Deshalb können nur anspruchslose, trokkenheitsliebende Pflanzen in ihrer unmittelbaren Nachbarschaft bestehen. Alle anderen sollten gebührend Abstand halten

Die »Zwerge« unter den Heckenpflanzen – wie hier Einfassungsbuchs – sorgen für Ordnung auf den Beeten (oben).
Ein Heckentor gewährt Zutritt (links).

Heckenkunst mit der Gartenschere

Auf den ersten Blick gehören streng geschnittene Hecken vielleicht zum Langweiligsten, was der Garten zu bieten hat. Nichts als lange, rechteckige »Klötze«, ohne Blütenschmuck und noch dazu nur im Zeitlupentempo wachsend – so scheint es. Sieht man aber einmal genauer hin, dann lernt man sie gewiß bald zu schätzen, zum Beispiel als phantasievoll einsetzbare Gestaltungselemente des Gartens. Sie schaffen Räume und bereiten Überraschungen vor. Sie bilden den wichtigen ruhigen und klaren Hintergrund für das überschäumende Farbenfest auf den Blumenbeeten davor und bringen dadurch den Blütenzauber noch viel besser zur Geltung. Kurz: Sie sind die dringend benötigten grünen

Grüne Kulissen: Sie gliedern den Garten in eigenständige, kleine Welten und schaffen Spielraum für Überraschungen.

»Kulissen« für die Aufführung »Die vier Jahreszeiten« in unserem Gartentheater. Und im Winter sind geschnittene Hecken – hohe und niedrige, bis hin zur Beeteinfassung – das wichtigste Mittel, um die Konturen des Gartens zu erhalten. Selbstverständlich sollten Hecken, mit solch einer architektonischen Funktion unbedingt einfarbig sein. Grüne »Wände« sind am einfachsten in den Garten einzubinden, während es mit andersfarbigen Gehölzen, zum Beispiel mit gelbem oder rotem Laub, schon erheblich schwieriger wird.
Eine streng geformte Hecke, die »grüne Architektur« unserer Gärten, muß aber gewiß nicht immer nur gerade nach oben hin abschließen. Unter dem Motto »Was gefällt, ist auch erlaubt«, können Sie Ihrem gärtnerischen Spieltrieb ruhig freien Lauf lassen. Denn mit etwas Geduld und Fingerspitzengefühl sind allerlei Formenspielereien möglich: Sanft und elegant ansteigende Linien und Wellen, exakte Stufen, anmutig gewölbte Durchgänge, grüne »Torpfosten« – von einer Kugel aus lebendem Grün gekrönt und, wo es paßt, vielleicht sogar ein paar »Zinnen«. Auch »Hekken-Fenster«, die einen kurzen Blick auf einen anderen Gartenteil ermöglichen und unsere Neugierde wirkungsvoll entfachen, sind eine originelle Idee.
Während eine Hecke als Einfriedung ruhig in die Höhe gehen sollte, um den Garten zu schützen, hält man die grünen »Wände« im Garteninnern besser niedriger und überschaubar. Das ist besonders für kleine Gärten wichtig. Hier wirken hohe, massive Hecken nur erdrückend. Man fühlt sich eingesperrt und eingezwängt. Außerdem beanspruchen hohe und breite Hecken zuviel wertvollen Gartengrund.
Die »Zwerge« unter den Heckenpflanzen schließlich sorgen als Einfassung auf den Beeten für optischen Halt und Ordnung. Hinter solch einem strengen Rahmen darf es ruhig üppig wuchern, ohne daß man gleich den Eindruck einer ungezügelten Wildnis gewinnt. Der langsam wachsende, immergrüne und so schön »altmodisch« wirkende Einfassungs-Buchs (*Buxus sempervirens* 'Suffruticosa') eignet sich ausgezeichnet für unsere Zwecke.
Für die ungeduldigeren Gartenfreunde empfiehlt sich auch der schnellwüchsigere, wunderbar duftende Lavendel und das würzige Heiligenkraut mit spitzentuchfeinen Silberblättchen und leuchtend gelben Blütenknöpfen. Auch Terrassen, Wege und Treppen kann man auf dekorative Weise mit niedrigen Hecken fassen.

Auf die richtige Auswahl kommt es an

Die immergrünen und deshalb Sommer wie Winter gleich attraktiven Arten sind als Heckenpflanzen natürlich bei weitem am beliebtesten. Da wäre zum einen der unverwüstliche Buchsbaum (z.B. *Buxus sempervirens* var. *arborescens*), der umso besser zu wachsen scheint, je mehr man an ihm herumschnippelt. Natürlich zählt auch der Kirschlorbeer mit seinem schönen sattgrünen und glänzenden Laub dazu. Allerdings braucht er in der Breite deutlich mehr Platz als die meisten anderen vergleichbar hohen Heckenpflanzen. Nicht zu vergessen ist auch die Stechpalme mit ihren leuchtend roten Früchten als Trost für graue Wintertage.
Aber Königin der Heckenpflanzen ist die Eibe, ohne die auch all die berühmten historischen Schloßanlagen gar nicht denkbar wären. Sie versteht es am besten, unvergleichlich schöne, tiefgrüne und ebenmäßige »Gartenwände« zu bilden und Blütenfarben durch ihre Anwesenheit auf zauberische Weise zum Leuchten und Glühen zu bringen. Dabei ist die geheimnisvolle Schöne überhaupt nicht anspruchsvoll. Im Gegenteil – sie begnügt sich sogar mit einem Platz im tiefsten Schatten. Und sie läßt sich auf jede nur erdenkliche Weise schneiden und formieren. Probleme mit Schädlingen kennt sie so gut wie nicht. Vögel suchen gerne in ihren Zweigen Unterschlupf und reißen sich förmlich um die fleischigen, roten Samenhüllen der becherartig geformten Scheinbeeren. Diese »Becher« sind übrigens auch für Menschen bekömmlich – nur die Samen darf man nicht mitessen. Sie sind, ebenso wie Holz, Rinde und Nadeln giftig.
Aber Geduld muß man haben und noch einmal Geduld, bis sich die langsam wachsenden Eiben nach etwa 20 Jahren endlich zu einer stattlichen Hecke ausgewachsen haben.
Gelegentlich sieht man Eibenhecken, die aus hohen, schmalen Säulenformen zusammengepflanzt wurden. Das ist zum einen vorteilhaft, weil man sofort eine ganz

passable Hecke erhält, die man noch dazu kaum schneiden muß. Denn die grüne »Wand« bleibt ganz ohne Ihr Zutun schmal und muß nur gelegentlich in der Höhe korrigiert werden. Der Nachteil aber ist, daß die Pflanzen sehr eng gesetzt werden müssen um einigermaßen dicht zu sein – und das kommt teuer. Für »zugige« Ecken kann man diese Art von Hecke jedoch nicht empfehlen. Die Zweige der Pflanzen verflechten sich nicht miteinander und so können sie vom Wind einzeln hin und her bewegt werden. Die Hecke wird deshalb nie richtig dicht abschließen. Wenn Sie den besonders schnellwüchsigen Liguster wählen, könnten Sie allerdings auch bereits nach kurzer Zeit zu den stolzen Heckenbesitzern gehören. Denn schon innerhalb etwa vier Jahren wird er mannshoch.

Sehr gutmütige und besonders empfehlenswerte Heckenpflanzen geben auch Hainbuche und Rotbuche ab, die beide sommergrün sind. Aber ihr dürres, raschelndes Laub halten sie den ganzen Winter über fest.

Vielleicht hätten Sie auch einmal Lust eine »Patchwork«-Hecke zu pflanzen, zum Beispiel gemischt aus Eibe und Buchs, oder Eibe mit Stechpalme. Oder wie wär's mit einer Mischung aus allen dreien?

Sogar eine dornige Hecke ist manchmal gefragt – zum Beispiel als Schutz vor Tieren. Auf der einen Seite sollte sie so beeindruckend »zornig« wirken, daß sie tatsächlich Eindringlinge fernzuhalten vermag. Andrerseits darf sie sich beim Schneiden nicht allzu »widerborstig« gebärden. Und ein attraktives Äußeres erwarten wir von

Hilfe gegen »nackte Füße«

ihr natürlich auch. Feuerdorn und Berberitze wären Beispiele solch »kratzbürstiger« Schönheit und für unser Vorhaben bestens geeignet. Noch mehr interessante Heckenpflanzen finden Sie in der Tabelle auf Seite 149.

Wenn Sie eine Hecke pflanzen . . .

Damit Sie sich später nicht ärgern müssen, sollten Sie sich schon vor dem Pflanzen einer Einfriedungshecke über ihre spätere Breite klar werden. Das ist wichtig, falls Sie auch zusätzlich – besonders solange die Hecke noch niedrig ist – einen Zaun benötigen. Entsprechend der fertigen Heckenbreite sollten Sie nämlich den Abstand zum Zaun wählen. Wird Ihre Hecke zum Beispiel einmal einen Meter breit werden, so sollten Sie sie wenigstens mit einem Meter Abstand zum Zaun pflanzen. So bleiben später noch etwa 50 cm zwischen Zaun und Hecke frei. Genug, um noch relativ bequem die nötigen Schnittarbeiten an der Hecke durchzuführen und den Zaun von innen zu streichen.

Und wäre das nicht eine günstige Gelegenheit auf dem Abstandsstreifen einige trockenheitsverträgliche und anspruchslose Blumen auszusäen und zu pflanzen, die auch ohne viel Zutun zurechtkommen? Leuchtend roter Klatschmohn, duftende Nachtkerzen und Kamillen, beeindruckend hohe Königskerzen, wilde Malven, Mutterkraut – übersät mit weißen Margeritenblüten – und viele andere können hier gedeihen. Dann wird es auch nicht lange dauern, bis die ersten neugierig durch den Zaun nach draußen blicken – als blühender Gruß für vorrübergehende Passanten. Wenn später einmal die Hecke groß und dicht genug ist und der Zaun fällt – umso besser. Dann wird Ihr bunter Blumenstreifen zum erfreulichen Lichtblick im grauen Straßen-Einerlei.

Mit der Schere schnipp und schnapp

Wer schon einmal eine hohe Hecke geschnitten hat – rauf auf die Leiter und wieder herunter, im Schneckentempo nur Stückchen für Stückchen vorrückend, mit starrem Genick und erlahmenden Armen, der kann Martin Luther nur aus ganzem Herzen zustimmen, wenn er meinte: »Der Teufel steckt in der Hecken!« Oder sind vielleicht auch die Hexen schuld, die man früher schon immer darin vermutet hat? Wie dem auch sei – es hilft alles nichts. Es gibt nur ein Entweder – Oder. Entweder Sie pflanzen gleich eine Blütenhecke, die kaum gepflegt werden muß und vergessen die architektonische Hecke – was aber doch wirklich ausgesprochen schade wäre. Oder Sie müssen sich ein- bis zweimal im Jahr eben ein wenig anstrengen. Und aus Bequemlichkeit ein bißchen zu »schludern«, ist nicht erlaubt. Denn die Strafe dafür folgt gleich auf dem Fuße. Leider sehen viele Gartenhecken heutzutage auch dementsprechend traurig aus: schief, krumm, »kopflastig« und dadurch löcherig und mit »nackten Füßen«.

Natürlich schneidet es sich so viel leichter – oben breit und unten schmal – anstatt, wie es sein müßte, genau anders herum. Aber warum eigentlich sollten wir das

Geeignete Heckenformen

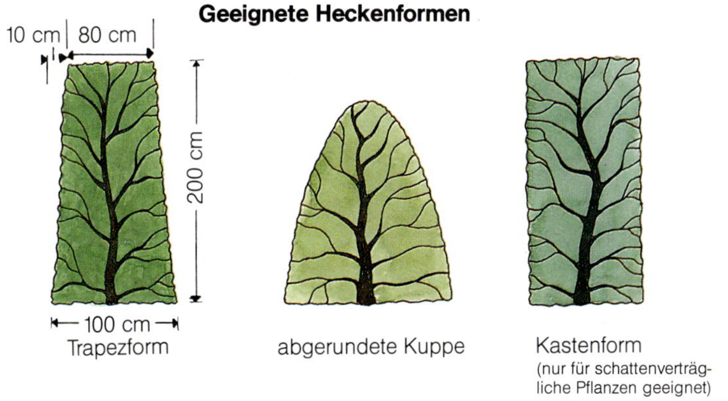

nicht mehr fertigbringen, was unsere Altvorderen sogar ohne elektrische Heckenschere konnten. Und unsere englischen Nachbarn führen es uns auch heute noch auf's Vorbildlichste vor.
Also, dann spannen wir eben zwei bis drei Richtschnüre und schneiden darüber die Hecke glatt. Achten Sie darauf, daß die Hecke eine schlanke Trapezform – an der Basis breit und nach oben sich verjüngend – erhält, damit sie nicht verkahlt. So kommen auch die unteren Zweige am besten in den Genuß des Sonnenlichts. Als Lohn für die Mühe erhalten Sie dafür eine wahre Traum-Hecke, ohne kahle Stellen und mit gleichmäßig dichter Struktur.
Falls Sie einmal der Ehrgeiz packen sollte, könnten Sie – anstatt gerader Kanten – Ihre Hecke auch mit einer sanft gerundeten, eleganten Kuppe krönen. Aber das ist schon ein etwas »kniffligeres« Vorhaben.
Durch den trapezartigen Formschnitt besteht sogar für eine alte, bereits verkahlte Hecke noch begründete Hoffnung. Nehmen Sie dazu die Haupttriebe der Sträucher um ein Drittel, eventuell sogar um die Hälfte zurück und verjüngen Sie die Hecke an den Seiten – von unten nach oben zu. Aber Vorsicht bei Nadelhölzern! Hier darf man nur »im Grünen« schneiden. Wenn man bis auf die unbenadelten Triebe zurückgeht, ist das Warten auf einen neuen Austrieb vergebens. Nur die Eibe ist eine Ausnahme. Sie verträgt sogar einen Rückschnitt bis in die verkahlten Stellen – aber ein wenig Vorsicht ist trotzdem geboten.
Auch bei sehr alten Laubhecken geht man besser sorgsam und Schritt für Schritt vor. Zunächst wird nur im grünen Bereich geschnitten, dann wartet man erst einmal ab, ob sich daraufhin weiter innen wieder etwas tut. Wenn ja, kann beim nächsten Schnitt schon etwas mehr riskiert werden, um die Hecke zu neuem, verstärktem Wachstum anzuregen.
Bei einer sehr jungen Hecke gerät man allzu leicht in Versuchung sie einfach wachsen zu lassen, damit sie rasch an Höhe gewinnt. Doch so erhält man nicht die ersehnte »grüne Mauer«, sondern nur lang aufgeschossene, unten kaum verzweigte Sträucher, durch die man hindurchsehen kann. Auch wenn Ihr Gärtnerherz blutet, lassen Sie Ihre Hecke höchstens 25 cm pro

Streng geschnittene Hecken wirken gleich viel lebendiger, wenn man sie mit »Girlanden« aus Kletterrosen behängt.

Jahr zulegen, bei langsam wachsenden Gehölzen sogar noch weniger. Dadurch wächst sie schön dicht und Sie haben viel mehr Freude daran.
Heckenpflanzen mit verhältnismäßig großen Blättern sollten Sie lieber nicht mit einer elektrischen Schere stutzen. Besser ist, Sie schneiden die Zweige einzeln ab und achten dabei darauf, daß die Blätter nicht verletzt werden. Sonst trocknen sie ein und bieten einen ziemlich unschönen Anblick.
Bei einer Reihe von Heckenpflanzen genügt es, wenn sie einmal im Jahr geschnitten werden. Falls sie nicht gerade zu den frostempfindlichen Gewächsen zählen, sind Spätsommer oder Frühjahr die beste Zeit dafür. Bei Buchsbaum, Japanischem Liguster *(Ligustrum ovalifolium)* und anderen etwas »verfrorenen« Gehölzen, sollten Sie jedoch lieber abwarten bis die Spätfröste vorüber sind. Falls Sie sich zwei Heckenschnitte pro Jahr vornehmen, empfiehlt sich dafür das zeitige Frühjahr und dann noch die Zeitspanne von Juli bis Ende August, damit die neuen Triebe noch rechtzeitig vor Winterbeginn ausreifen können. Aber beginnen Sie mit dem zweiten Schnitt erst dann, wenn alle Vogelkinder bereits ausgeflogen sind. Denn auch Schnitthecken stehen bei den Vögeln hoch im Kurs. Für Singdrosseln, Amseln, Grünfinken, Grasmücken, Gimpel, Gelbspötter, Heckenbraunellen und andere sind sie ein schützendes Zuhause.

Blumengirlanden für die Hecke

Wenn Sie in Ihre gleichmäßig grüne Hekke gern ein wenig Farbe hineinbringen möchten, könnten Sie sie hier und dort mit ein paar »Blumengirlanden« behängen. Natürlich kommen nur robuste Kletterpflanzen dafür in Frage, weil sie ja in Wurzelkonkurrenz mit der Hecke treten müssen. So versteht es sich von selbst, daß man sie mit reichlichen Düngergaben füttern muß, um ihnen so richtig »auf die Sprünge zu helfen«. Als Dank dafür werden sie unsere Hecke mit schäumenden Blütenkaskaden überziehen.
Die »Klettermaxen« dürfen es aber auch nicht übel nehmen, wenn sie im Eifer des Heckenschneidens einmal versehentlich ein wenig zugestutzt werden. Das wird sich wohl kaum vermeiden lassen. Das Waldgeißblatt *(Lonicera periclymenum)* mit betörend duftenden, gelblichen, an den Spitzen rot überhauchten Blütenbüscheln wäre zum Beispiel so ein anspruchsloser Kletterer. Auch die Abkömmlinge der wildwachsenden *Clematis alpina* und *Clematis vitalba* sind für unsere Zwecke gut geeignet. Und sogar ein paar robuste und wetterbeständige, ausdauernd blühende Kletterrosen lassen sich finden – wie zum Beispiel 'Goldstern' mit gelber Blumenpracht, oder die duftende 'Lawinia', die mit zahlreichen hübsch gefüllten Blüten in Reinrosa unsere Hecke schmücken könnte. Ebensogut wäre 'Morning Dawn' geeignet, deren weißlichrosa gefärbte, ballförmige Rosen einen pikanten Anflug von Lachsrot zeigen und – nicht zu vergessen – natürlich die zartrosa getönte, vielgeliebte 'New Dawn' mit ihrem feinen Apfelrosenduft.

Wände mit Blüten und Blättern

Einerseits benötigen wir architektonische Hecken in unserem Garten, die auf wenig Platz wichtige Aufgaben als blickdichte Einfassung und als Gartenkulissen erfüllen. Andrerseits wäre eine freiwachsende Hecke natürlich auch sehr reizvoll. Wir könnten uns all die Mühe mit dem Heckenschneiden ersparen und würden dafür auch noch mit einer Fülle von Blüten und dekorativen oder sogar eßbaren Früchten belohnt. Welch verlockender Gedanke!

Eine völlig natürlich gewachsene Hecke würde aber mit Sicherheit zuviel kostbaren Platz in unserem Garten beanspruchen. Sie bräuchte nämlich einen Streifen von etwa vier Metern Breite, wenn sie sich richtig entwickeln soll. Wer hat das schon zu bieten! Außerdem könnten wir sie nicht als »Wand« für unsere »grünen Zimmer« einsetzen. Dazu wäre sie einfach zu bunt und zu unruhig. Auch der reizvolle Kontrast zwischen der ruhigen, rahmenbildenden Hecke einerseits und der üppigen, farbenfrohen Blumenwelt andererseits wäre dahin.

Aber wie wäre es, wenn wir eine freiwachsende Hecke pflanzten, die nur aus einer Gehölzart besteht? Das würde bestimmt keine Unruhe in unseren Garten bringen. Und die »Wände« unserer »Gartenzimmer« wären statt nur grün für ein paar Wochen im Jahr weiß, gelb, rosa oder blau getönt. Würde Sie das nicht reizen? Da im Garteninnern die Hecken ohnehin nicht zu hoch wachsen sollten und auch nicht vollkommen undurchsichtig sein müssen, bräuchten wir auch für eine freiwachsende Hecke nicht allzuviel Platz zu opfern. Pflanzbreiten von 50 bis höchstens 200 cm genügen. Damit sie nicht zu schnell von unten her verkahlen, wählen wir am besten Pflanzen aus, die relativ langsam wachsen. Natürlich kommen auch stärker wachsende Arten – wie Goldglöckchen und Kolkwitzie – in Frage. Aber dann müssen wir doch hin und wieder zur Heckenschere greifen, um die längsten Seitentriebe zurechtzustutzen und den Mitteltrieb zu entfernen. Weitere Schnittmaßnahmen bei unserer Blütenhecke werden aber erst dann wieder nötig sein, wenn wir entdecken, daß sie »blühfaul« wird und zu verkahlen beginnt. Denn nehmen Sie einfach die alten Triebe – kurz über dem Boden abgeschnitten – heraus. Geeignete Heckenpflanzen sind auf Seite 151 aufgelistet.

Eine duftende Hecke aus Wildrosen oder »alten« Rosen ergibt eine besonders romantische Gartenkulisse. Dazu ist sie noch besonders pflegeleicht.

Erst durch eine »Tapete« aus Kletterpflanzen wird eine Gartenmauer richtig schön (oben). Auch kleine Fugenpflanzen helfen mit, die Mauer zu begrünen (rechts).

Eine Mauer birgt Geheimnisse

Wohl auf die sicherste Weise schirmt eine Mauer – aus Stein oder Ziegeln – den Garten ab und sorgt für eine heimelige Atmosphäre im Innern. Und das schon mit jahrhundertelanger Tradition. Denn bereits im frühen Mittelalter umgab sie schützend Obst- und Gemüsegärten. Und die vielgerühmten und besungenen Lustgärtlein auf den Burgen wären ohne die Abgeschiedenheit von dicken Mauern schon gar nicht denkbar gewesen.

Aber auch heute noch empfinden wir die besondere Wirkung, die eine Mauer als Einfriedung des Gartens auf uns ausübt. Sie ist unser sicherer »Fels« in der »Brandung« negativer Umwelteinflüsse. Straßenstaub, Lärm und Hektik prallen beinahe wirkungslos an ihr ab. Und unter »Ausschluß der Öffentlichkeit« fühlen wir uns auf unserer blühenden Insel dahinter so richtig behaglich und geborgen.

Nicht nur für uns Menschen ist eine Mauer von unschätzbarem Wert. Auch zahlreiche sonnenhungrige Gartengewächse, die ursprünglich im warmen Süden zu Hause waren, fühlen sich in ihrem Schutze ausgesprochen wohl und bedanken sich mit besonders üppigem Wachstum. Und sogar der Frühling hält hinter einer Gartenmauer ein paar Tage eher Einzug als in den übrigen Gärten.

Problematisch wird manchmal allerdings starker Wind. Denn auf ihn wirkt die Mauer wie eine undurchlässige Barriere, wodurch dahinter, in einigen Metern Abstand, heftige Turbulenzen auftreten können – nicht gerade zum Vorteil für empfindliche Gewächse in dem betroffenen Gartenabschnitt. Aber nichtsdestotrotz – das Positive überwiegt bei weitem.

Deshalb – wenn Sie schon im Besitz einer solchen Garteneinfriedung sind, sollten Sie sich wahrhaftig glücklich schätzen – besonders auch dann, wenn es sich um eine alte Mauer mit einer reizvollen »Patina« aus Flechten und Moosen handelt. Und falls sie sich in schlechtem Zustand befindet, wäre es doch wirklich um soviel bes-

ser etwas dafür zu tun, daß sie bald wieder in altem Glanze erstrahlt, als sie einfach abzureißen. Bedenken Sie nur, wieviel Geld es sich andere erst kosten lassen müssen, um einen solchen Schatz zu besitzen. Denn das muß leider gesagt werden: Billig ist solch eine Mauer nicht. Allerdings zahlt sich die Investition für den Bau – auf die Dauer gesehen – doch auch wieder aus.
Selbstverständlich sollte man eine Mauer niemals »kahl« im Garten stehen lassen – sonst könnte sie sogar, besonders bei sehr kleinen Gärten, einengend und abweisend wirken. Sie ist dazu da, um üppig bepflanzt zu werden! Da für uns begeisterte Gärtner der Platz ohnehin nie ausreicht, um all unsere grünen Lieblinge unterzubringen, wäre eine Mauer doch die Gelegenheit im Garten auch die dritte Dimension auszunützen. Wir gehen einfach in die Luft, indem wir viele Kletterpflanzen an der Mauer emporwachsen lassen!
Kletterhortensie *(Hydrangea petiolaris)*, Efeu und Wilder Wein (*Parthenocissus tricuspidata* 'Veitchii') zählen zu den besonders draufgängerischen »Gipfelstürmern«, die, außer ein wenig Führung beim Start, keine zusätzliche Stütze benötigen. Sie streben aus eigener Kraft nach oben – mit Wurzeln, die an der Wand haften. Das hat natürlich viele Vorteile. Nur wenn der Putz oder das Mauerwerk bereits Risse aufweisen, sollte man auf die »selbsthaftenden« Kletterpflanzen lieber verzichten. An der Mauer befestigte Drähte und Gitter sorgen schließlich dafür, daß auch Kletterrosen, Geißblatt, *Clematis* und all die anderen genügend Halt finden, um in die »höheren Regionen« des Gartens zu gelangen. Hier besteht überhaupt keine Gefahr, auch nicht für schadhaftes Mauerwerk, weil die Rank- und Kletterhilfen für einen gebührenden Abstand zur Wand sorgen und dadurch auch die Luft ungehindert zirkulieren kann. Ganz besonders hinreißend wirkt übrigens *Clematis montana* 'Rubens', die sich als schäumender, rosaroter Wasserfall über die Gartenwände ergießt. (Sehen Sie auch die Kletterpflanzen-Tabelle auf Seite 152) Aber vergessen Sie dabei nur eines nicht: Der Abstand der Wurzeln zum trockenen Mauerfundament muß unbedingt so groß sein, daß die Kletterpflanzen ausreichend

Eine durchbrochene Backsteinmauer ist ein idealer Raumteiler für das Garteninnere.

Regenwasser erhalten. Sonst müssen Sie ständig gießen.
Mit der Zeit werden die Kletterpflanzen unsere Mauer immer mehr in Besitz nehmen und mit grünen Armen umschlingen. Und wenn es – bei einer Trockenmauer – freie Fugen und Hohlräume gibt, bietet sich noch zusätzlich Platz für eine Vielzahl von kleinen, robusten »Mauerblümchen«. Am Ende wird das harte Mauerwerk sicher nur noch schemenhaft, unter einem Schleier aus grünem Blattwerk und bunten Blüten zu erkennen sein.

Falls Sie in Ihrem Garten mehr Platz zur Verfügung haben, könnten Sie auch etwas davon für einen breiteren Pflanzstreifen direkt an der Gartenmauer »opfern«. Dorthin setzen Sie, neben den Kletterpflanzen, auch Sträucher – blühende und immergrüne – in bunter Mischung mit zahlreichen ausdauernden Blütenstauden und Sommerblumen.
Auch im Garteninnern sind Mauern ausgesprochen nützlich – sie leisten als Stützmauer in bewegtem Gelände, als Raumteiler und sogar als Einfassung von erhöhten Blumenbeeten die besten Dienste. Dabei ist wirklich überraschend, welch große Wirkung schon eine Stein- oder Ziegelmauer mit einem halben Meter Höhe haben kann. Und noch ein winziges Einfassungsmäuerchen vermag ein Blumenbeet um vieles anziehender zu gestalten.

Trockenmauern verleihen dem Garten einen südländischen Charme und bieten Lebensraum für viele Pflanzen und Tiere.

Ein Evergreen – der Zaun

Jetzt ist es aber wirklich an der Zeit auch einmal für den guten alten Gartenzaun eine Lanze zu brechen – besonders, was die kleinen Gärten betrifft. Denn seine Vielseitigkeit stellt er auf ausgesprochen wenig Platz unter Beweis. Als attraktive Barriere zwischen drinnen und draußen schützt er unsere erlesene Gartenwelt vor unerwünschten Einflüssen und kommt dabei wesentlich billiger als eine Gartenmauer. Und weil er – im Gegensatz zur Mauer – meistens ein wenig winddurchlässig ist (mit Ausnahme der besonders dicht gefügten Bretterzäune), können auch keine heftigen Turbulenzen entstehen, wie sie hinter ganz undurchlässigen Barrieren auftreten. Für Blütenpflanzen ist er eine wirkungsvolle, natürliche Kulisse und im Garteninnern hilft er weniger Anziehendes – wie zum Beispiel Mülltonnen – geschickt zu verbergen. Und daß er obendrein noch im Nu fertig ist, macht ihn uns noch angenehmer. Nur ist er leider kein »Bauwerk« für die Ewigkeit. Auch wenn wir ihn alle zwei bis drei Jahre mit einem pflanzenunschädlichen Holzschutzmittel behandeln, wird er doch mit der Zeit morsch und muß erneuert werden. Übrigens: Zäune unterliegen, genau wie Mauern, dem Nachbarschaftsrecht und sind, was ihre Art und Höhe angeht, häufig in Bebauungsplänen festgelegt.

Dichte, hohe Bretterzäune sind eine attraktive Barriere zwischen drinnen und draußen. Sie brauchen nur wenig Platz und sind im Nu errichtet.

Mit einem Lattenzaun können Sie wirksam und freundlich zugleich Grenzen setzen. Und blühende »Zaungäste« bringen Licht und Farbe ins graue Straßen-Einerlei.

Deshalb sollten Sie sich erkundigen, ehe Sie eine Entscheidung treffen.

Gartenzäune gibt es in unglaublich vielen Ausführungen – aus dicken Brettern gefertigt oder auch aus Profillatten und geschälten Halbhölzern – ganz wie es Ihnen gefällt. Falls Sie das Glück haben, daß Ihr Garten unmittelbar an die freie Landschaft anschließt oder wenn Sie Ihren Vorgarten eingrenzen möchten, dann genügt freilich schon ein halbhoher, transparenter Zaun. Vielleicht ein schöner schlichter aus geschälten Fichtenstangen oder auch ein hübscher Lattenzaun – in anmutiges Weiß oder dunkles Grün getaucht.

Für diejenigen Gartenbereiche, die uns eine private Sphäre sichern sollen, empfehlen sich eher die verhältnismäßig hohen und dichten Zäune, damit wir uns in ihrem Schutz geborgen fühlen können.

Weidenruten lassen sich nicht nur zu Körben und Möbelstücken verarbeiten – man kann auch dekorative Zäune damit flechten. Vielleicht erscheint Ihnen der Vorschlag zunächst ein wenig ungewöhnlich, aber im Mittelalter war diese Art der Gartenumfriedung bei uns weit verbreitet. Wenn man die Weidenzweige vor der Verarbeitung nur lange genug ins Wasser legt, damit sie schön biegsam werden, ist die Flechtarbeit beinahe ein Kinderspiel. Wie hoch der Zaun werden soll, liegt dabei ganz in Ihrem Ermessen. Nur leider ist die »Lebenserwartung« eines solchen

Flechtzauns relativ kurz. Er sieht etwa fünf Jahre schön aus und beginnt dann aus den Fugen zu geraten. Dafür bietet er bis dahin jedoch einen wirklich hübschen Anblick – besonders auch wenn er ein kleines Küchengärtchen umgibt und dabei von blühenden Kletterrosen umschmeichelt wird. Effektvoll wäre außerdem eine üppige Kürbispflanze, die ihn in eine Flut von grünen Blättern taucht. Und auch die unermüdlich blühende Kapuzinerkresse weiß ihn ins rechte Licht zu rücken.
Überhaupt sollten Sie nicht zögern, Ihrem Zaun – ganz gleich welcher Art er ist – Leben einzuhauchen. Vielerlei Kletterpflanzen sind bestens dafür geeignet, ihn mit üppigen Blütenkaskaden zu überschäumen. Einige straff gespannte Drähte können hierbei als Kletterhilfe sehr nützlich sein. Allerdings dürfen wir ein Problem nicht außer acht lassen: Ist der Zaun von den Kletterpflanzen erst einmal so richtig überwuchert, kommen wir kaum noch an ihn heran und können ihn weder streichen, noch die nötigen Ausbesserungsarbeiten durchführen. Um dem abzuhelfen, bleibt uns nur die Möglichkeit, den Zaun mit einjährigen Kletterpflanzen zu beranken und natürlich auch mit solchen ausdauernden Gewächsen, die – wie der Hopfen – ohnehin im Herbst »einziehen« oder die – wie einige Vertreter der Clematis – jährlich einen starken Rückschnitt benötigen. Oder Sie sehen in aller Ruhe zu, wie die Kletterpflanzen Ihren Gartenzaun mit der Zeit völlig einspinnen. Das geht dann eben so lange gut, bis irgendwann das Zaunholz morsch ist und ein neuer Zaun fällig wird. Dann muß man die Pflanzen kräftig zurückschneiden und sich gedulden, bis sie sich anschicken ihren angestammten Platz zurückzuerobern. Weil die Kletterpflanzen bei der Begrünung von Zäunen sehr wichtig sind, und auch noch in den folgenden Kapiteln eine große Rolle spielen, habe ich einige der gebräuchlichsten für Sie in der Tabelle auf Seite 152 zusammengefaßt.

Ein strahlend weißes Gitterspalier bringt Romantik in den Garten. Es läßt sich übrigens leicht selbst zusammenbauen.

Im Reihenhausgarten: Ein dichter Zaun schützt die Privatsphäre und bildet eine wirkungsvolle Gartenkulisse (rechts). Ein Flechtzaun, Marke »Selbstgemacht« (unten).

Holz treibt Blüten – Klettergerüste für Pflanzen

Ein kleiner Garten, der von allen Seiten her neugierigen Blicken ausgesetzt ist, muß nicht zwangsläufig ein »Fluch« sein. Ganz im Gegenteil! Wenn Sie erst einmal erfolgreich einen großen Bogen um die als Sichtschutz üblichen und furchtbar langweiligen Reliefglaswände geschlagen haben, werden Sie sicher bald entdecken, daß es viel reizvollere Möglichkeiten gibt, um mit diesem Problem fertigzuwerden. Und am Ende werden Sie dann sogar feststellen, daß Sie nicht nur Ihre Schwierigkeiten mit dem Sichtschutz gelöst haben, sondern, daß Ihr Garten noch zusätzlich ganz beträchtlich an Charme gewinnt.

Romantische Gitterwände

Gerade in kleinen Gärten sind transparente Sichtblenden in Form von Spalieren und Gitterwerk oft mehr zu empfehlen als hermetisch abgeriegelte Wände. Also kurz gesagt: Je kleiner der Garten, desto leichter sollte auch die Struktur seiner »Wände« sein. Mit Kletterpflanzen anmutig umrankte Gitterspaliere wirken niemals erdrückend – sondern eher wie ein zarter Schleier, der feste Konturen auflöst und sie geheimnisvoll verschwimmen läßt. Was sich hinter solch einer blühenden »Wand« verbirgt, kann man nur noch erahnen. Deshalb eignet sie sich auch ganz vorzüglich dazu, den Eingangsbereich optisch vom Wohngarten zu trennen. Solch eine Gitterwand nimmt auch kaum Platz in Anspruch und bietet auf einfache Weise dennoch vielfältigen Raum für alle möglichen grünen und blühenden »Kletterkünstler«. Außerdem sind Spaliere sehr schnell aufgestellt und bieten sofort – sogar noch ohne Bepflanzung – einen wirkungsvollen Sichtschutz. Es gibt wirklich sehr schöne Gitterwände, die nach alter Tradition gearbeitet sind: Entweder schlicht rechteckig, oder mit gotischem Bogen, in allerlei »verspielten« Variationen, mit oder ohne »Fenster« und mit Latten, die rautenförmig, rechteckig oder quadratisch angeordnet sind. Schon ohne Bepflanzung wirken sie ausgesprochen attraktiv – so zierlich und leicht wie sie sind – und sorgen deshalb auch im winterlich leeren Garten für »Lichtblicke«.

Vor allem für kleine Gärten empfiehlt sich ein filigranes Gitterspalier als Grenze zwischen Mein und Dein. Man fühlt sich nicht beengt.

Ein Gitterspalier zeigt immer Wirkung – ob an einer Mauer oder als »Raumteiler«.

Die Hauswand, eine Mauer oder auch der Gartenzaun kommen für eine Gitterwand in Frage. Und als Verbindungsglieder zwischen den einzelnen Spalieren eignen sich am besten gehobelte Holzpfosten.

Damit Ihre Gitterwand möglichst lange Wind und Wetter trotzt, sollten Sie sie unbedingt mit einem pflanzenunschädlichen Holzschutzmittel behandeln. Auch druckimprägnierte Kletterhilfen gibt es schon fertig zu kaufen. Aber ganz besonders romantisch wirken doch jene Rankgitter, die strahlend Weiß gestrichen sind. Sehr anziehend ist auch ein geheimnisvolles dunkles Grün oder ein helles Blau mit einem Hauch von Silber. Dazu noch ein kleiner Tip: Weil Kletterpflanzen zum besseren Halt eine leicht rauhe Unterlage bevorzugen, wäre es gut, der Farbe etwas feinkörnigen Sand unterzumischen.

Klettergerüste werden in vielerlei Varianten und Größen zum Kauf angeboten. Die stabilen und sorgfältig gearbeiteten Spaliere fordern natürlich ihren Preis. Und die erschwinglicheren unter ihnen sind meist genagelt anstatt geschraubt oder gar nur geklammert. So stehen sie von Anfang an auf zu »wackeligen Beinen« um kräftigen Winden und dem Gewicht der Kletterpflanzen zu widerstehen. Aber vielleicht trauen Sie es sich ja auch zu, Ihre Gitterwand selbst zu bauen – das ist nämlich gar nicht so schwer. Sie käme nicht nur billiger, sondern wäre auch maßgeschneidert und damit ganz der speziellen Situation Ihres Gartens angepaßt. Auch die Abstände und die Stärke der Latten könnten Sie ganz nach Ihrem Gutdünken variieren. Größere Zwischenräume und mehr Stabilität sind bei den raschwüchsigen, schwergewichtigen Kletterern, wie Blauregen, Pfeifenwinde, *Clematis montana* oder der Kalebasse mit ihren vielen Früchten gefragt. Leichtgewichtige Kletterkünstler, zum Beispiel Duftwicke, Feuerbohne und Glockenrebe, passen besser zu zierlicheren Spalieren und bevorzugen kleinere Lattenabstände. Als Material für Gitterspaliere eignen sich Nadelhölzer, wie Fichte, Kiefer und Lärche recht gut. Harthöl-

zer, zum Beispiel Eiche, sind natürlich haltbarer, aber auch entsprechend teuer.
Wenn es die Größe Ihres Gartens erlaubt, könnten Sie auch gleich noch mehr Gitterwände bauen, um damit versteckte Nischen zu zaubern, oder sie als Wände für »Gartenzimmer« verwenden. Wäre das nicht auch eine Lösung für »schlauchartige« Reihenhausgärten, die mit ihren »unmöglichen« Bemessungen ihre Besitzer zur Verzweiflung treiben? Eine üppig berankte Gitterwand könnte den hinteren Gartenteil unseren Blicken entrücken und damit eine neue reizvolle Atmosphäre schaffen.

Klettergerüste aus Rundhölzern

Viel rustikaler als die eleganten Gitterwände und angenehm gediegen wirken freistehende Klettergerüste aus Rundhölzern. Deshalb passen sie auch besser zu einer ländlichen Umgebung als in die Nähe eines pompösen Stadthauses. Solche Klettergerüste lassen sich in allen möglichen Formen und Abmessungen errichten und gehen mit üppigen, blütenübersäten Kletterrosen eine besonders glückliche Verbindung ein. Dünne, zwischen den Rundhölzern gespannte Drähte könnten aber auch dafür sorgen, daß sogar die rankenden und schlingenden grünen »Seiltänzer« ausreichend Halt finden, um nach oben zu gelangen. Wunderschöne transparente Raumteiler lassen sich so bauen.
Ein ganz besonders gelungenes Gartenbild ergibt sich auch, wenn eine halbhohe Hecke zusammen mit dem so natürlich wirkenden Klettergerüst die »Wand« eines »Gartenzimmers« bildet. Dadurch entsteht ein reizvoller Gegensatz – im unteren Teil ist es beruhigend grün und bringt angrenzende Blumenrabatten besser zur Geltung und darüber wuchert und blüht es üppig. Trotzdem bleibt die »Wand« immer noch transparent genug, um flüchtige Blicke auf das Dahinter zuzulassen.
Mit solch einer Kletterwand läßt sich auch beiderseits ein längerer, nicht zu schmaler Weg zum Hauseingang hin begleiten. Gerade die ungünstig langgezogenen Eingangsbereiche wirken ja leider oft besonders langweilig – auch weil es an der nötigen Höhe fehlt. Ein hölzernes Klettergerüst, eingesponnen in eine Flut von Blumen und wucherndem Grün kann diesem Problem auf eindrucksvolle Weise abhelfen. Und eine üppige Blumenrabatte, mit Blüten, die sich in den Weg hineinneigen wäre das Tüpfelchen auf dem i für unsere Gartenkomposition.

»Raumteiler« aus Rundhölzer gehen mit Kletterrosen eine besonders glückliche Verbindung ein.

Lebende Zäune und Raumteiler

Viele verlockende Möglichkeiten bieten sich auch dann, wenn wir die Pflanzen als Hauptakteure in den Mittelpunkt rücken und die weniger attraktiven Hilfsmittel, die lediglich für Halt und Form sorgen, unter dichtem Laubwerk und Wolken von Blüten verschwinden lassen. Man kann sogar ganz ohne solche Hilfen auskommen. Selbst wenn man keine der üblichen Gartenhecken wünscht, gibt es noch andere Möglichkeiten, eine grüne »Gartenwand« allein mit Pflanzen zu formen.

Seilkünste und Drahtseilakte

Vermutlich waren die Römer die ersten, die auf die reizvolle Idee kamen Kletterpflanzen gleich Seiltänzern an dicken Schnüren entlangzuleiten. Jedenfalls sind diese dekorativen lebenden Girlanden auf Mosaiken und Skulpturen in Pompeji und Herkulaneum zu erkennen. Für solche »Blumengewinde« nach Römer-Art bieten sich auch heute noch Schnüre aus Naturfasern – wie Sisal, Kokos und Hanf – an. Sie sind ausgesprochen preiswert und gewähren im lockeren Bogen zwischen zwei Pfosten aufgehängt, den grünen Kletterern sicheren Halt. Weil aber die dem Wind und Wetter ausgesetzten Schnüre nicht so lange halten, sollte man sich auf die einjährigen Kletterpflanzen beschränken.
Ein längeres Leben haben dagegen Schnüre aus Kunststoff – besonders diejenigen, die als sogenannte Hopfenschnüre auf dem Markt sind. Dank einer aufgerauhten Oberfläche können sich Kletterpflanzen daran gut festhalten und so lassen sich problemlos Abstände von einigen Metern Länge überspannen. Ein weiterer Vorteil ist, daß die Schnüre sehr unauffällig sind und sich eigentlich überall gut anpassen.
Den besonders starkwüchsigen und schwergewichtigen Kletterern müssen wir allerdings etwas Kompakteres bieten. Ein

dickes, solides Tau in geschwungenem Bogen zwischen einem hölzernen Säulenpaar aufgehängt, ist dafür gerade das richtige. Dazu bohren Sie einfach entsprechend große Löcher in die Holzpfosten und ziehen das Seil hindurch. Dicke Knoten an den Enden hindern es am Zurückrutschen. Sollen größere Entfernungen überbrückt werden, ist natürlich gleich eine ganze Reihe von Holzsäulen nötig, durch die das Tau geführt wird. Besonders dekorativ wirkt solch eine blühende »Girlande« wenn man sie über einer halbhohen, streng geschnittenen Hecke aufhängt. Drei bis vier davon und in gleichen Abständen übereinander befestigt, sind aber auch ganz allein für sich eine Möglichkeit, verschiedene Gartenbereiche voneinander zu trennen. Dann setzen Sie an jede der Säulen eine Kletterrose, oder was für eine Pflanze auch immer Ihre »Girlande« beleben soll und ziehen sie daran hoch. Bei einigen kann ein rechtzeitiger Schnitt dafür sorgen, daß sich reichlich Seitenzweige bilden, die dann an den Tauen entlanggeführt werden.

Natürlich könnten Sie auch Draht zwischen Holzpfosten als Stütze und Halt für alle möglichen Pflanzen ziehen. Wählen Sie am besten einen mit Kunststoffummantelung, schon um dem Rost keine Angriffsmöglichkeit zu bieten, aber auch um vorzubeugen, daß die damit in Verbindung stehenden Pflanzenteile Hitze- oder Kälteschäden erleiden. Reine Metalldrähte stellen in dieser Hinsicht nämlich immer ein Risiko dar.

An den straffgespannten Drähten läßt sich zum Beispiel leckeres Spalierobst ziehen – besonders geeignet als grüne »Wand« eines Küchengärtchens. Verlockend für große und kleine »Naschkatzen« sind natürlich auch Weinreben oder eine Kletterbrombeere. Und auch der Gedanke an eine »Himbeerwand« läßt einem schon das Wasser im Munde zusammenlaufen. Damit diese ungezügelten Wucherer jedoch nicht gleich außer Rand und Band geraten, sind zu beiden Seiten der Himbeerreihe straff gezogene Drähte empfehlenswert.

Liebliches für Auge und Nase wiederum verspricht uns eine Hecke von herrlichen Rosen. Besonders die wilden Formen oder auch die »alten« Züchtungen mit ihrem einzigartigen Charme, könnten dabei die Rolle als halbhohe Raumteiler übernehmen. Sie sind längst nicht so anfällig wie viele moderne Rosen, sondern ausgesprochen »pflegeleicht« und starkwüchsig.

Am Draht gezogenes Spalierobst, bildet die grünen Wände eines Küchengärtchens (oben). Für den »Seiltrick« eignen sich Kletterrosen bestens (unten).

Daß sie zum Wurzelstock hin leicht mager und dünn aussehen, läßt sich gleich von Anfang an mit Hilfe von Pfosten und daran gespannten Drähten vermeiden. Dann brauchen Sie die langen Schosse nur in die gewünschte Richtung zu ziehen und sie an den Drähten festzubinden. Entstandene Lücken sind so ganz leicht zu füllen. Und eine über und über mit duftenden Blüten besetzte »Gartenwand« wird der reiche Lohn für sämtliche beim Aufbinden erlittenen Schrammen und Kratzer sein.
Für solch eine märchenhaft schöne »Dornröschen-Hecke« würde sich beispielsweise die Schottische Zaunrose *(Rosa rubiginosa)* bestens eignen – eine wildwachsende Schönheit, die besonders bei feuchtem Wetter einen süßen Duft um sich verbreitet. Und denken Sie nur an all die wunderbaren Zentifolien *(R. centifolia)* und Damaszener-Rosen *(R. damascena)!* Ganz sicher werden Sie auch unter den Abkömmlingen der Essig-Rose *(R. gallica)* oder der Weißen Rose *(R. alba)* Blütenschätze finden, die alle für dieses duftende Vorhaben bestens geeignet sind.

Efeu hat abgestorbene Weidenstämme umsponnen und so in eine immergrüne Gartenwand mit »Durchblick« verwandelt.

Efeu-Wände

Efeu ist ein wirklich bemerkenswerter Kletterer, der dankbar an allem und jedem emporklimmt, was sich ihm nur anbietet – zwar nicht eben schnell, aber dafür zielstrebig und beharrlich. Ob in der Sonne oder im Schatten – er klettert über Zäune, breitet sich ohne Schwierigkeiten an Mauern aus und schwingt sich auch in die höchsten Bäume (aber nur keine Angst – er ist kein »Würger«!). Wenn er nichts zum Klettern findet, dann ergießt er sich als immergrüne Flut über den Boden. Kein Zweifel, daß er auch ohne zu zögern an allem möglichen Drahtgeflecht herumklimmen würde, bekäme er es nur zu fassen. Wenn Sie sich nur lange genug gedulden, können Sie mit seiner Hilfe auch einen langweiligen Drahtzaun in eine üppige, immergrüne »Wand« verwandeln. Der dürfen Sie dann später, wenn sie die gewünschte Höhe erreicht hat, ohne irgendwelche Umstände sogar mit der Heckenschere zu Leibe rücken (am besten zu Beginn des Frühlings!). Eine verlockende Idee ist es auch, dem unübertrefflichen Kletterkünstler, der übrigens inzwischen in vielen wunderschönen Sorten angeboten wird, eine nach eigenen Vorstellungen geformte »Gartenwand« aus Drahtgeflecht anzubieten. Diese darf er dann nach Herzenslust und in allen Richtungen mit unzähligen grünen Armen umschlingen.

Efeuwand aus Gitterdraht

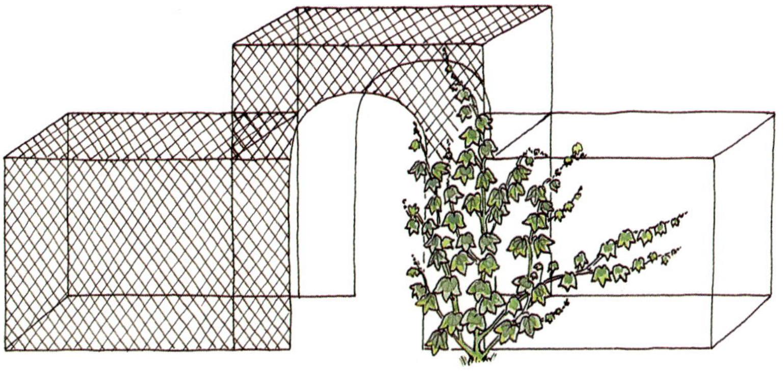

Ein »Jägerzaun« voller Leben – die Gitterhecke

Auf den ersten Blick wirkt sie wie ein Zaun aus gekreuzten Latten. Doch sie ist voller Leben und hält praktisch »ewig«. Niemals werden Sie sich deshalb mit morschen Zaunsäulen und brüchigen Latten herumärgern müssen. Auch Pinsel und Holzschutzmittel können Sie getrost in die Ecke stellen. Ein gelegentlicher Griff zur Schere ist alles, was bei dieser »Zaunpflege« Not tut. Sogar der Anfang wird uns noch leicht gemacht, denn – verglichen mit einem Holzzaun – sind die Kosten nur wenig höher.
Dafür bietet Ihnen die »Gitterhecke« das ganze Jahr über einen wunderhübschen Anblick – vom ersten zarten Laubaustrieb im Frühjahr bis hin zum anmutigen Linienspiel im winterlich leeren Garten.

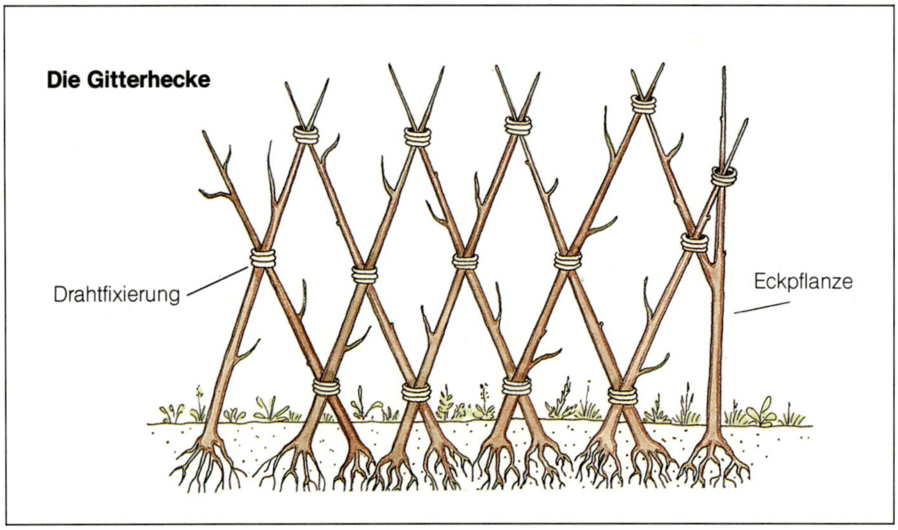

Für eine Gitterhecke eignen sich sämtliche Gehölzarten, die bereits im Jugendstadium einen geraden Stamm ausbilden. Gepflanzt werden die Bäumchen schräg gegeneinander – im Winkel von etwa 60 Grad und mit einem Abstand von ungefähr 30 cm – um danach, nach Art eines Gitterwerks, untereinander verflochten zu werden. Blumendraht ist ein wichtiger Helfer beim Zusammenheften an den Kreuzungspunkten. Mit der Zeit werden die Stämmchen an diesen Stellen miteinander völlig verwachsen und es entsteht ein stabiles »Gitter«, das ganz von selbst, Jahr für Jahr, und so lange Sie es wünschen, ein weiteres Stück an Höhe zulegt.

Ganz nach Ihrem Belieben können Sie Ihre Gitterhecke auch als undurchsichtige grüne »Wand« wachsen lassen. Dafür wählen Sie am besten Feldahorn oder Feldulme und achten beim Flechten der Bäumchen darauf, daß nur ja alle Seitenzweige erhalten bleiben. Sie dürfen weder gebrochen noch umgebogen werden. Dann behandeln Sie Ihr »Flecht-Kunstwerk« einfach wie eine architektonische Hecke und verpassen ihm einen trapezförmigen Schnitt. Natürlich wird auch oben gleichmäßig eingekürzt. Ist der lebende Zaun erst wieder ein Stückchen gewachsen, wählen Sie für jedes Stämmchen den günstigsten Mitteltrieb aus mit dem Sie das Flechtwerk fortsetzen wollen. Anschließend wird – auch in der Höhe – wieder ein gleichmäßiger Formschnitt vorgenommen.

Insgesamt viel weniger Mühe haben Sie natürlich mit einer lebenden »Gitterwand«, die im unteren Bereich – vielleicht bis auf ein paar kurze Triebe – kahl gehalten wird und nur oben von einem dichten, grünen »Blätterschopf« gekrönt ist. Natürlich muß auch hier, solange die Gitterhekke die gewünschte Höhe noch nicht erreicht hat, weitergeflochten werden. Dabei sollten Sie auch gleich die Seitenzweige entfernen. Hat die »Gitterwand« schließlich ihr endgültiges Ziel erreicht, wird sie lediglich oben ein- bis zweimal im Jahr (Spätherbst und zeitiges Frühjahr) entsprechend gestutzt.

Für den »Jägerzaun« mit grünem Schopf eignen sich Holzapfel und Holzbirne, Baumhasel, Sauerkirsche, Blutpflaume und Kornelkirsche.

Auch die Silberkerze gehört zu den »Blumenriesen«, die sich für eine grüne Gartenwand eignen.

»Blumenriesen« als Raumteiler

Vielleicht sind Sie ja auch schon einmal voller Bewunderung vor einer riesigen Königskerze gestanden, deren Blütenstiele wie Kandelaber in die Höhe ragen. Ebenso königlich in seiner Erscheinung wirkt der Rittersporn, der mit seinem gewaltigen Blütenfeuerwerk die meisten anderen Beetgefährten überstrahlt. Und wie ein weithin sichtbares Ausrufezeichen des Sommers steht die Stockrose in unseren Gärten. Natürlich gibt es auch sonst noch eine ganze Reihe von imposanten Gartenblumen, die hoch hinaus wollen. Würde man sie alle auf einem Beet zusammenfassen, könnten sie sicherlich eine fabelhafte optische Schwelle abgeben, die den Garten gliedert. Doch die imponierenden Blumen sollten nur das Gerüst des Raumteilers darstellen. Um das Bild abzurunden, dürfen auch niedrigere Gewächse bis hin zu den Polsterpflänzchen nicht fehlen. Vielleicht sollten Sie die Komposition auch noch mit ein paar herrlich »altmodischen« Rosensträuchern würzen.

Leider sterben die Sommerblumen mit dem ersten Frost ab und die meisten Blütenstauden ziehen ein, so daß von unserem üppig wuchernden Raumteiler den Winter über höchstens klägliche Reste verbleiben. Aber der Garten ist zu dieser Zeit ja ohnehin kaum »bewohnt« und schon das nächste Frühjahr wird unserer »Blumenschwelle« zu neuem Leben verhelfen.

Falls Sie Lust bekommen haben, sich solch einen Raumteiler aus »Blumenriesen« zu pflanzen – eine ganze Reihe davon finden Sie in der Tabelle auf Seite 154.

Es versteht sich eigentlich von selbst, daß solch eine üppige, farbenfrohe »Blumenwand« am besten dazu geeignet ist, die ruhigeren Gartenteile zu umgeben und zu gliedern, wie zum Beispiel ein größeres Rasenstück oder auch eine gekieste oder gepflasterte Fläche.

Romantische Garteneffekte: Blumenbögen, Laubengänge und Pergolen

Blumenbögen, Pergolen und Laubengänge sind viel mehr als nur attraktive Klettergerüste für Pflanzen. Wenn wir es wünschen, dienen sie auch als romantischer »Bilderrahmen« für eine schöne Gartenaussicht oder wir setzen sie bewußt ein, um das Blickfeld einzuschränken, wenn wir von einem weniger anziehenden Teil der Umgebung ablenken möchten. Sie geben eine stimmungsvolle »Ouvertüre« für den Garteneingang ab oder auch für einen bestimmten Gartenbereich. Sie dienen als optische Wegweiser und ebenso als markante Blickpunkte in abgelegenen Gartenteilen – ganz wie es uns gerade gefällt. Sie erhöhen die Spannung und in kleinen Gärten verschaffen sie uns die Illusion von mehr Weite und Geräumigkeit. Zwischen zwei Gartenteile gesetzt, bringen sie es sogar fertig, gleichzeitig trennend und verbindend zu wirken. Und das besondere: Sie sind auch im unbepflanzten Zustand schon ausgesprochen effektvoll.

Blumenbögen – Tore ins Zauberland des Gartens

Pflanzenumrankte Blumenbögen kann man gar nicht genug haben: Einen vielleicht gleich am Garteneingang – denn es gibt wohl keine liebenswürdigere Art, zum Besuch eines Gartens einzuladen – und dann noch zusätzlich für jeden Gartenbereich einen als stimmungsvolle Einführung.

Das Tor zum Zauberland eines Duftgartens könnten wir mit einem duftenden Geißblatt umwinden, um uns gleich zu Beginn in die rechte Stimmung zu versetzen. Fast wie im Schlaraffenland werden wir uns fühlen, wenn wir ein Küchengärt-

Ein Rosenbogen als stimmungsvolle »Ouvertüre« am Garteneingang.

chen betreten, wo uns schon am Eingang die blauschwarz glänzenden Früchte einer Kletterbrombeere aus der luftigen Höhe eines Blumenbogens in den Mund wachsen. Oder wir lassen den Torbogen von ebenso dekorativen wie nützlichen Feuerbohnen erobern, die sich schon in erstaunlich kurzer Zeit beschwingt und abenteuerlustig nach oben hangeln.

Bei all dem nimmt ein Blumenbogen so wenig Platz in Anspruch, daß man damit sogar im kleinsten Garten höchst effektvolle Akzente setzen kann – noch dazu mit ganz einfachen Mitteln. Lassen Sie Ihrer Phantasie freien Lauf und kreieren Sie Ihre Torbogen aus Holz am besten selbst, falls Sie nicht so tief in die Tasche greifen möchten, um eines der romantisch-verspielten und so herrlich leicht wirkenden schmiedeeisernen Exemplare zu erstehen. Wenn Sie sich selbst an die Arbeit machen, sollten Sie Ihren Torbogen unbedingt breit und hoch genug auslegen, damit man bequem durchgehen kann, ohne irgendwo anzuecken oder etwa an stacheligen Rosentrieben hängenzubleiben. Eine Breite von 150–200 cm und eine Höhe von 230–250 cm sind deshalb zu empfehlen.

Schlicht und doch wunderschön wirkt dieser »gotisch« geformte Blumenbogen am Eingang zum Küchengarten (links oben).

Es müssen nicht immer Blüten sein – auch das gelbgrüne Laub des Goldhopfens macht sich am Torbogen prächtig (rechts oben).

Schon mit ganz einfachen Mitteln – wie diesem Drahtgeflecht hier – läßt sich ein attraktiver Blumenbogen formen. Allerdings: Rostschutz muß sein (links).

Sehr reizvoll kann es wirken, wenn man gleich mehrere Blumenbogen in gleichmäßigen Abständen über einen Gartenweg spannt. Das wäre dann einem Laubengang ähnlich, nur eben nicht so dicht, sondern leicht und zart.

Idyllische Laubengänge

Einer der berühmtesten Laubengänge wurde von der leidenschaftlichen Gärtnerin und bekannten Gartenbuch-Autorin Rosemary Verey kreiert und ziert den Garten von Barnsley House, Gloucestershire, in England. Dieses Juwel von einem Laubengang wölbt sich über einem schnurgeraden Weg aus dicht zusammengelegten Kieselsteinen – an dessen Ende eine alte, steinerne Säule als attraktiver Blickfang wartet. Goldregenbäume bilden das dichte grüne Blätterdach, das besonders an heißen Sommertagen das Innere des Wandelgangs in ein geheimnisvolles Dämmerlicht taucht und ein angenehmes Gefühl des Geborgenseins erzeugt. Doch die größte Sensation kündigt sich alljährlich im Mai an, wenn der frischgrüne Pflanzenhimmel plötzlich voll von blauvioletten Blütentrauben der Glyzinen hängt, die sich an den Stämmen des Goldregens in die Höhe schwingen. Etwa zwei Wochen später wird dann das Blütenwunder vom Goldregen selbst fortgesetzt, der das lebende Gewölbe des Laubengangs in strahlendes, sonnenglänzendes Gold verwandelt, das wie bei der Goldmarie im Märchen auf die Besucher herunterperlt. Sogar der Weg wird noch von duftigen Blumenwolken umrahmt.

Im Frühjahr, zu Beginn des Blumenreigens, setzen rote Tulpen leuchtende Akzente und dazwischengestreut finden sich weiße duftende Narzissen. Sie werden abgelöst von einer Kombination aus goldblättrigen Nesseln und den darüberschwebenden lilafarbenen Blütenbällen eines Zierlauchs (*Allium afflatunense* 'Purple Sensation'). Und im Sommer schließlich, wenn das Blätterdach des Laubengangs immer dichter wird und mehr Schatten wirft, kommt schließlich noch die Funkie *(Hosta)* mit ihren glockenförmigen Blüten dazu, die auch außerhalb der Blütezeit viele Monate lang mit ihrem herrlich dekorativen Laub besticht.

Vielleicht haben Sie inzwischen auch Lust bekommen, Ihren eigenen Garten mit einem romantischen Laubengang zu schmücken? Dann sehen Sie sich jetzt einmal an, wie's gemacht wird. Das gängigste Material für Lauben sind Konstruktionen aus verzinktem Stahlrohr, dessen Verarbeitung allerdings von Experten und mit Spezialwerkzeug vorgenommen werden muß. Dazu führt man zuerst Rohre in mehreren Bogen über den Weg, um sie dann – mit dem selben Material – der Länge nach zu verbinden.

Luftig leicht, aber doch ausreichend stabil sind auch Baustahlmatten. Sie müssen aber unbedingt gegen Rost geschützt sein. Erhältlich sind die Matten in jeder erdenklichen Größe und Form und sie lassen sich auch verhältnismäßig leicht biegen.

Es wird noch einige Zeit dauern, bis die Spalierbirnen die Konstruktion vollständig erobert haben. Aber schon jetzt ergibt sich ein reizvolles Bild.

Schließlich geht's dann ans Bepflanzen: Dafür eignen sich Bäume, die es nicht übel nehmen, wenn sie dicht zusammengesetzt und stark beschnitten werden. Der Goldregen (*Laburnum watereri* 'Vossii') beispielsweise ist so ein grüner »Lebenskünstler«, oder auch die kleinblättrige Winterlinde *(Tilia cordata)* und natürlich all die robusten Vertreter des Spalierobsts.
Setzen Sie jeweils ein Bäumchen an den Fuß eines Stahlbogens oder in angemessenen gleichmäßigen Abständen beim Laubengang aus Baustahlmatten und binden Sie es so fest, daß die Seitentriebe exakt in horizontaler Richtung weiterwachsen. Der Haupttrieb des Bäumchens wird zunächst gerade nach oben ausgerichtet und später, der Metallkonstruktion folgend, im Bogen gezogen. Treffen die Äste der Bäume schließlich einmal zusammen, werden sie entweder zusammengebunden oder aneinanderplattiert.
Natürlich bieten sich auch einige Kletterpflanzen an, die den Laubengang in einen lebenden Mantel hüllen könnten – wie zum Beispiel die schon erwähnte Glyzinie, Echter oder Wilder Wein und natürlich die Kletterrosen – vielleicht die hinreißend duftende, korallenrosa gefärbte 'Coral Dawn', die unermüdlich blühende 'Goldstern' oder die besonders winterharte 'Sympathie' in samtigem Dunkelrot, die sich alle auch durch auffallend gesundes, üppiges Laub auszeichnen und sich gut verzweigen.
Und noch etwas wichtiges zum Schluß: Sorgen Sie unbedingt dafür, daß Ihr Laubengang auch einen erkennbaren Sinn und Zweck hat. Anstatt ihn einfach irgendwo in den Garten zu plazieren, sollte er immer von einem bestimmten Punkt zum anderen führen – also zum Beispiel von einem Gartenteil zum nächsten oder wenigstens zu einem interessanten Gartenornament oder einer einladenden Sitzbank am Ende des Laubengangs.

Jedes Jahr im Mai hängt der »Himmel« dieses Laubengangs voll von duftenden, blauvioletten Blütentrauben der Glyzine.

Mit südlichem Charme – die Pergola

Eigentlich ist die Pergola ein gärtnerischer Import aus dem sonnigen Süden. Von Weinreben umrankt, war sie dafür gedacht, die in der heißen Sonne »brütenden« Gartenwege und -plätze angenehm zu beschatten. Mit dieser Aufgabe ist sie in unserem gemäßigten Klima ja nicht gerade überlastet. Aber auch bei uns ist man dazu übergegangen, Terrassen mit einer von Kletterpflanzen berankten Pergola zu überdachen. Zum einen natürlich auch wegen des Sonnenschutzes, aber auch weil es sich darunter so herrlich geborgen sitzen läßt und weil der Himmel dann plötzlich voller Blüten oder Früchte hängt.
Aber nicht nur bei der Terrasse, auch im Garteninnern wirkt eine sinnvoll plazierte Pergola dekorativ – zum Beispiel als halbverdeckter, romantischer Wandelgang von einem Gartenbereich zum nächsten. Dazu könnten Sie noch ein übriges tun und

Eine Pergola mit der gelungenen Kombination aus Geißblatt, Rose und Kletterhortensie (oben). So verwandelt sich ein schmaler Gartenweg in einen romantischen Wandelgang (rechts).

schmale Streifen links und rechts des Weges üppig bepflanzen.

Am stärksten werden wir an die südliche Herkunft der Pergola erinnert, wenn sich die Holzauflage, die das »Dach« bildet, über Steinsäulen oder gemauerte Pfeiler schwingt. Das macht die Pergola zu einer wirklich imposanten Erscheinung. Metallstützen wirken für meinen Geschmack viel zu »kalt«, aber Ständer aus Holz sind – gerade für eine Pergola mit bescheideneren Maßen – bestens geeignet. Wir dürfen sie nur nicht in die Erde versenken, wenn sie lange halten sollen. Besser gießen Sie kastenförmige, frostsichere Betonfundamente von etwa 30 × 30 × 80 cm und lassen dort verzinkte Eisenschuhe ein, die etwa 5 cm aus dem Boden herausragen sollten. Sie nehmen dann die hölzernen Stützen auf, die durch Verschrauben einen sicheren Halt bekommen. Dadurch sind sie von Bodenfeuchtigkeit bewahrt und können lange Zeit überdauern. Das wäre übrigens auch die beste Methode, um aus Holz gefertigte Blumenbögen wirkungsvoll vor Fäulnis zu schützen. Natürlich sollten auch alle hölzernen Teile der Pergola sorgsam mit ungiftigen Holzschutzmitteln behandelt werden, oder man besorgt sich gleich kesseldrukkimprägniertes Holz. Das ist besonders bei Weichhölzern wichtig – Harthölzer sind viel widerstandsfähiger, aber leider auch entsprechend teuer.

Als Faustregel können Sie sich einprägen, daß eine Pergola immer ein wenig breiter als hoch sein sollte. Als Höhe für die Pfettenunterkante wären 230–250 cm gerade richtig, damit man sich darunter nicht beengt fühlt und die Kletterpflanzen auch ein wenig herunterhängen dürfen, ohne daß wir uns gleich darin verfangen. Nicht mehr als 3 m sollten die Abstände zwischen den Stützen betragen, damit die darauf liegenden Balken nicht mit der Zeit durchhängen. Für die Sparren wählen Sie am besten Zwischenräume von 40–80 cm – so wirkt Ihre Pergola gut proportioniert. Übrigens müssen es nicht unbedingt Kanthölzer sein, die für die Pergola Verwendung finden, auch Rundhölzer ergeben ein sehr anziehendes Bild.

Natürlich wirkt eine Pergola umso beeindruckender, je dichter sie von Kletterpflanzen umschlungen ist. Deshalb wäre es überlegenswert das »Dach« der Pergola mit grobem Maschendraht zu überziehen, damit sich die grünen »Kletterkünstler« leichter ausbreiten können. Anfangs wird der Draht freilich nicht gerade einen hinreißenden Anblick abgeben, aber bald schon werden ihn die Kletterpflanzen gnädig verbergen. Und auch im Winter bieten die vielen kahlen, aber anmutig verschlungenen Triebe über dem Maschendraht zusammen mit dem verbliebenen immergrünen Laub einiger Kletterpflanzen noch ein hübsches Bild.

Die Ausstattung

Die liebevolle »Möblierung« sollte beim Garten genauso ernst genommen werden wie die Einrichtung unserer Wohnung. Hier wie dort liegt es an uns, die am besten geeigneten Plätze zum Sitzen herauszufinden und sie anziehend zu gestalten. Bepflanzte Töpfe, Tröge, Ampeln und anderes »mobiles« Grün, geschickt plaziert, bilden blühende Blickfänge und sorgen für noch mehr Leben. Skulpturen und andere reizvolle Gartenornamente verleihen unserem Garten erst ein ganz eigenes, unverwechselbares Gesicht. Und auch Wasser sollte in unserem grünen Paradies nicht fehlen – schließlich sorgt es für eine besondere Atmosphäre. Ein sanft plätschernder Brunnen, ein stilles Wasserbekken und sogar ein kleines Vogelbad aus Stein verwandeln unseren Garten bei Sonnenschein in eine erfrischende Oase.

Sitzplätze für die schönsten Stunden

Mit zu den größten Annehmlichkeiten, die uns ein Garten zu bieten hat, gehört, darin zu sitzen. Zu sitzen, um mit Stolz die Früchte der eigenen Arbeit zu betrachten, um den Zauber und die Düfte der Blumenschönheiten zu genießen und die wechselnden Stimmungen der Jahreszeiten in sich aufzunehmen, um mit Freunden ein Plauderstündchen einzulegen oder eine Einladung zum Essen zu geben, um zu lesen oder eigenen Gedanken nachzugehen, oder um einfach, wie es Kurt Tucholsky so treffend ausdrückte, »mit der Seele zu baumeln«. An glühend heißen Sommertagen werden Sie dazu vielleicht lieber gemütlich im Schatten sitzen wollen, aber sobald es anfängt kühler zu werden, ist man dann wieder um einen »Platz an der Sonne« froh. Manchmal hätten wir es zum Sitzen gerne ein wenig rustikal, dann wieder ziehen wir einen Hauch von Eleganz allem anderen vor. Einmal gefällt es uns frei zu sitzen und die Blicke schweifen zu lassen, während wir ein anderes Mal lieber in einem lauschigen Winkel Geborgenheit suchen. Ganz klar, daß ein Sitzplatz allein unmöglich all un-

Kleine Winkel der Geborgenheit: Auch auf ganz wenig Platz erfüllt sich der Traum vom Ruhen und Rasten.

sere Wünsche erfüllen kann. Deshalb sollten wir möglichst gleich mehrere für unseren Garten einplanen – von der großzügig gestalteten Terrasse, über die Bank für zwei in einer romantischen Gartenecke, bis hin zum einfachen Klappstuhl am Teich oder einer gemütlichen Hängematte, die zwischen den knorrigen Ästen alter Apfelbäume baumelt und zum Faulenzen einlädt. Und noch im kleinsten Gärtchen findet sich gewiß ein Eckchen für ein halboffenes Gartenhäuschen mit genügend Raum für zwei Korbsessel. Und einen wetterbeständigen Liegestuhl, der die wunderbare Stimmung eines heißen, herrlich faulen Ferientags um sich verbreitet, bringen wir sicher auch noch irgendwo unter.

Noch ein Tip: Wenn Sie sich in Ihrem Garten auf die Suche nach den besten Plätzen zum Sitzen begeben, dann nehmen Sie – neben genügend Zeit – auch einen leichten Klappstuhl mit. Damit können Sie gleich herausfinden, ob die ausgewählten Fleckchen Erde auch wirklich für Ihr Vorhaben geeignet sind.

Viel Platz für gesellige Runden – die Terrasse

Eines ist sicher – je näher sich ein Sitzplatz beim Haus befindet, desto häufiger wird er auch genutzt. Im Schutze der Hausmauer sitzt es sich auch an kühleren Tagen draußen ganz gemütlich – schon zeitig im Frühjahr und bis tief in den Herbst hinein. Und sogar im Winter gerät man an klaren Schneetagen in Versuchung, warm eingepackt und mit einer Kanne heißen Tees ausgerüstet, auf der Terrasse Sonne und frische Luft zu genießen. An lauen Sommerabenden halten wir es mit der sonnenwarmen Hauswand im Rücken draußen viel länger aus als sonst und morgens verheißen schon die ersten Sonnenstrahlen ein warmes Plätzchen für's Frühstück. Überhaupt – um Mahlzeiten draußen einzunehmen, ist ein Freisitz am Haus wirklich ideal – die Küche ist nah und die Gerichte kommen heiß auf den Tisch.

Damit man sich auf der Terrasse rundum wohl fühlt, muß sie unbedingt großzügig bemessen sein – besonders dann, wenn man gerne Gäste empfängt. Gerade aber bei Reihenhäusern klebt die Terrasse oft wie ein schmales Handtuch vor der Wohnzimmertür – viel zu klein, als daß man wirklich etwas damit anfangen könnte. Wäre es da nicht viel sinnvoller, auf den obligatorischen Rasen zu verzichten, der wegen der Überbeanspruchung sowieso nie die angestrebte Makellosigkeit erreicht?

Wenn Sie schon dabei sind, planen Sie Ihre Terrasse am besten so geräumig, daß sie nicht nur Ihre Familie und Freunde für ein zwangloses Beisammensein aufnehmen kann, sondern daß außerdem noch Platz bleibt für allerlei Blumen in Töpfen, Kübeln und Schalen. Davon kann es gar nicht genug geben. Sie verleihen Ihrem Sitzplatz erst das gewisse Etwas. Auch eine kleine glitzernde Wasserfläche – sei sie noch so winzig – setzt liebenswürdige Akzente auf Ihrer Terrasse. Sogar ein ganz einfaches Polyesterbecken, liebevoll und mit Geschick bepflanzt, könnte in Ihrem »Freiluft-Zimmer« für eine ganz persönliche Note sorgen.

Ausgesprochen wichtig für den Gesamteindruck ist auch der Bodenbelag. Ein zwar billiger, aber dafür auch ziemlich langweiliger »Plattensee« aus Waschbeton trägt sicher nicht zur Verschönerung unseres Freisitzes bei. Aber wir haben ja – wie bei den Wegen – die Möglichkeit, verschiedene Materialien miteinander zu kombinieren. Billiges Betonpflaster, gemischt mit Granitpflastersteinen oder Klinker geben Ihrer Terrasse den richtigen Pfiff.

Behaglich und fußfreundlich ist auch Holz. Durch Druckimprägnierung bleibt es – ohne jeden weiteren Anstrich – jahrzehntelang haltbar. Sogenannte Holzpaneele, bestehend aus Kanthölzern und aufgeschraubten Brettern mit schmalen Zwischenräumen können Sie schon fix und fertig kaufen. Sie werden in den Größen 50 × 50 cm bis 140 × 140 cm angeboten. Diese Holzroste befestigen Sie am besten auf Kanthölzern, die im Kies eingebettet werden. So sind die Paneele stets »luftumspült« und die Nässe kann ihnen nichts anhaben. Häufig sieht man die Holzroste im »Schachbrettmuster« verlegt. Ruhiger und harmonischer wirkt es jedoch, wenn die Bretter und Fugen gleichmäßig in einer Richtung verlaufen.

Wenn Sie schließlich darangehen, Ihre Terrassenmöbel auszusuchen, sollten Sie um die Polster mit gewaltigen Blumenmustern in »knalligen« Farben einen großen Bogen schlagen und lieber einfarbige Stoffe, oder höchstens dezente Muster auswählen. Sonst entsteht zuviel Unruhe in Ihrem Garten und mit dem Charme der echten Blumen rundherum können gedruckte Stoffblüten ohnehin nicht konkurrieren.

Wenn man sich auf seiner Terrasse nicht so recht behaglich fühlt, liegt es häufig daran, daß man dort wie auf einem »Präsentierteller« sitzt – den neugierigen Blicken schutzlos ausgeliefert. Ein Grund, um schnellstens für die richtige – blühende – Umrahmung zu sorgen. Dabei sollten Sie aber nicht den Fehler begehen, sich vollends »einzumauern« – etwa mit einer dicht schließenden Hecke. Es wäre doch jammerschade, wenn Sie sich damit um den Genuß brächten, sich gemütlich zurückzulehnen und Ihr kleines Paradies nach

Weiße Blumen, die selbst noch in der Dämmerung leuchten, sind die richtige Terrassenbepflanzung für Nachtschwärmer.

Eine großzügig angelegte Terrasse muß keine »Steinwüste« sein.

Ein vorgezogenes Dach sorgt für »beschirmte« Gemütlichkeit auf der Terrasse.

Herzenslust zu betrachten. Meist genügt es schon, die Terrasse mit duftigen Wolken von Blumen einzuhüllen, die Ihnen das Gefühl von Geborgenheit geben, bezaubernd anzusehen sind und es obendrein noch ermöglichen, daß wir unsere Blicke im Garten »wandern« lassen. Und wo diese Art von Sichtschutz einmal nicht ausreicht, sorgt ein filigranes und transparentes Spaliergitter für beschirmte Gemütlichkeit auf der Terrasse.

Haben Sie übrigens schon einmal bedacht, daß die Blumenfarben gerade in Terrassennähe eine wichtige Rolle spielen? Wenn Sie zu jenen schwerbeschäftigten Menschen gehören, die erst in den Abendstunden Zeit finden, ihren Garten zu genießen, dann sollten Sie hauptsächlich weiße Blumen oder solche in ganz hellen Pastelltönen pflanzen. Denn sie reflektieren auch noch den allerletzten Sonnenstrahl. Wie kleine Laternen schimmern sie in der hereinbrechenden Dämmerung fort, wenn die anderen Blumenfarben längst verlöscht sind. Und sogar in mondhellen Nächten und auch bei Kunstlicht verbreiten weiße Blüten im Garten ein geheimnisvolles Leuchten.

In England hat man eine bezaubernde Möglichkeit gefunden die langweilige »Steinwüste« einer gepflasterten Terrasse in ein blühendes Meer aus kleinen Pflänzchen zu verwandeln – und damit den Garten auf besonders liebenswerte Weise zu erweitern – vorausgesetzt, die Terrassenplatten sind nicht einbetoniert. Zum einen gelingt die Begrünung dadurch, daß man die Pflasterfugen mit einer Mischung aus grobem Sand und leichtem Kompost auffüllt und Samen von trockenheitsverträglichen, nicht zu hoch wachsenden Pflanzen ausstreut. Man kann natürlich auch schon vorgezogene kleine Pflänzchen in die Spalten drücken – am besten mit Hilfe eines Messerrückens und mit dem Komposterde/Sand-Gemisch auffüllen. Jetzt muß die Pflanzen-Kinderstube unbedingt so lange gut feucht gehalten werden, bis sich alles richtig eingewurzelt hat.

Anregungen, welche kleinen Gewächse für die Begrünung einer Terrasse geeignet sind, könnten Sie sich aus der Liste der »Treppenpflänzchen« (siehe Seite 148) holen. Für die vielbegangenen und -genutzten Zonen der Terrasse muß es aber unbedingt etwas Trittfestes sein – womit wir wieder bei Thymian und »Laufkamille« (siehe Seite 30) gelandet wären. Lassen Sie sie einfach – wie kleine grüne Rinnsale zwischen den Terrassenplatten sickern. Auch das wintergrüne, bezaubernde Sternmoos *(Sagina subulata)* wächst ausgezeichnet zwischen Plattenfugen und ist den ganzen Sommer übersät mit winzigen Sternchenblüten.

Wenn Sie, vielleicht mehr zum Terrassenrand hin, zusätzlich Platz finden, könnten Sie sogar ein paar Pflastersteine entfernen und einige anspruchsvollere, halbhohe Blumen pflanzen. Zu meinen besonderen Lieblingen gehört dabei der Frauenmantel *(Alchemilla mollis)* mit unzähligen, schwefelgelben Blütensternchen, die in duftigen Wolken über der Pflanze schweben und mit ebenso dekorativen, fächerartigen Blättern, auf denen Regentropfen wie Perlen schimmern.

Muster aus Klinker und Betonplatten

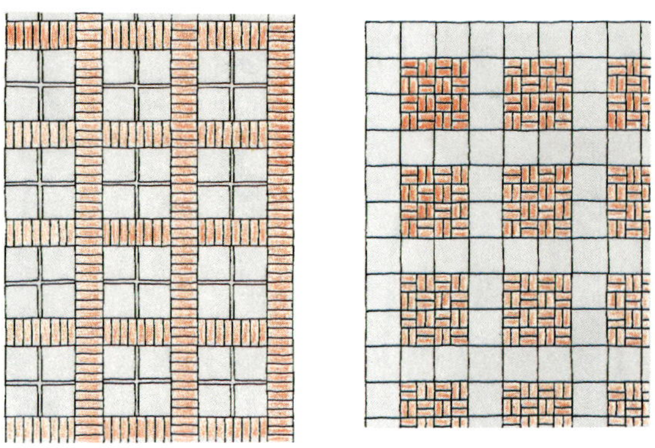

Muster aus Granitpflaster und Betonplatten

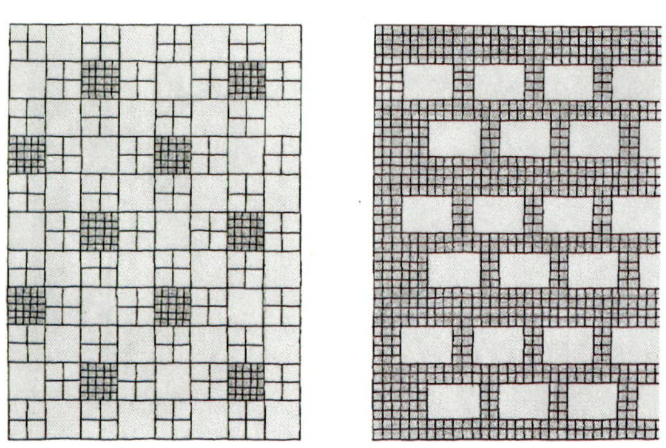

Lauschige Plätzchen im Grünen

Wäre es nicht reizvoll – abseits vom Trubel auf der Terrasse – noch ein zusätzliches behagliches Plätzchen zum Sitzen zu schaffen, wo man sich ungestört entspannen und erholen kann? Und vielleicht finden Sie sogar zwei dafür geeignete Fleckchen. Sie dürfen auch ruhig kleiner sein, denn dadurch wirken sie viel gemütlicher und intimer. Einen Sitzplatz könnten Sie als attraktiven Blickfang mehr offen und frei plazieren, vielleicht sogar mit Blick auf das Haus. Wenn ein großer Baum seine knorrigen Äste über die kleine Sitzgruppe hält, entsteht oft ein besonders reizendes Bild. Den anderen Freisitz halten wir – als Überraschung für Besucher – dagegen ein wenig »versteckt« und abgeschieden hinter einer dichten Hecke, einer üppigen Bepflanzung oder sogar durch eine Mauer geschützt. Dadurch wirkt der Sitzplatz wunderbar romantisch – gerade recht für eine stille Einkehr, abseits von den Forderungen der Welt.

Bei der Gestaltung von Terrassen ist man immer gebunden – schließlich müssen sie an die Architektur des Hauses angepaßt werden. Sofern Sie darauf achten, daß die verwendeten Materialien möglichst natürlich wirken, haben Sie aber draußen im Garten bei der Gestaltung solcher Sitzplätze freie Hand. Ob Sie Flußkiesel oder Klinker, Naturstein, Betonplatten oder einen Belag aus kleinen, bunten Kieselsteinchen verwenden – es liegt ganz bei Ihnen. Besonders reizend wirkt es, wenn man kleine Plätze auch mit kleinformatigem Pflaster – wie Granitpflastersteinen – auslegt. Es müssen ja nicht gerade gewaltige Natursteinplatten sein, die so ein lauschiges Eckchen womöglich erdrücken. Vielleicht lieben Sie es aber auch rustikal und gemütlich mit Holz? Rundhölzer oder auch Kanthölzer ergeben einen ausgesprochen lebendigen Belag.

Lauschige Sitzplätze kann es im Garten gar nicht genug geben.

Für stille Stunden – Gartenbänke

»Manchmal sitze ich und denke, und manchmal sitze ich bloß«, schrieb Vita Sackville-West, die erfolgreiche Schriftstellerin und berühmte Gärtnerin von Sissinghurst in ihr Garten-Tagebuch. Wenn Sie es ihr gleichtun möchten, kann ich Ihnen dafür nur wärmstens eine Gartenbank empfehlen. So lange man es sich auf ihr bequem macht, ist sie ein ausgesprochen praktischer und funktionaler Gegenstand. Steht sie aber unbenützt und frei, zeigt sie noch ganz andere Qualitäten: Sie verwandelt sich flugs in einen attraktiven Blickfang. Es gibt wohl kaum ein Objekt im Garten, das ähnlich praktisch und dekorativ zugleich ist wie eine Gartenbank (vielleicht einige nichtssagende Massenprodukte ausgenommen).
Will man sich viel Mühe ersparen, muß es sich natürlich um Sitzgelegenheiten handeln, die bei jedem Wetter – auch den Winter über – im Freien bleiben können. Und stabil sollten sie sein und dürfen nicht gleich zu Bruch gehen, wenn einmal übermütige Kinder darauf herumtoben.

Formvollendetes aus Holz

Für die meisten Gärten ist eine Holzbank am besten geeignet. Denn Holz ist dauerhaft und widerstandsfähig, bequem zum Sitzen und fügt sich gut in die Umgebung ein. Es gibt wunderschöne, zeitlos schlichte und doch formvollendete Bänke, die überall ein bezauberndes Bild abgeben – in alten Gärten genauso wie in neuen.
Der Traum von einer Bank, besonders für uns romantisch angehauchte Gärtner, sind jedoch die Nachbildungen von historischen Gartenbänken aus England und auch von Formen, die man sich bei uns – zum Beispiel zur Zeit des Biedermeier – ausgedacht hat. Allerdings handelt es sich dabei leider um ziemlich teure Träume. Aber Qualität und einwandfreie Verarbeitung fordern eben ihren Preis. Dafür sind die Bänke und Sessel auch aus sehr wetterbeständigem, haltbarem Holz – wie Ungarische Robinie und Eiche – gearbeitet.
Besonders hart und praktisch unverrottbar ist Teak-Holz. Es wird tatsächlich mit jedem Wetter fertig und hält auch dem strengsten Winter Stand. Und das ohne jeden Anstrich oder eine andere Art der Behandlung. Mit der Zeit bekommt unbehandeltes Teak-Holz sogar einen anziehend silbriggrauen Schimmer und wird gewissermaßen ganz »in Ehren grau«. Alles, was Sie dafür zu tun haben, ist, es hin und wieder mit Seifenlauge und einer harten Bürste kräftig abzuschrubben und zu reinigen.
Wenn Sie Feuer gefangen haben und stolzer Besitzer einer solchen Bank werden möchten, dann sollten Sie aus Gründen des Naturschutzes darauf achten, daß das Holz dafür nicht etwa aus den Regenwäldern stammt, sondern aus Plantagen mit begrenzten jährlichen Einschlagmengen und Aufforstungsprogrammen – so wie es zum Beispiel in Indonesien schon seit über 150 Jahren gehandhabt wird.
Ein genereller Boykott des Tropenholzes, wie er verschiedentlich bei uns – in bester Absicht – gefordert wird, würde, nach Meinung des internationalen Umweltschutzverbandes Friends of the Earth – Tropical Rainforest Campaign und des Deutschen Komitees für das Umweltprogramm der Vereinten Nationen, eher das Gegenteil von dem bewirken, was man eigentlich damit bezwecken möchte. Denn die Brandrodung, mit der landlose, arme Bauern – besonders in Brasilien und angrenzenden Staaten Südamerikas – versuchen Ackerland für einige magere Ernten zu gewinnen, ist dadurch nicht aufzuhalten. Und auch nicht die Abholzung riesiger Waldgebiete, um dort im großen Stil für den Export bestimmte landwirtschaftliche Produkte anzubauen und Vieh zu weiden. Ein genereller Boykott würde für die armen Entwicklungsländer schließlich überhaupt keinen Anreiz mehr bieten für eine sinnvolle Nutzung und damit auch für die Erhaltung des Tropenwaldes zu sorgen. Und auch die nachhaltig gepflegten Teakholz-Plantagen in Asien wären von dieser Entscheidung betroffen und müßten über kurz oder lang Devisen bringenden landwirtschaftlichen Produkten weichen.
Sie brauchen also wirklich nicht auf die schönen Gartenmöbel aus Teakholz zu verzichten. Aber lassen Sie sich durch ein Zertifikat belegen, daß das dafür verwendete Holz auch tatsächlich aus einer Plantage stammt.
Selbstverständlich können Sie Ihre Gartenbank aus Teak auch lackieren. Bei den,

Zwei Bänke an denen man nicht vorübergehen kann. Von dichtem Blattwerk und Blüten umgeben, gerät man hier ins Träumen.

nicht ganz so wetterfesten Holzarten empfiehlt sich ohnehin ein schützender Anstrich. Eine Bank ganz in Weiß zum Beispiel wirkt immer bildschön und ganz besonders dann, wenn sie vor einem dunklen Hintergrund steht. Es gibt dabei nur ein Problem: Sobald die Farbe abzublättern beginnt, wirkt Ihr vorher so attraktives »Glanzstück« auf einmal ziemlich schäbig. Deshalb sollten Sie lieber alle paar Jahre zum Pinsel greifen.

Genauso, wie man mit der Wahl von Weiß im Grunde nichts falsch machen kann, paßt auch ein dunkelgrüner Anstrich fast immer. Aber vielleicht reizt es Sie auch einmal, mit etwas ungewöhnlicheren Farbtönen zu experimentieren. Besonders schön wirkte zum Beispiel eine Bank in Taubenblau auf mich, die ich im Rosengarten von Patricia van Roosmalen in Belgien, entdeckte – passend zu den sanften Pastelltönen der umgebenden Blüten. Besonders raffiniert sieht es auch aus, wenn man dem hellen Blau noch einen Spritzer Lila hinzufügt und Blumen in Rosa, Lila und Blautönen dazugesellt.

Überhaupt spielen Pflanzen als dekorativer Hintergrund einer Bank eine ganz entscheidende Rolle. Ein schneeweißes, elegantes Rankgitter, von einer duftenden Blumenflut aus Kletterrose und Geißblatt bedeckt, verwandelt eine ganz simple Holzbank in einen Sitzplatz für eine Märchenprinzessin.

Streng geschnittene Hecken zum Beispiel sorgen für eine entsprechend würdige Umrahmung und geben uns ein behagliches Gefühl, wenn wir uns in ihrem Schutze niederlassen. Und vergessen Sie nicht, um Ihre Bank herum duftende Kräuter und kleine Blümchen zu pflanzen – wenn Sie sie nicht gleich mit einer üppigen Blütenfülle umgeben wollen. Vielleicht stellen Sie Ihre Bank auch in ein kleines Stückchen Wiese – mitten hinein zwischen Kornblumen, Margeriten, Glockenblumen und Mohn.

Ein großer Baum, umgeben von grünem Rasen, ruft förmlich nach einer Bank, die um seinen Stamm herumführt. Sie können sicher sein, daß eine solche Sitzgelegenheit jeden Besucher anziehen wird. Aber natürlich gibt es auch Probleme. Wenn Sie schon einmal nach einem Regenschauer unter einem Baum saßen und eine Windböe fuhr plötzlich durch das Laub, dann wissen Sie bestimmt, wovon ich spreche. Und erst die Mücken! Ein Walnußbaum würde Sie allerdings vor diesen kleinen Plagegeistern bewahren. Und im Herbst schließlich werden Sie sich erst einmal durch Berge raschelnden Laubes hindurchwühlen müssen, ehe Sie Ihre Bank darunter wiederfinden. Aber trotz aller Unannehmlichkeiten: Gibt es wohl etwas Romantischeres als eine Baumbank?

Wenn Sie zu den handwerklich begabten Gärtnern gehören, bleiben Ihnen natürlich auch viele Möglichkeiten selbst eine Bank zu kreieren. Anregungen dazu könnten Sie sich bei Spaziergängen durch die ländliche Umgebung holen. Gerade die relativ ursprünglich gebliebenen alten Dörfer sind manchmal eine Fundgrube für herrlich »altmodische«, formschöne Bänke. Oder versuchen Sie es doch mal mit einem Besuch im nächsten Freilichtmuseum. Dort, angelehnt an die Wände traditioneller Bauernhäuser, laden die schönsten alten Bänke zum Sitzen ein. Aber oft tut's ja auch etwas ganz einfaches: So ergibt schon eine dicke hölzerne Bohle, links und rechts über einen Holzblock gelegt, eine attraktive kleine Bank.

Kunstwerke aus Gußmetall und Stein, die außerdem noch zum Sitzen einladen.

Romantisch Verschnörkeltes aus Gußmetall

Auf liebenswerte Art schnörkelig und verspielt wirken Bänke aus Gußmetall. Sie können eine wunderbar »altmodische« Atmosphäre in den Garten zaubern. Die Originale aus vergangener Zeit sind natürlich kaum erschwinglich. Aber glücklicherweise gibt es eine ganze Reihe von sehr schönen Nachbildungen aus früheren Epochen auf dem Markt. Weiß lackiert finde ich solche Gartenmöbel am schönsten – sie stehen dann in einem effektvollen Kontrast zu den umgebenden Grünschattierungen.
Ein faszinierend schönes Gartenbild entsteht auch, wenn Sie eine weiße Bank mitten hinein in einen Rahmen aus weißen Blumen stellen. Beispielsweise könnten sich die milchweiße Glockenblume *(Campanula alliariifolia)* mit bodendeckendem *Geranium renardii,* dessen weiße Seidenpapierblüten von violetten Adern durchzogen sind, zu einer duftigen Komposition verbinden. Zwischenhinein tupfen Sie noch ein paar Ähren des weißen Fingerhuts (*Digitalis purpurea* 'Alba'). Und die Strauchrose 'Moonlight' mit Blüten in der Farbe schimmernden Mondlichts würde den dazu passenden Hintergrund liefern und ihre duftenden Zweige in anmutigen Bögen über unsere Bank neigen.

Kunstwerke aus Stein und Kunststein

Sitzt es sich auf Gußmetallbänken, besonders wenn sie zusätzlich mit Holzleisten ausgestattet sind, eigentlich noch sehr gemütlich, dann sollten Sie sich für einen längeren Aufenthalt auf einer Steinbank schon lieber mit einem Kissen wappnen. Ohne das ist sie eigentlich nur für kürzere Pausen geeignet. Dabei gehören Steinbänke – mit ihrem mehr klassischen Erscheinungsbild – zu den dekorativsten Sitzgelegenheiten, die man sich für den Garten vorstellen kann. Sie trotzen problemlos Regen und Schnee, Sonne und Frost und kommen ganz ohne Pflege aus. Und dabei halten sie noch »ewig«. Mittlerweile gibt es viele kunstvolle Imitationen von Steinbänken vergangener Epochen, wobei natürlich die Nachbildungen in Kunststein oder aus einem speziellen Sandsteingemisch, das ausgesprochen natürlich wirkt, eher erschwinglich sind. Schon nach kurzer Zeit, sobald sie mit einer »Patina« aus Moosen und Flechten überzogen sind, wirken auch diese funkelnagelneuen Bänke schön alt und romantisch
Es werden übrigens auch gebogene Bänke angeboten. Das wäre vielleicht genau die passende Lösung, um damit eine bisher eher »stiefmütterlich« behandelte Gartenecke aufzumöbeln. Auch für kreisrund gepflasterte Sitzplätze ergeben sich so gute Möglichkeiten zur Gestaltung.

Duftbänke

Warum müssen es eigentlich immer Holz oder Stein sein, worauf man sitzt? Wie wär's denn, wenn Sie sich zur Abwechslung inmitten von würzig duftenden Pflänzchen niederließen? Nein, nicht auf dem Boden, sondern ganz gemütlich und bequem auf einer Bank.

Während in den mittelalterlichen Lustgärtlein der Burgen grüne Rasenbänke gang und gäbe waren, sind sie bei uns in Vergessenheit geraten. Bepflanzte Bänke in den Gärten unserer Zeit scheinen allein eine englische Spezialität zu sein. Jedenfalls habe ich sie nur dort gefunden. Wie ein dickes Sitzkissen – von Mutter Natur eigenhändig angefertigt – wuchern dichte Matten von kriechendem Thymian oder Römischer Kamille (siehe auch Seite 30) auf einem aus Stein oder Ziegeln gebautem Hochbeet. Und kaum läßt man sich erwartungsvoll darauf nieder, findet man sich eingehüllt in herrlich aromatische Duftwolken, die die kleinen Pflänzchen freigiebig verströmen. So hat sogar die Nase was vom Sitzen.

Zur Blütezeit allerdings ist ein wenig Vorsicht geboten, denn dann wird die Bank meist schon von emsigen Bienen »besetzt« sein. Wenn Sie schmerzhaften Konflikten mit den kleinen Honigsammlern lieber von vornherein aus dem Weg gehen möchten, dann pflanzen Sie besser die sterile Römische Kamille – *Anthemis nobilis* 'Treneague' – weil sie keine Blüten entwickelt.

Anstatt Steine oder Ziegel könnten Sie für Ihre Duftbank eigentlich auch ganz gut Holzschwellen verwenden. Sie sind zwar nicht so dauerhaft, aber dafür lassen sie sich verhältnismäßig leicht auswechseln. Und in Verbindung mit Pflanzen paßt Holz immer ausgezeichnet.

Sobald die Wände der Sitzbank fertiggestellt sind, füllen Sie das Innere zu zwei Dritteln mit grobem Kies auf. Die oberste, letzte Schicht besteht aus einer Mischung von grobem Sand mit Komposterde. Dann müssen Sie nur noch pflanzen und sich gedulden bis die kleinen, duftenden Gewächse fest eingewurzelt sind – und schon bald können Sie zum ersten Mal erwartungsvoll auf Ihrem grünen Duftkissen Platz nehmen.

So sitzt es sich sogar auf einer Steinbank sehr gemütlich – mit einem weichen Sitzkissen, das man sich einfach wachsen läßt. Betörender Duft ist beim Kamillenpolster inbegriffen. So hat sogar die Nase etwas vom Sitzen.

Die alte Laubenherrlichkeit

Bei dem Wort »Gartenlaube« werden sicher in uns allen ähnliche Vorstellungen wach: Ein geschütztes Plätzchen im Garten, dekorativ von Kletterpflanzen umrankt oder auch aus lebenden Heckensträuchern geformt, wo man sich in gemütlicher Runde zusammenfand um zu plaudern oder angeregt zu diskutieren, vielleicht auch, um ein fröhliches Fest zu feiern. Hier traf sich die Familie zur sonntäglichen Kaffeerunde oder man konnte, fern der Außenwelt, allein und ungestört seinen Gedanken nachgehen. Aber auch für die Zweisamkeit war die romantische Laube sehr förderlich – so manches Liebespaar knüpfte in ihrem Schutz die ersten zarten Bande. Wie es heißt, haben ja auch Goethe und Frau von Stein die Gemütlichkeit einer Gartenlaube sehr zu schätzen gewußt. Kurz gesagt: Die Laube war einst der Mittelpunkt des Gartenlebens schlechthin. Und nicht umsonst erhielt ein 1853 gegründetes, ausgesprochen beliebtes Familienblatt den Namen »Die Gartenlaube«.

Bis zur Jahrhundertwende zierte diese biedermeierliche Idylle landauf, landab die Gärten, dann geriet sie in Vergessenheit. Daß heute Großmutters beschauliche Laube wieder so viele Freunde gewinnt und die schöne alte Tradition von neuem auflebt, hat mit Nostalgie sicher wenig zu tun. Sie steigert einfach den Spaß am Garten. In ihrer Geborgenheit sitzt es sich bisweilen angenehmer als auf einer offenen Terrasse. Sie bewahrt uns vor neugierigen Blicken, läßt aber die Möglichkeit offen, hinauszuschauen, um den Garten und die Umgebung nach Herzenslust zu betrachten.

Man kann sie auch ausgesprochen oft nutzen, denn sie bietet zuverlässig Schutz vor Sonne, Wind und Regen. Wenn Sie an einem anderen Gartensitzplatz schon bei den ersten Regentropfen eiligst Tischdekke, Kaffeegeschirr und Kuchen zusammenraffen müssen, um alles in Sicherheit zu bringen, dann wird es in einer Laube mit dichtem Blätterdach oder gar in einem Pavillon erst so richtig gemütlich. Sie sind wirklich das beste Mittel, um auch in einem kühlen, regenreichen Sommer den Garten genießen zu können.

Lauben, Pavillons und kleine Gartenhäuschen wurden schon immer mit viel Phantasie und Witz entworfen. Sie waren die übermütig-verspielte Variante zum oft würdig und ernst wirkenden Wohnhaus. Und vielleicht hätten auch Sie großen Spaß daran, sich eine Laube oder einen Pavillon nach eigenen Ideen zu bauen. Andrerseits gibt es zahlreiche Nachbildungen von reizenden kleinen Baukunstwerken aus vergangenen Zeiten, die Ihnen komplett als Bausätze geliefert werden. Sie könnten natürlich auch eine entsprechende Baufirma beauftragen, die Ihnen Ihr kleines Idyll gleich fix und fertig in den Garten stellt. Und mit einer gehörigen Portion Geduld wäre es sogar möglich, sich eine Laube einfach mit Hilfe geeigneter Pflanzen wachsen zu lassen.

Ein lauschiger Sitzplatz im Grünen: die »gewachsene« Gartenlaube.

Gewachsene Lauben

Hainbuche, Linde, Kornelkirsche und Weißdorn gehören zu den besonders wuchsfreudigen, robusten Gehölzarten, die einen Schnitt nicht übel nehmen. Sie alle lassen sich überraschend gut zu kleinen Gartenlauben formen.

Am leichtesten fällt diese Arbeit, wenn man zunächst ein einfaches Gerüst aus Holz oder Metall errichtet, damit man einen Rahmen hat, an den man sich beim Formen halten kann. Mit der Zeit wird er schließlich ganz in den grünen Wänden verschwinden.

Wählen Sie möglichst gleich mannshohe Heckenpflanzen aus – damit Ihre Geduld nicht unnötig lange auf die Probe gestellt wird – und pflanzen Sie sie im Abstand von etwa 30–50 cm. Durch wiederholtes Aufbinden, Verflechten und Beschneiden werden die grünen »Wände« schließlich in Form gebracht und langsam aber sicher entsteht ein kleines, lebendiges »Häuschen«. Fenster- und Türöffnungen schneiden Sie, ganz nach Ihrem Gutdünken, einfach hinein. Bis dann auch noch das »Dach« gleichmäßig dicht geschlossen ist und nirgendwo mehr Lücken klaffen, können allerdings schon bis zu 15 Jahre vergehen. Dafür haben Sie dann aber ein Gartenhäuschen, das gleich mehrere Generationen erfreuen kann.

Gebaute Lauben

Wenn Ihr Traum von einer Gartenlaube schon möglichst bald in Erfüllung gehen soll, ist eine Baumlaube natürlich nicht das Geeignete, wohl aber Holz- und Metallkonstruktionen, die im Nu fertig aufgebaut sind.

Vielleicht begeistern Sie sich ja für eine relativ offene Laube, die lediglich aus ein paar Stützen – aus Eisenrohren oder leichten Hölzern – und einem luftigen »Dach« besteht, das ganz nach Ihrem Geschmack flach oder gewölbt sein kann. Einige straff gespannte Drähte dienen als Rankhilfe. So sehen die typischen Weinlauben aus, wie sie schon seit der Antike in südlichen Ländern beliebt sind. Auch bei uns kennt man sie inzwischen und verwendet sie hauptsächlich in ländlichen Gebieten.

Solche Lauben sind ausgesprochen dekorativ und nützlich zugleich: Man kann viele gemütliche Stunden im lichtgrünen, goldgesprenkelten Schatten des Weinlaubs verbringen – immer in der Vorfreude auf den wunderbaren Geschmack saftiger Trauben, die in sonniger, luftiger Höhe viel besser ausreifen.

Falls Sie es gerne noch lauschiger haben, auch damit wäre Ihnen zu dienen. Dann sorgen Sie eben für »Wände« aus Gitterspalier und pflanzen Rosen und andere »Kletterkünstler« dazu, die Ihre Laube schon in kurzer Zeit in einen beschaulichen Zufluchtsort aus Blättern und Blüten verwandeln.

Während Sie Gitterwände aus Holz recht gut selbst zusammenbauen und anbringen könnten, sollten Sie sich für die Konstruktion von Metallgerüsten lieber um die

Ein romantischer Pavillon als Mittelpunkt des Gartenlebens.

Hilfe eines kundigen Handwerkers bemühen

Als passenden Bodenbelag für Ihre Laube könnten Sie feinen Perlkies wählen – das wirkt so schön altmodisch – aber auch Holzroste oder Natursteinplatten sind gut geeignet.

Pavillons

Pavillons sind eine überaus gelungene Mischung zwischen einer luftigen Laube und einem geschlossenen Gartenhäuschen: Die »Wände« bleiben wie bei der Laube leicht und transparent, dazu kommt aber ein festes, wasserdichtes Dach.

Pavillons haben in der Regel eine streng geometrische Form – von rund über quadratisch bis hin zu sechs- oder achteckigen Grundrissen. Die hölzernen, kleinen Bauwerke – egal ob sie nun leicht und offen oder mit Hilfe von Gitterwänden eher geschlossen konstruiert sind, wirken in ihren Proportionen eigentlich immer harmonisch.

Schwierigkeiten gibt es dagegen manchmal mit Metallpavillons. Da kann es passieren, daß die Metallkonstruktion viel zu leicht und »schwebend« erscheint und vom kompakten Dach optisch »erdrückt« wird. In solchen Fällen bringt eine üppige Berankung mit Kletterpflanzen wieder alles ins rechte Lot. Überhaupt ist eine Laube oder ein Pavillon ohne den Schmuck von Blättern und Blüten einfach undenkbar. Deshalb sollten Sie dafür sorgen, daß die Pflanzen genügend Halt finden, um sich hinaufzuschwingen und schließlich sogar das Dach zu erobern. Falls keine Gitterspaliere vorhanden sind, sollten ein paar hilfreiche Drähte und Schnüre als »Wegweiser« nach oben gespannt werden. Damit die Pflanzen nicht Durst erleiden, sollten Sie unbedingt darauf achten, daß sie nicht im Regenschatten des Pavillon-Dachs wurzeln. Setzen Sie sie weit genug entfernt und leiten Sie die Triebe zunächst flach über den Boden bis hin zur nächsten Kletterhilfe, an der sie sich dann nach oben hangeln können.

Wenn die Wände eines Pavillons oder einer Laube besonders dekorativ und anziehend gestaltet sind – vielleicht mit zierlichen, verspielten Eisenschnörkeln oder besonders kunstvoll gearbeiteten Holzgittern – dann wäre es wirklich jammerschade, sie ganz mit einem grünen »Mantel« zu bedecken. Eine eher maßvolle Bepflanzung ist hier besser; sie kann die Wirkung des kleinen Bauwerks noch unterstreichen. Möchten Sie dagegen üppige, grüne Wände, dann versprechen die besonders wuchskräftigen Arten wie Schlingknöterich und der einjährige Zierkürbis den sichersten und schnellsten Erfolg. Schon nach ein paar Wochen haben sie ganze Arbeit geleistet und das gesamte Bauwerk ist unter einem dichten, grünen »Pelz« verschwunden (siehe Tabelle der Kletterpflanzen auf Seite 152).

Gartenhäuschen

Es gibt wirklich ausgesprochen vielfältige, wunderhübsche Beispiele für Gartenhäuschen – ob aus Stein oder aus Holz gebaut. In der Überzahl sind aber wohl die weniger dekorativen, einfachen aus Holz, in deren Innern kaum benützte Gartengeräte und altes Gerümpel von sich hinstauben. Vielleicht steht sogar eines davon auf Ihrem Grundstück. Mit ein wenig Phantasie könnten Sie in kurzer Zeit daraus einen richtig romantischen, vor Wind und Wetter geschützten Zufluchtsort zaubern. Entfernen Sie dazu einfach eine oder zwei der hölzernen Wände und passen Sie statt dessen kräftige Balken als Säulen ein, die für die nötige Stabilität sorgen. Nun noch eine üppige Kletterrose, die sich bis zum Dach hinaufschwingt, ein Geißblatt mit dicken Büscheln duftender Porzellanblumen, zwei bis drei weißlackierte Korbsessel und ein kleines Tischchen für das Innere des Häuschens und schon ist Ihr Traum vom Ruhen und Rasten Wirklichkeit geworden.

Aus einem unbenutzten, alten Gartenhäuschen wurde ein vor Wind und Wetter geschützter Zufluchtsort.

Kleine Wasserwelt

Wasser, der Spender allen Lebens, spielte bei der Gestaltung von Gärten schon immer eine bedeutende Rolle. Und auch unser grünes Paradies wäre nicht vollständig ohne erquickendes Naß. Denn es hat sicher mehr Anziehungskraft als jede andere Garteneinrichtung – ja, es übt einen geradezu magischen Reiz auf uns aus. Und dabei ist es unglaublich vielseitig: So hat stehendes Wasser die wunderbare Eigenschaft seine Umgebung wie ein natürlicher Spiegel zu reflektieren und fügt dadurch dem Garten eine neue Dimension hinzu. Und es holt uns sogar den Himmel auf die Erde herunter. Denn schon in einer kleinen Wasserschale spiegeln sich Wolken und Himmelsblau in ständig wechselnden Stimmungen auf eindrucksvolle Weise wider. Springbrunnen und Kaskaden erfüllen die vibrierende Luft eines heißen Sommertags mit angenehmer Frische und lassen sie perlen und prickeln wie Champagner. Noch dazu bringen sie Bewegung in den Garten. Das kann ein kleiner Bach natürlich auch. Und außerdem entzückt der melodische Klang seines geschwätzigen Murmelns unser Ohr. Aber schon der feinste Wasserstrahl, der sich aus einem Speirohr an der Mauer in ein schlichtes Steinbecken ergießt, erfüllt durch sein sanftes Plätschern die Umgebung mit Musik. Eine wunderbare Seelenmassage, die sogar brausenden Verkehrslärm völlig vergessen läßt. Wasser birgt aber auch ein vielfältiges Pflanzenleben, das mit schönen Blütenformen und beeindruckendem Blattwerk bisher unbekannte Kontraste ins Gartenbild zaubert. Und denken Sie nur an die zahlreichen Tiere, die im und am Wasser ihren Lebensraum finden.

Wie Sie das wunderbare Naß nun in Ihren Garten einfügen, hängt nicht zuletzt auch von der Größe Ihres Grundstücks ab. Vielleicht ist es ausgedehnt genug, um in einiger Entfernung zum Haus, im »wilderen«, ursprünglicher wirkenden Gartenteil, einen ganz natürlich erscheinenden, frei geformten Teich – mit sanft abfallenden Ufern und naturnaher Bepflanzung anzulegen. Wie dies am besten zu bewältigen ist, darüber informieren eine ganze Reihe guter Gartenbücher. Eine solche Anlage erfordert jedoch ganz sicher mehr Platz, als in einem kleinen Garten oder gar in einem winzigen Gartenhof vorhanden ist. Dort wäre eher ein formales Wasserelement, das nur wenig Raum beansprucht und gar nicht erst für sich in Anspruch nimmt, die Natur nachzuahmen, viel geeigneter. Besonders dann, wenn es direkt an die Terrasse angrenzt und damit auch in enger Beziehung zur Architektur des Hauses steht. Merken Sie sich einfach folgende Faustregel: Je weniger Platz dafür in einem Garten vorhanden ist und je näher es dadurch an den von der Architektur beherrschten Bereich des Hauses rückt, desto formaler sollte ein Wasserelement sein. Und lassen Sie sich von dem Wörtchen »formal« nur nicht erschrecken. Denn »streng geformt« ist nicht automatisch mit »langweilig« gleichzusetzen. Im Gegenteil! Aber stellen Sie sich nur einmal einen kleinen Gartenteich an der Terrasse vor mit »Buchten« wie ein natürlich entstandener See – das kann einfach nicht gutgehen. Für ein Wasserbecken am Sitzplatz mit einer Größe von 1–2 Quadratmetern wäre eine einfache geometrische Form tatsächlich viel passender als ein »Pseudo-Naturtümpel«, dem man seine Künstlichkeit sowieso schon von weitem ansieht. Und ist ein geometrisch geformtes Becken erst einmal entsprechend bepflanzt, werden die Blüten und Blätter im

und am Wasser ohnehin bald alle harten Konturen überwuchern und verwischen und für sanfte, harmonische Übergänge sorgen.

So kommt Bewegung ins Wasser

Aber es muß ja gar nicht unbedingt immer ein Teich sein – auch sonst gibt es viele entzückende Möglichkeiten für Wasserspielereien auf kleinstem Raum.
Bildschön ist ein kleiner Brunnen oder ein Naturstein-Wasserbecken mit erhöhtem Rand – gleich in Hausnähe. Ein Wasserspeier – vielleicht in Form einer pausbäckigen

Wasser sollte im Garten niemals fehlen. Möglichkeiten – für jede Gartengröße passend – gibt's genug. Wie wär's denn mit diesem kleinen Teich in Terrassennähe oder dem plätschernden Naturstein-Brunnen?

Maske oder eines Löwenkopfs mit wallender Mähne – könnte für den Zulauf sorgen und die Luft mit klingender »Wasser-Musik« erfüllen. Und bei Bedarf würde sich der Brunnenrand in einen bequemen Sitzplatz verwandeln – ein höchst verlockendes Angebot für heiße Sommertage.

Winzige Wasserstellen – große Wirkung

Wasser in allen möglichen Formen kann man im Garten nie genug haben. Und selbst wenn Sie schon einen größeren Teich Ihr eigen nennen, können zusätzliche kleine Wasserelemente Ihre Gartenkomposition wirkungsvoll ergänzen. Sogar wenn sie so winzig sind, daß weder Wasserpflanzen noch Fische darin Platz finden, besitzen sie doch noch all den magischen Zauber, den Wasser stets auf uns ausübt. Für ein grünes Paradies, das gar nur wenige Quadratmeter Boden bedeckt, kann schon die Mini-Wasserfläche einer Terrakotta-Schale eine entzückende Bereicherung sein. Hübsch wirkt es auch, wenn Sie in diese Wasserschale einige bunte, schön geformte Kieselsteine legen, die Sie sich vielleicht von einem Spaziergang mitgebracht haben. Denn während sie uns im trockenen Zustand ziemlich unscheinbar erscheinen, verwandeln sie sich im Wasser schlagartig in faszinierende Schmuckstücke in leuchtenden Farben.
Gleichzeitig sind diese Kiesel aber auch eine echte Hilfe für viele kleine Gartenbewohner, die von Ihrer Schale sicher begeisterten Gebrauch machen werden. Denn durch die Steine, die zumindest an einer Stelle über die Wasserfläche hinausragen sollten, können sich kleine Tiere mit eigener Kraft aus dem feuchten Naß retten, wenn sie hineingefallen sind.
Vielleicht haben Sie ja schon einmal beobachtet, wie eifrig Bienen, Hummeln und andere Insekten solch kleine Trinkstellen aufsuchen. Denn auch sie plagt an warmen Sommertagen der Durst. Genauso wie die Vögel, die unsere flache Schale aber auch mit Hingabe für ein ausgiebiges, mit heftigem Geplantsche und Gespritze verbundenes Bad in Anspruch nehmen werden.
Was im Handel als Vogelbad angeboten wird, ist sehr oft kitschige Massenware,

der ich eine schlichte Schale oder einen kleinen Steintrog bei weitem vorziehen würde.
Allerdings gibt es gelegentlich auch ausgesprochen kunstvolle Vogelbäder, die aus Stein oder Kunststein gearbeitet sind. Man kann sie – zum Beispiel in dekorativer Muschelform – ganz einfach auf's Pflaster oder ins Gras stellen. Oder Sie wählen eines der besonders attraktiven Vogelbäder mit einer kleinen Säule, plazieren es in einem Rondell mit einem Belag aus feinen Kieselsteinchen und umgeben es mit duftigen Blumenwolken.

Wasser für den durstigen Garten verheißt der Granittrog (links oben).
Selbst mit der kleinsten aller Lösungen – dem Vogelbad – lassen sich bildschöne Effekte erzielen (rechts oben).
Ein Sprudelstein (links) bietet sich besonders an, wenn Kinder im Hause sind.

Quellstein-Brunnen

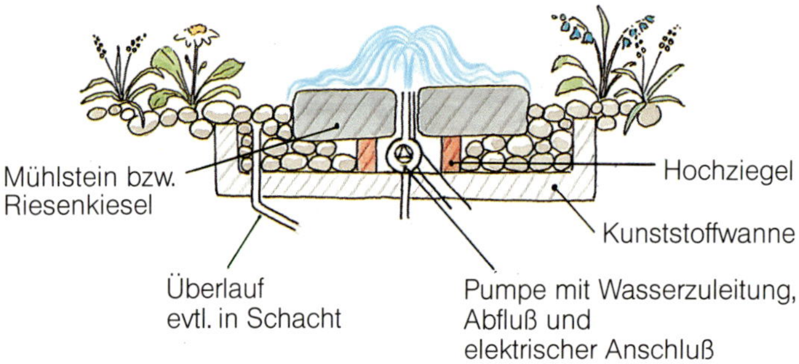

Wie auch immer – wählen Sie den Standort stets so, daß die Umgebung einer anschleichenden Katze keine Deckungsmöglichkeit bietet.

»Musikalische« Quellsteine

Lauschen Sie auch so gerne dem munteren Plätschern und Murmeln des Wassers? Für solch entzückende „Wassermusik" wird nicht unbedingt eine grandiose Fontäne benötigt – ein Sprudelstein genügt völlig. Das könnte zum Beispiel ein rund behauener »Mühlstein« sein oder ein interessant geformter Riesenkiesel, über den das Wasser fröhlich hinwegplätschert. Ein wirklich dekoratives Wasserspiel, an dem auch kleine Kinder gefahrlos spielen dürfen. Und das werden sie auch – darauf können Sie sich verlassen!

Faszinierende Kleinigkeiten

Kleine Skulpturen, bepflanzte Töpfe und Tröge, im Sonnenlicht schimmernde Glaskugeln und andere, die Aufmerksamkeit anziehende Objekte sind ein wirksames Mittel, um einem Garten ein unverwechselbares Gesicht zu geben. Denn die Pflanzen allein können diese Aufgabe nicht erfüllen. So sind Zierelemente unsere Retter in der Not, um langweilige Ecken aufzuwerten. Auf charmante Art lenken sie unsere Blicke von weniger attraktiven Anblicken ab und dirigieren sie unmerklich in die gewünschte Richtung. Und schöne Plätze werden durch sie noch viel anziehender. Sie lockern die eher flachen Gartenbereiche reizvoll auf, indem sie für vertikale Linien sorgen und sie beflügeln unsere Phantasie. Und für wichtige Punkte – wie Kopf oder Fuß einer Treppe und Garteneingänge – sind sie ein besonders liebenswerter optischer Fingerzeig.

Blickfang im Garten – Pflanzgefäße

Die schlechte Nachricht gleich zuerst: Mit bepflanzten Töpfen, Kübeln und Trögen halst man sich viel Arbeit auf. Wenn es also nicht gerade zu Ihren Träumen von heißen Sommertagen gehört, ständig schwere Gießkannen durch den Garten zu schleppen, um schlapp herumhängende, dürstende Topfpflanzen wieder aufzurichten, wenn Sie dem endlosen Herumzupfen an gelb gewordenen Blättern und verdörrten Blüten so gar nichts abgewinnen können – dann sollten Sie die Idee mit dem Grün im Topfe lieber gleich vergessen. Es sei denn sie begeben sich unter die passionierten Hauswurzsammler und füllen flache Schalen und Teller, Töpfe und Tröge aller Art mit den kleinen unverwüstlichen »Le-

Ein reizvolles Gartenstilleben: Tontöpfe und ein Fruchtkorb aus Kunststein – dekorativ umrahmt von Blüten und Blättern.

benskünstlern«, die fleißige Züchterarbeit in schier unermeßlichen Varianten hervorgebracht hat. Die entzückenden Garten-Kleinodien sind Ihnen für die pflegerische Nichtachtung sogar dankbar. Unermüdlich bilden sie Rosette um Rosette, bis sie selbst über den Topfrand hinausquellen. Aber sehen Sie sich vor: Das emsige Zusammentragen von Hauswurzvarianten – von winzigen Exemplaren in Pfenniggröße bis hin zu tellerartigen Rosetten – kann ebenso unheilbar »zur Sucht führen«, wie bei anderen das Briefmarkensammeln.

Pflanzgefäße bringen Farbe selbst in die langweiligsten Winkel und das Beleben von eintönigen Pflasterflächen – besonders, was Freisitze nahe am Haus angeht – ist ihre ganz besondere Stärke. Gar nicht genug preisen kann man auch ihre Mobilität. Ist vielleicht gerade ein Blütenwunder an exponierter Stelle im Vergehen und die nächste Sensation läßt noch auf sich warten? Nichts ist leichter, als mit ein paar Töpfen voller Blüten und dekorativen Blättern in Nullkommanichts hinreißende Effekte zu erzeugen und wunderbare Stimmungen zu arrangieren. Ist der Blütenzauber in einem der Töpfe schließlich vorbei, kann die Pflanze in einem weniger beachteten Winkel in Ruhe neue Kräfte sammeln. Wir lassen sie einfach so lange von der Bildfläche verschwinden. Und einen Topf voll schwellender Lilienknospen stellen wir schon mal auf dem Terrassenmäuerchen in Positur, damit wir die Pracht gleich in Augen- und Nasenhöhe haben.

Damit sie sich harmonisch ins Gartenbild einfügen, sollten Pflanzgefäße idealerweise aus natürlichen, oder wenigstens natürlich wirkenden Materialien bestehen. In Frage kommen dafür Erzeugnisse aus gebranntem Ton, Stein, Kunststein oder auch Holz. Zu den vielgeliebten Gartenklassikern gehören zweifellos die romantischen Terrakottatöpfe in schier unerschöpflichen Varianten. Auch heute noch scheint über ihnen der Zauber altrömischer Villengärten zu schweben. Mit ihrem südländischen Charme bringen sie es sogar in unseren kühlen Gefilden fertig, einer Terrasse oder einem sonnigen Gartenhof ein mediterranes Aussehen zu verleihen. Die aus Italien eingeführten Töpfe gehören immer noch zu den allerbesten. Inzwischen gibt es aber auch sehr formschöne Stücke aus Spanien und Griechenland. Hüten Sie sich jedoch vor billiger Qualität, die nur allzu leicht abblättert und Risse bekommt.

Historische Vasen, Jardinièren und »Körbe« aus Stein oder Blei – Originale, meist aus dem 18. und 19. Jahrhundert – sind an Schönheit kaum zu übertreffen, aber dafür auch unerhört teuer. Glücklicherweise gibt es aber inzwischen sehr reizvolle und vor allem auch erschwingliche Reproduktionen, die als erlesene Schmuckstücke Glanz in den Garten bringen.

Sehr rustikal und gemütlich wirken dagegen alte Sandsteintröge, in denen einst Schweinen und Kühen die Mahlzeiten serviert wurden, ehe Beton in Mode kam. Inzwischen sind die Tröge so beliebt, daß sie sogar von neuem angefertigt werden – diesmal gleich für die Pflanzen. Allerdings – leicht transportieren lassen sich die steinernen »Schwergewichtler« nicht. Sie gehören schon eher zu den fest installierten Bestandteilen des Gartens.

Etwas anheimelnd Ländliches haben auch alte, halbierte Mostfässer oder extra zum Bepflanzen angefertigte Eichenholzkübel. Dagegen strahlen die weißlackierten Versailler Blumenkübel mit den typischen Kugeln auf den Eckpfosten sehr viel Eleganz aus – besonders auch, wenn sie stilgerecht mit Kugelbäumchen, wie Lorbeer oder Buchs, bepflanzt sind. Kreiert wurden sie einst für Schloß Versailles, wo sie auch heute noch zu Hunderten die weitläufigen Parkanlagen zieren.

Wen die Leidenschaft für diese reizvollen Gefäße erst einmal gepackt hat, der wird es wohl kaum mehr schaffen, an einer ausgefallenen Vase oder einem formschönen Topf vorüberzugehen. Stück für Stück – ob zu Hause oder erst recht in fernen Ländern – werden sie zusammengetragen und mit der Zeit entsteht eine bemerkenswerte Sammlung von Glanzstücken, die dem Garten einen ganz eigenen Charakter verleiht.

Es gibt erstaunlich viele Gewächse, die sich in Pflanzgefäßen wohlfühlen – bis hin zu Sträuchern und kleinen Bäumen. Und für viele von ihnen ist ein Leben im Topf sogar die Voraussetzung für gutes Gedeihen. Denken Sie doch nur an all die sonnenverwöhnten Kinder des Südens, wie Zitrone, Oleander und Lorbeer, die in unseren Breiten gar nicht überleben könnten, würden wir sie nicht vor der Winterkälte im Haus in Sicherheit bringen. Und dann die Anspruchsvollen, die sich gerne mit ein paar »Extras« verwöhnen lassen. Ein Garten mit besonders kalkhaltigem Boden und Hortensien *(Hydrangea macrophylla),*

Mediterrane Stimmung verbreiten die beliebten Terrakotta-Töpfe. Zu mehreren zusammengestellt, wirken sie am besten.

die es lieber sauer haben – sie kämen wohl niemals zusammen. Es sei denn die samtblütigen Schönen beziehen eine Wohnung im Topf. Und auch die bezaubernden Lilien gedeihen in einem Gefäß, in dem die Erde genau ihren Bedürfnissen angepaßt werden kann, wunderbar. Denn sie lieben den Boden locker, nahrhaft und vor allem wasserdurchlässig (3–5 cm Kies oder groben Sand als Dränageschicht am Topfboden nicht vergessen!). Lilien im Topf haben weniger Probleme mit den typischen Pilzkrankheiten, weil öfter mal umgepflanzt werden kann, futterneidische Nachbarn kommen nicht zum Zug und hungrigen Wühlmäusen mit einer Vorliebe für Lilienzwiebeln schlagen wir damit auch ein Schnippchen. Außerdem kommt die edle Vornehmheit und der betörende Duft der Lilien in Töpfen einfach besser zur Geltung (pflanzen Sie aber mindestens 3–5 Stück zusammen). Gertrude Jekyll, die berühmte englische Gartengestalterin und Autorin wußte über die blühenden Topfpflanzen in einem ihrer Gartenhöfe folgendes zu berichten: »Sehr häufig wählte ich nur Lilien aus und mehr kann man kaum begehren.« Wie recht sie hat!

Selbstverständlich aber eignen sich Pflanzgefäße nicht nur für grüne »Dauermieter«. Es gibt eine unglaubliche Menge von Blumen, die im Topf ein zwar kurzes, aber dafür höchst berauschendes »Gastspiel« geben und dann ausgetauscht werden. Die Saison könnte schon zeitig im Jahr mit den Frühjahrsblühern wie Tulpen, Narzissen, Stiefmütterchen und Vergißmeinnicht beginnen. Sind die Spätfröste erst vorbei, inszenieren die kälteempfindlichen Balkonblumen, also Geranien, Lobelien, Verbenen, Petunien und wie sie alle heißen, ihre üppigen Blütenfeste.

In einem größeren Pflanzgefäß finden natürlich gleich mehrere davon Platz. Für die Mitte wählen wir am besten eine Pflanze, die für Höhe sorgt. Andere, niedriger wachsende Balkonblumen gruppieren wir locker darumherum. Zuletzt noch ein paar Blumen wie Hängelobelie, efeublättrige Geranie, Husarenknopf *(Sanvitalia procumbens)* und Steinkraut, die über die Ränder wachsen und in bogigen Kaskaden nach unten hängen und damit den Konturen der Pflanzgefäße alle Härte nehmen.

Eine liebevoll zusammengetragene *Sempervivum*-Sammlung.

Einen Hauch von Klassik bringen die Terrakotta-Säulen in den Garten.

Übrigens, kleine Hängeblümchen, die mit wenig Platz zum Wurzeln Vorlieb nehmen, passen auch ganz ausgezeichnet als »Untermieter« zu den strauch- oder baumartigen Topfbewohnern. Dann blüht es nämlich gleich in zwei Etagen. Und falls die Wurzelballen von Oleander und Orangenbäumchen schon den gesamten Topf beanspruchen, so daß nichts anderes mehr dazwischen paßt, dann streuen Sie einige Samen vom Steinkraut im Pflanzgefäß aus. Das setzt sich überall durch und in Kürze werden weiße, honigduftende Blüten dekorativ über den Topfrand quellen.

Haben Sie eigentlich schon einmal daran gedacht, auch ein paar Blattpflanzen unter die farbenprächtige Blumenflut in Töpfen zu mischen? Sie wirken durch ihr schönes Laub ausgesprochen attraktiv. Zugleich sorgen sie mit ihren plastischen Formen und durch das beruhigende Grün optisch für Ordnung im wuchernden Topfblumen-Meer. Auf besonders raffinierte Weise erfüllen exakt beschnittene Buchskugeln diese Aufgabe. Mit zu den beeindruckendsten Blattpflanzen gehören sicherlich auch die Funkien. Geradezu atemberaubend dekorativ ist die Blaublattfunkie (*Hosta sieboldiana* 'Elegans') im Topf. Ein wirklich unvergeßlicher Anblick, der jedes Gärtnerherz höherschlagen läßt.

Zauberhafter Gartenschmuck

Statuen und Deckelvasen, steinerne Fruchtkörbe, Sonnenuhren und viele andere Gartenornamente mehr – das sind für uns Dinge, die wir sogleich mit den berühmten, historischen Gärten in Verbindung bringen. Dort betrachten wir sie – die Relikte längst vergangener Zeiten – voll ehrfürchtiger Bewunderung. Aber welcher Gartenbesitzer käme schon auf die Idee, sein eigenes grünes Paradies damit zu schmücken? Und gerade dadurch lassen wir uns soviel entgehen. Glauben Sie nur nicht, daß Ihr Garten für Zierelemente nicht geeignet wäre. Er ist ganz bestimmt weder zu klein noch zu »gewöhnlich« für solch bezaubernde Gartenkunstwerke.

Selbstverständlich können wir heutzutage keine Alleen mehr pflanzen, um wie ehedem die Blicke auf einen Springbrunnen mit mächtiger Fontäne zu lenken oder zu einer attraktiven, antiken Statue. Aber ob man nun einen riesigen Besitz zu gestalten hat oder einen winzigkleinen Gartenhof – das Prinzip bleibt doch stets das gleiche – und die Aufgabe, die ein Gartenornament zu erfüllen hat auch. Denn in welchem Garten auch immer – Zierelemente ziehen die Blicke auf sich und setzen so wichtige Akzente. Und das Tag für Tag – auch in der grauen Winterszeit, wenn Blüten und Blätter längst vergangen sind und der nächste Frühling noch weit entfernt ist. Sie gehören zu den unveränderlichen Dingen des Gartens. Deshalb lassen sich auch mit ihrer Hilfe bestimmte Punkte betonen und weniger attraktive Gartenecken werden durch sie erst interessant und belebt. Ein Trumpf gegen grüne Langeweile! Und für einen Garten, der sonst gleich auf den ersten Blick zu übersehen ist, sind sie ein raffiniertes Mittel, um für Attraktionen zu sorgen, die unsere Aufmerksamkeit wekken und es fertigbringen, unsere Augen für eine Weile festzuhalten. Geschickt an strategisch wichtigen Punkten plaziert, sorgen sie dafür, daß wir den Garten – und sei er noch so klein – mit Interesse Stück für Stück erforschen. Nur übertreiben darf man es nicht. Besonders kleine Gärten vertragen nur einige wenige Ornamente.

In Anlagen mit verschiedenen grünen »Zimmern« allerdings ist die Gestaltung sicher einfacher. Niemals aber sollten – von einem Punkt aus gesehen – gleich mehrere Schmuckelemente um unser Interesse konkurrieren. Sie würden uns dadurch in Verwirrung stürzen.

Wählen sollten Sie am besten nur solche Gartenornamente, die tatsächlich Ihrer Persönlichkeit und Ihrem Geschmack entsprechen – eine wunderbare Gelegenheit um sich damit auf phantasievolle Weise selbst »auszudrücken«. Aber dabei muß es nicht immer »bierernst« zugehen. Auch witzige Dinge – mit einem kleinen Augenzwinkern ausgewählt – passen in einen Garten.

Anders als man vielleicht zuerst vermuten möchte, haben Zierelemente nicht zwingend etwas mit teurem Geschmack zu tun – eher schon etwas mit gutem. Angelnden Gartenzwergen und ihren Verwandten zum Beispiel sollte die Gartentüre auf jeden Fall verschlossen bleiben.

Verwendetes Material und künstlerischer Wert des Gartenschmucks ist aber gar nicht unbedingt so wichtig. Auf den passenden Platz kommt es an! Lassen Sie den Betrachter eben nur an jene Zierelemente nahe heran, die der intensiven Prüfung auch wirklich standhalten können. Solche

Gartenschmuck muß nicht teuer sein. Die kleinen schillernden Kunstwerke aus Glas (oben) kann sich jeder leisten. Links: Auch witzige Dinge, mit einem kleinen Augenzwinkern gewählt, passen in den Garten.

Kleinodien wären zum Beispiel wunderbar als dominierender Mittelpunkt eines kleinen Platzes geeignet, oder auch für eine Mauernische, direkt in Augenhöhe. Was die bescheideneren Ornamente angeht, hier halten wir einfach gebührend auf Abstand und plazieren sie in einer gewissen Entfernung: auf der gegenüberliegenden Seite eines Teiches zum Beispiel oder mitten in einer Pflanzfläche – ein reizvoller Schleier aus Blumen und Blättern drumherum drapiert. Denn umrahmt von attraktiven Pflanzen, kommen Gartenornamente immer noch besser zur Geltung – die feinen Details sind dann plötzlich gar nicht mehr so wichtig.

Achten Sie bei der Wahl eines Zierelements aber unbedingt auf angemessene Proportionen – gerade, was die kleinen Gärten betrifft. Eine übermäßig große Statue würde dort erdrückend wirken. Einer besonders klein bemessenen, an der man sonst vielleicht achtlos vorbeiginge, könnten Sie mehr optisches Gewicht verleihen, indem Sie sie ein wenig herausheben. Stellen Sie sie doch einfach auf einen Sockel oder auf ein niedriges Mäuerchen.

Zierelemente sollten niemals den Eindruck erwecken, als hätte man sie nur irgendwie in den Garten gestreut. Damit wäre nämlich die ganze Wirkung dahin. Wirklich geschickt plaziert, gibt sich ein Gartenornament dagegen den Anschein, als sei es schon von aller Anfang an hier. Deshalb rächt es sich auch oft, wenn man etwas so eben im Vorbeigehen kauft, nur weil es einem gerade ins Auge sticht. Dann steht man nämlich hinterher vor dem Problem: Wohin bloß mit dem guten Stück? So kann es dann passieren, daß ein Fischreiher im Vorgarten – mitten unter Zwergkoniferen und Heidekraut – landet und sich ein wild dreinblickender Löwe bei der Garageneinfahrt zum Sprunge duckt. Ein römischer Held vor dem Eingang eines modernen Hauses würde sicher auch wenig angebracht wirken – um nicht zu sagen lächerlich. Oft dauert es dann wirklich Jahre, bis der passende Platz endlich gefunden ist – wenn überhaupt. Lassen Sie sich also unbedingt genügend Zeit, wenn Sie einen Kauf planen.

Wesentlich einfacher ist es dagegen, für einen ganz bestimmten Platz im Garten das passende Zierornament auszusuchen. Da wäre zum Beispiel jene traurige Gartenecke im tiefen Schatten, die Ihnen schon lange ein Dorn im Gärtner-Auge ist, weil dort – wegen der großen Trockenheit – nichts Rechtes wachsen will. Könnte man sie nicht durch eine kleine, reizende Figur aus hellem Sandstein von ihrem Aschenbrödel-Dasein befreien? Und die

Klassisch wirkende Pflanzgefäße bringen Glanz in jeden Garten. Hier handelt es sich um eine detailgetreue Reproduktion aus Kunststein, die – im Gegensatz zu den Originalen – immerhin noch erschwinglich ist.

etwas triste Rasenfläche dort – wäre es nicht genau der Platz für eine herrlich altmodische Sonnenuhr? Und jener Gartenwinkel, der stets im Frühling seine üppige Pracht entfaltet und wo ebenso sicher auf das Blumenfeuerwerk die monatelange Ernüchterung folgt – könnte dort nicht ein kleines Figürchen für zusätzliche Attraktivität sorgen? Und was ist mit der Treppe an der Terrasse, der noch der rechte Pfiff fehlt? Ein Paar Fruchtkörbe, aus Stein oder Kunststein – links und rechts auf dem Stützmäuerchen – könnten dort eine richtig romantische Stimmung erzeugen.

Bevor es mit dem Kauf eines ins Auge gefaßten Gartenornaments ernst wird, hilft ein kleiner Trick, um herauszufinden, ob der dafür vorgesehene Platz tatsächlich der richtige ist. Dazu schneiden Sie die Form des Zierelements aus stabilem Pappkarton aus und können so ganz leicht nachprüfen, ob Ihre Idee gut ist. Aber erkunden Sie seine Wirkung unbedingt auch aus größerer Entfernung, von den unterschiedlichsten Blickpunkten aus. Vergessen Sie auch das Haus nicht. Sehen Sie unten und oben aus dem Fenster. Das ist gerade bei kleinen Gärten wichtig, die – zumindest aus dem oberen Stockwerk – meist gut zu übersehen sind.

Skulpturen in Menschengestalt ziehen uns auf ganz besondere Weise in ihren Bann und verbreiten im Garten eine geheimnisvolle, romantische Stimmung.

Es gibt eine solche Fülle von Gartenornamenten, daß die Wahl wirklich schwerfällt. Skulpturen in Menschengestalt ziehen uns aber wohl auf ganz besondere Weise in ihren Bann. Denn sie suggerieren uns die Anwesenheit weiterer menschlicher Wesen und verbreiten dadurch eine geheimnisvolle, romantische Stimmung im Garten.

Auch verschiedene Tier-Plastiken lassen sich auf reizvolle Weise in die grüne Umgebung integrieren. Ein Reiher zum Beispiel, der zwischen Uferpflanzen steht und ins Wasser blickt, könnte wirklich überzeugend wirken. Und ein Frosch oder ein anderes passendes kleines Tier ließe sich effektvoll zwischen dekorativen Blättern plazieren.

Vielleicht aber entdecken Sie auch eine Vorliebe für Schmuckgefäße, die noch zusätzlich bepflanzbar sind. Handelt es sich dabei aber um besonders großartige Stükke, dann sollten Sie bei der Pflanzenwahl sehr vorsichtig sein. Denn eine Fülle von auffälligen Blumen würde dem Ornament gewiß die Schau stehlen und die edle Form oder kunstvolle Verzierungen unter einem dichten Vorhang aus Blüten und Blättern verbergen. Dann hätte man auch gleich einen billigen Tontopf verwenden können.

Ein in England vielgeliebtes Gartenornament ist auch die Sonnenuhr – besonders, seit sie im 18. Jahrhundert auf dekorative Säulen gesetzt wurde. Sie ist wie geschaffen für das Zentrum eines formalen, kräuterduftenden Gartens mit streng geometrischen Wegen. Bildschön kommt sie aber auch inmitten einer üppiggrünen Rasenfläche zur Geltung. Aber nicht einfach nur ins Gras gestellt, sondern in einen kleinen Bezirk, der gekiest oder gepflastert ist. Dadurch wirkt sie noch viel dekorativer.

Warum uns die Sonnenuhr wohl so besonders fasziniert? Vermutlich ist es die ihr eigene, besondere Mischung von astronomischen Erkenntnissen und Assoziationen, die unser Inneres berühren und zum Nachdenken anregen – über das unaufhaltsame Fließen der Zeit und unsere eigene Vergänglichkeit. Damit beschäftigt sich auch meist das Motto, das unbedingt in der Sonnenuhr eingraviert sein sollte. Aber auch gute Ratschläge erteilt sie uns, die zu beherzigen sich lohnt. Auf einer fand ich: »Wende Dein Gesicht der Sonne zu – und die Schatten werden hinter Dich fallen.«

Zu den preiswertesten Zierelementen im Garten gehören gewiß die bunten, im Sonnenlicht schimmernden Glaskugeln. Lange Zeit waren sie der Inbegriff üppiger Bauerngärten und gingen dort mit Hochstamm- und Trauerrosen eine ganz besonders effektvolle Verbindung ein. Aber inzwischen sind die leuchtenden Kugeln auch in anderen Gärten sehr beliebt. Denn sie verbreiten einen sehr reizvollen, altmodischen Charme um sich und finden auch im allerkleinsten Gärtchen noch einen geeigneten Platz.

Die Holländer rücken ihre verhältnismäßig großen »Hexenkugeln« mit Hilfe einer dekorativ verschnörkelten, schmiedeeisernen Halterung in Augenhöhe. Bei uns werden die faszinierenden Kleinodien einfach auf dünne Stäbe gesteckt, die vorher vielleicht noch grün oder graublau bemalt wurden und gerade so hoch sind, daß man bequem in die Tiefen der Kugeln blicken kann. Phantastisch verzerrte Gartenbilder wird man darin entdecken, von denen eine große Anziehungskraft ausgeht. Reizvolle Bilder, die wie bei einem Kaleidoskop unaufhörlich wechseln – wenn man sie aus unterschiedlichen Blickwinkeln betrachtet, oder wenn sich die Intensität des Lichteinfalls verändert. Eine Faszination, der man immer wieder gern erliegt und bei der man ins Träumen kommt.

Ganz besonders vorteilhaft wirken die schimmernden Gartenschätze, wenn man sie mit üppigen Blumen umgibt. Und vielleicht lassen Sie sogar zusätzlich eine Duftwicke den Stab umschlingen. Am besten achten Sie auch gleich noch ein wenig auf eine passende Farbzusammenstellung. Stecken Sie zum Beispiel eine lilafarben schimmernde Gartenkugel mitten hinein in eine Blumenwolke aus Rosa, Blau und Lila. Auf diese Weise entstehen ganz entzückende Gartenbilder. Nur hüten Sie sich unbedingt vor Kugeln in grellen, schreienden Farben – sie bringen nur Unruhe ins grüne Paradies und zerstören die Harmonie der Blüten.

Blätterrahmen und Blütenkleid

Vielleicht kommt es Ihnen ja ein bißchen komisch vor, darüber nachzudenken, wie wir mit Hilfe von Pflanzen Zierornamente noch besser zur Geltung bringen, wenn diese doch ihrerseits dazu gedacht sind, den Garten besser zur Geltung zu bringen. Aber Tatsache ist, daß nur ein harmonisches Zusammenspiel beider ein anziehendes Gartenbild entstehen läßt. Das Freistellen zum Beispiel bekommt Statuen und Büsten im allgemeinen nicht besonders gut. Sie sind um vieles attraktiver, wenn man sie statt dessen gegen einen ruhigen grünen Hintergrund betrachten kann. Dafür eignen sich Hecken wunderbar. Aber auch Wilder Wein oder immergrüner Efeu mit seinen hübschen herzförmigen Lederblättchen würden die Aufgabe aufs beste erfüllen. Nur die Efeu-Sorten mit auffällig panaschiertem oder besonders großem Laub sollten Sie lieber meiden. Sie würden der Skulptur nur zuviel Konkurrenz bieten. Wunderbar anzusehen wäre auch ein zarter Blumenschleier aus Clematis oder Geißblatt als Hintergrund für unseren Gartenschmuck. Und ein besonders liebliches Bild entsteht, wenn Sie zudem dafür sorgen, daß eine kleine Kletterpflanze die Skulptur selbst noch mit grünen Armen zart umschlingt. Eine zierliche *Clematis alpina* mit nickenden Blütenglöckchen oder auch *Clematis texensis,* deren entzückende Blümchen sogar noch um eine Idee winziger sind, wären ausgezeichnet dafür geeignet. Und ganz gleich, wie groß ein Zierornament ist, es wirkt um vieles anziehender, wenn seine Basis von dekorativen Blättern und anmutigen Blumen getarnt wird. Die Funkien *(Hosta)* zum Beispiel mit dem bescheidener gefärbten Teil der Verwandtschaft könnte man gut verwenden – oder auch Bergenien, mit immergrünen Blättern, die im Schatten wie in der Sonne stets eine ausgesprochene Zierde sind. Und wohl kaum zu übertreffen ist der Frauenmantel, besonders, wenn er sich ab Juni mit einem duftig-zarten, schwefelgelben Blütenschleier überzieht.

Natürlich könnte man ein Zierelement auch mitten hineinsetzen in die üppige Pracht eines Blumenbeetes. Dabei müssen Sie aber unbedingt auf die richtigen Proportionen achten. Kleinere Ornamente stellen Sie dann vielleicht lieber auf eine Säule oder einen Sockel, damit sie nicht etwa ganz im wuchernden Grün verschwinden. Aber »turmhoch« darüber hinausragen sollten sie auch nicht. Es kommt eben – wie immer – auf das rechte Maß an. Zu guter Letzt noch ein Tip: Falls Ihnen Ihre gerade erstandene Errungenschaft aus Stein oder Kunststein zu »brandneu« erscheint – eine Einreibung mit Buttermilch schafft Abhilfe. Denn dadurch bildet sich die romantische »Patina« aus Moos und Flechten viel schneller.

Selbstvergessen steht das kleine Mädchen mitten im Blütenmeer des Frauenmantels und beobachtet die spielenden Welpen im Korb. Damit das niedliche Figürchen auch die gebührende Beachtung findet, hat man es auf eine halbhohe Mauer gleich neben der Treppe gestellt.

Grüne Geometrie

Schon in der Antike entdeckten findige Gärtner, daß Obstbäume bessere Erträge bringen, wenn man ihr Wachstum durch Beschneiden beeinflußt. Aber schließlich waren es dann wieder einmal die gartenbegeisterten Römer, die dem Ganzen eine neue Richtung gaben. Sie erfanden die »grüne Bildhauerkunst« – die Möglichkeit, Pflanzen durch Binden und Beschneiden zu lebenden Skulpturen zu formen. Und bald schon erfreute sich diese Art der Kunstgärtnerei unter den wohlhabenden Römern größter Beliebtheit. Durch Plinius den Älteren (23–79 n.Chr.) wissen wir, daß schließlich sogar ganze Schiffsflotten aus zurechtgestutzten Zypressen in ihren Gärten vor Anker lagen. Auch »Jagdszenen« und »alle möglichen aus Zypressen geschnittene Figuren« gehörten zu den ziergärtnerischen Glanzleistungen, die langsam aber sicher Form annahmen – als echte Alternativen zu Kunstwerken aus Stein.

Mit der Renaissance erschienen die Gärten der Römer schließlich auf's neue. Es gab sie wieder, die Zierhecken und Kugelbäume, die grünen Pyramiden und die lebenden Figuren – in den Prunkanlagen der Adligen und in bürgerlichen »Lustgärten«. Aber während der Stil in Frankreich und bei uns in Deutschland stets nüchtern und streng gehalten war – geometrische, architektonische Formen hatten den Vorzug – entdeckten holländische und englische Gartenkünstler immer mehr ihre Vorliebe für humorvolle, verspielte und skurrile Schöpfungen. Die Ideen wurden immer noch phantastischer und es wird wohl kaum eine Figur gegeben haben, die nicht schon einmal mit Hilfe von Eibe oder Buchs Gestalt angenommen hätte. In ironisch-witziger Weise wurde dieses Faible für geformte Pflanzen von dem Engländer Alexander Pope zu Beginn des 18. Jahrhunderts auf's Korn genommen. Er verfaßte einen fingierten Katalog einer Handelsgärtnerei:

»1. *Der heilige Georg aus Buchsbaum. Sein Arm ist noch nicht lang genug, aber sollte sich im April genügend entwickelt haben, um den Drachen zu erreichen.*
2. *Ein grüner Drache aus Buchsbaum, im Augenblick mit einem Schwanz aus Efeu versehen. N.B.: 1 und 2 werden nicht getrennt verkauft.*
3. *Ein Lavendelschwein mit Salbei aus dem Bauch wachsend.*
4. *Eva und die Schlange aus Taxus, besonders kräftiges Wachstum.*
5. *Ein paar Riesen, im Wachstum zurückgeblieben, sehr preiswert.*
6. *Verschiedene berühmte Dichter aus Lorbeer, von Mehltau befallen, werden für einen Pfennig abgestoßen.«*

Was die Gärten der Reichen und Mächtigen betrifft, zeigte man sich im Verlauf der Gartengeschichte gegenüber der Formkunst recht wankelmütig. Mal standen geformte Pflanzen ganz oben auf der Beliebtheitsskala, mal sanken sie bis auf den Nullpunkt herab. Aber dort, wo die launische Dame Mode weniger zu sagen hatte, nämlich in den Gärten des einfachen Volkes, blieb diese Art der Ziergärtnerei über lange Zeit hinweg beliebt. Buchsbordüren und -kugeln, Eibenbögen und Etagenbäume als »Wachtposten« am Garteneingang gehörten dort zum Standardrepertoire. So ist die »grüne Bildhauerkunst«, trotz ständig wechselnder Gartenmoden, doch bis in unsere Zeit hinein erhalten geblieben. Und England dürfte wohl der Platz auf der Welt sein, wo es heutzutage noch die zahlreichsten und phantasievollsten Beispiele der Formkunst in den Gärten – öffentlichen wie privaten – zu entdecken gibt.

Neben den großen historischen Anlagen sind es bei uns vor allem die alten Bauerngärten, die die »grüne Geometrie« über Jahrhunderte hinweg bewahrt haben. Zwar

in bescheidener Form, aber auf ganz besonders anziehende Weise. Denn was sonst bei den unterschiedlichen Richtungen und Moden der Gartenkunst stets ein entweder/oder forderte – also geformte Pflanzen oder ein betont naturnaher Gartenstil, das bringt der alte Bauerngarten ohne die geringsten Schwierigkeiten unter einen Hut. Streng geschnittene Buchsbordüren, die klare Geometrie von Buchskugeln an den Eckpunkten der Beete und vielleicht noch eine kegelförmig geschnittene Eibe im Zentrum des Gartens und dazu die üppige, kaum zu bändigende Pflanzenfülle, die immer wieder Wege und Möglichkeiten findet, die Strenge der grünen Geometrie wuchernd aufzulösen.

Unten: Strenggeformte Buchskugeln bringen reizvolle Kontraste in die wild wuchernde Pracht des Staudenbeets. Die Blaublatt-Funkie wächst ganz von selbst zu einem eindrucksvollen Gartenornament heran (rechts).

Wäre es nicht eine gute Idee, auf diese Weise auch Abwechslung in unsere Gärten zu bringen? Wie beim Bauerngarten könnte auch hier eine ausgewogene Mischung aus ungezügeltem Pflanzenwuchs, der üppig über die Beete quillt und streng geometrisch geformten Elementen mit ihren regelmäßigen Konturen eine ausgesprochen reizvolle Mischung ergeben. So entstehen wirkungsvolle Kontraste, die Leben in den Garten bringen und verhindern, daß die Harmonie womöglich zu purer gähnender Langeweile herabsinkt. Setzen Sie einfach ein paar streng geformte Buchskugeln oder andere geometrisch wirkende Pflanzen in die Blumenbeete, mitten hinein in die üppige Pracht.
Oder pflanzen Sie zierliche Buchsheckchen als grünen Rahmen drumherum. Das sorgt für optischen Halt und für die nötige Ordnung. Dies ist wichtig, damit die wuchernde Blumenflut nicht unversehens zur ungezügelten Wildnis gerät. Auf raffinierte Weise wird so Struktur in den Garten gebracht, die niemals dominierend wirkt – weil sie »grün« ist. Und nebenbei werden Sie noch bemerken, daß das ruhige Grün geformter Pflanzen die Farbenpracht der umgebenden Blüten sogar noch zu steigern vermag. Aber nicht nur für Blumenbeete eignen sich geformte Pflanzen. Es gibt auch verlockende Möglichkeiten, bestimmte Ecken oder wichtige Kreuzungspunkte der Wege mit ihrer Hilfe zu betonen. Sie sind besonders auch während der grauen Winterszeit, wenn sich im Garten nur wenig Interessantes bietet, eine wichtige Bereicherung. Immergrüne Buchsbordüren betonen dann auf eindrucksvolle Weise jede Linie des Gartens. Und die plastische Erscheinung von Buchskugeln und anderen geformten Pflanzen tritt noch deutlicher hervor.
Die rahmenbildende, beruhigende und ordnende Wirkung geformter Pflanzen ist aber nur ein wichtiger Aspekt. Sie sind auch als Gartenornamente ausgesprochen wirkungsvoll. Dabei muß es sich aber beileibe nicht gleich um eine ganze Schiffsflotte handeln, oder etwa um einen Reiter, der mit seinen Hunden über den Rasen hetzt. Ganz so weit muß man es ja nun nicht treiben. Aber wie wäre es mit zwei Etagenbäumen am Garteneingang, einer dekorativen Spirale in der Ecke eines Blumenbeets oder mit einer kleinen Vogelfigur im Topf? Ganz ohne Zweifel wären sie ebenso attraktiv wie Schmuckornamente aus Stein oder Kunststein und stecken dazu noch voller Leben. Natürlich lassen sich nur einige wenige Pflanzen derartige »Dressuren« auf die Dauer gefallen. Ideal für die »grüne Bildhauerkunst« ist die Eibe *(Taxus baccata)*. Sie ist auch besonders gut für kühnere Projekte geeignet. Denn sie wächst immerhin so schnell, daß man nicht über all der Warterei auf die Vollendung des Kunstwerks die ganze Lust verliert. Wenn man gleich mit einer größeren Pflanze beginnt und sich obendrein noch eines Drahtgerüsts bedient – wo weniger geschnitten, aber dafür viel angebunden wird – dann zeichnet sich bei einer kleineren Figur schon nach 2–3 Jahren ein erkennbarer Erfolg ab.
Der langsamwachsende Buchs (*Buxus sempervirens* 'Arborescens') stellt unsere Geduld schon auf eine härtere Probe. Größere grüne »Bauvorhaben« könnten durchaus zum Lebenswerk geraten. Gut Ding will eben Weile haben. Aber unschlagbar ist Buchs, was kleinere Proportionen angeht und fließende, abgerundete Formen. Die Zwergausgabe (*Buxus sempervirens* 'Suffruticosa') läßt sich zu reizenden

kleinen Heckchen (10 Stück pro laufenden Meter) schneiden.

Ganz besonders besticht Buchs durch seine absolute Anpassungsfähigkeit. Ihm ist jeder Boden recht, ob humos oder steinig. Und er fühlt sich in der Sonne genauso wohl wie im Schatten.

Spaß macht das Formieren auch mit dem schnell wachsenden Liguster (alle Sorten der Gattung *Ligustrum*). Wie es scheint, hat er nicht das geringste gegen unsere phantasievollen Spielereien einzuwenden. Geschickte »Pflanzen-Friseure« formen ihn zum Beispiel ohne weiteres zu einem Nest mit darin sitzendem Vogel – der allerdings im Winter seine grünen »Federn« verlieren wird, weil Liguster nicht richtig immergrün ist.

Mit Draht in Form – das »Innenleben« eines Pfaus aus Buchs

Auch Wacholder, Stechpalme, Weißdorn und Lorbeer erweisen sich als gutmütig genug, um in Form geschnitten zu werden – wenn auch nicht in allen Feinheiten.

Fix und fertig geformte Bäumchen gibt es zu kaufen. Aber nicht nur die kleinen Kunstwerke selbst, sondern auch die Preise sind sehr ansehnlich. Am billigsten sind, was zum Beispiel den Buchs angeht, noch die kleinen Kugeln und Kegel zu haben. Sie sind dann aber auch »nur« 4–5 Jahre alt. Ein kleiner Pfau hat schon etwa 8–10 Jahre geduldigen Wartens, Beschneidens und Anbindens hinter sich, bis schließlich auch noch der vorstehende Schnabel mit Blättchen gefüllt ist. Kugelbäumchen und Spiralen verlangen sogar 10–12 Jahre Zeit, bis sie endlich soweit sind um in den Verkauf zu kommen. Aber reizt es Sie nicht auch Ihr eigenes künstlerisches Talent unter Beweis zu stellen? Es müssen für den Anfang ja nicht gleich so phantastische Projekte sein, wie argloser Dackel mit drohender Katze im Gemüsebeet (ich habe in einem englischen Garten ihre Bekanntschaft gemacht). Auch die grünen Stühle für die Terrasse heben wir uns noch für später auf. Am besten beginnen wir erst einmal ganz bescheiden mit ein paar Buchskugeln im Blumenbeet, einer dekorativen Buchseinfassung für unser Küchengärtchen und wagen uns dann vielleicht schon an einen Etagenbaum oder an einen Pfau heran. Übrigens lassen sich kleinere grüne Kunstwerke auch ohne weiteres in Töpfen und Kübeln ziehen. Man darf nur das regelmäßige Gießen und Düngen nicht vergessen.

Am einfachsten kann man Figuren für den Garten mit Hilfe eines entsprechenden Drahtkörpers in Form bringen. Dazu besorgen Sie sich am besten verzinkten Eisendraht mit einer Stärke von etwa 3,5–4,0 mm, den man noch einigermaßen gut – durch Verwendung einer großen Zange – in Form biegen kann. Damit Ihr Werk auch tatsächlich stabil bleibt, sollten Sie die Verbindung möglichst löten. Und um

Das Formieren einer Buchsspirale verlangt schon ein wenig Geschick. Optische Hilfestellung beim Schneiden bringt ein breites Band, das man spiralförmig von der Pflanzenspitze nach unten wickelt.

Rost an den Schnittstellen vorzubeugen wird der fertige Drahtkörper schließlich noch mit einer Lackschicht überzogen. Manchmal ist es vorteilhaft, wenn man das Drahtgerüst zusätzlich mit Maschendraht – und zwar mit sogenanntem Sechseckgeflecht mit 25 mm Maschenweite (Kaninchendraht!) – verkleidet. Und einfache, kleinere Formen lassen sich sogar allein damit konstruieren. Den fertigen Drahtkörper stülpen Sie schließlich über die ausgewählte Pflanze und binden die einzelnen Triebe so gut wie möglich daran fest. Abstehende Zweiglein werden einfach mit hineinverwoben und Störendes zum Schluß abgeschnitten. Mit den nachwachsenden Trieben verfährt man immer wieder genauso – bis die Drahtform schließlich nicht mehr zu sehen ist.

Ohne weiteres könnten Sie die angefertigten Drahtkörper auch als Rankfiguren für Efeu verwenden. Kugeln und Spiralen sind hier ebenfalls sehr beliebte Formen. Bezaubernd wirken aber auch Phantasievögel in allen möglichen Varianten, die man zur Abwechslung sogar auf einen Stab oder eine Draht-Säule setzen könnte. Genausogut passen diese entzückenden Spielereien aber auch in etwas größere Tontöpfe.

Nun soll es ja Gartenfreunde geben, die der ständigen Schnippelei an den Pflanzen so gar nichts abgewinnen können, aber doch wiederum auf geformtes Grün im Garten auch nicht verzichten wollen. Für sie haben sich Mutter Natur und fleißige Züchter etwas ganz besonderes ausgedacht – nämlich Pflanzen, die sich ganz von selbst »in Form« halten. Sie wachsen exakt zu grünen Kugeln, Kegeln oder Säulen heran, ohne daß wir auch nur einen Finger zu rühren brauchen. Da wäre nun zum einen eine lange Liste von Koniferen mit ausgesprochen geometrischem Wuchs. Soll es vielleicht etwas Kegelförmiges sein? Dafür wären die Zuckerhutfichte (*Picea glauca* 'Conica') und ihre Zwergform 'Laurin' ausgesprochen gut geeignet. Und unter den Eiben, Scheinzypressen, Wacholdersträuchern und Thujen steht uns eine große Auswahl an säulenförmigen Varianten zur Wahl.

Es gibt aber auch hübsche, kleine Laubbäumchen, die nicht viel Platz brauchen, wenig Schatten werfen und ganz ohne unser Zutun dichte Kugelkronen bilden. Natürlich fällt uns hier als erstes die sogenannte Echte Kugelakazie ein, die aber in Wirklichkeit eine Robinie ist und auf den lateinischen Namen *Robinia pseudoacacia* 'Umbraculifera' hört. Eine nahe Verwandte, nämlich *Robinia pseudoacacia* 'Bessoniana' bildet eine mehr ovale Krone, die aber ebenfalls sehr dekorativ wirkt. Richtig kugelrund wächst schließlich auch noch ein Spitzahorn (*Acer platanoides* 'Globosum'). Nicht ganz um die Schneidearbeit herum kommt man beim Hagedorn *(Crataegus carrierei)* und beim Echten Rotdorn (*Crataegus laevigata* 'Paul's Scarlet'), sollen sie exakte Kugelformen bilden.

Schließlich gibt es sogar unter den Stauden einsichtige Pflanzen, die uns den Gefallen tun, ganz von selbst zu bemerkenswert schönen, lebenden Gartenornamenten heranzuwachsen. Eine alles überragende Rolle spielen dabei die Funkien *(Hosta)* mit ihrer beeindruckenden Fülle an Blattfarben und -formen. Und ebenso wenig vergessen dürfen wir das Kaukasusvergißmeinnicht *(Brunnera macrophylla)*, das uns nicht nur mit seinen strahlend blauen Blütensternchen begeistert, sondern auch noch obendrein mit hübschem herzförmigem Laub zu bestechen vermag.

Mit Buchs wird jeder Gartenbesitzer zum Künstler. Besonders raffiniert: die Mischung von grünen und goldfarbenen Tönen.

Romantische Gartenideen

Die meisten Hobby-Gärtner haben, was die Pflanzen angeht, viele verschiedene Vorlieben und Leidenschaften – aber eben leider nur einen Garten. Trotzdem ist nicht einzusehen, warum man nicht alle seine gärtnerischen Interessen unter einen Hut bringen sollte – oder wenigstens eine ganze Reihe davon.

Selbst in einem kleinen Garten lassen sich wechselnde Stimmungen und Bilder mit sehr unterschiedlichen Pflanzmöglichkeiten und einem ganz eigenen Charakter schaffen. Es ist hier dann eben alles nur um ein paar Nummern kleiner in Szene gesetzt: Ein in die Erde gesenkter Eimer wird zum Wassergarten, der voll von faszinierendem Leben steckt. Die dunkle Ecke gleich hinter dem Haus, wo kein Rasen wachsen will, bietet eine willkommene Gelegenheit mit schattenliebenden Blumen zu experimentieren und die sonnenheiße Terrasse ist parfümiert vom Aroma einer dekorativen Duftpflanzen-Sammlung. Gleich daneben breitet sich ein kleiner Kräutergarten aus, der die Küche mit Schnittlauch, Thymian und Boretsch beliefert und »obdachlosen« Wildbienen ein neues Zuhause bieten kann. Die Begeisterung für die »Königin der Blumen« findet schließlich in einer romantischen Rosenlaube Ausdruck und die paar Quadratmeter neben dem Hauseingang erweisen sich als wunderbare Gelegenheit »in Farben« zu gärtnern.

Wie immer man solch unterschiedliche Bereiche und Räume, die »Gärtchen im Garten« auch anlegt, eines haben sie auf alle Fälle gemeinsam: Weil es soviel zu sehen gibt und an jeder Ecke eine neue Überraschung wartet, lassen sie jedes Grundstück größer erscheinen, als es tatsächlich ist.

Wenn Sie selbst von solch abwechslungsreicher Gartenszenerie träumen, dann lassen Sie sich doch einmal von den folgenden Seiten inspirieren. Sie sind gefüllt mit phantasievollen »Rezepten« aller Art, die Sie ganz leicht in Ihrem Garten nachvollziehen können. Und die meisten davon wurden extra so ausgewählt, daß sie auch in kleinerem Maßstab ganz leicht durchführbar sind. Mit Hilfe von Pflanzenlisten und genauen Plänen wird die Verwirklichung der verschiedenen Ideen dann zum Kinderspiel.

Kräuterzauber

Fast hatten wir sie schon vergessen, die würzigen und heilsamen Kräuterschätze unserer Vorfahren. Ein paar Schnittlauchschöpfe und einige Reihen Petersilie für die Suppe waren die kläglichen Reste, die uns davon verblieben waren. Und vielleicht noch hier und da ein wenig Bohnenkraut und Dill. Das bißchen Grünzeug jedenfalls fand ganz leicht in irgendeiner Ecke des Gemüsegartens Platz.

Ein Loblied auf die Kräuter

Inzwischen aber haben wir wieder viele gute Gründe entdeckt, der aromatisch duftenden Kräutergesellschaft die Gartentore weit zu öffnen. Einer davon ist das wachsende Interesse an gesunder und ausgewogener Kost. Hinzu kommt aber auch die neuerwachte Begeisterung für raffinierte Kochkunst – bei der die zahlreichen Würz- und Salatkräuter stets eine wichtige Rolle spielen. Wachsen diese dann gleich ein paar Meter neben dem Kochtopf, steigert es das Kochvergnügen noch ganz erheblich. Denn die meisten Kräuter sind viel schmackhafter, wenn man sie direkt aus dem Garten frisch auf den Tisch bringt. Im Geschäft welken sie schon nach wenigen Stunden dahin und verlieren dabei ihre wichtigsten Inhaltsstoffe. Und was man gerade sucht, wird dann meistens sowieso nicht angeboten. Haben wir die Kräuterschätze dagegen gleich griffbereit vor der Küchentür, wird uns kein noch so originelles Rezept künftig in Verlegenheit bringen.

Auch was kleinere Wehwehchen und Unpäßlichkeiten betrifft, steht die sanfte Heilkraft der Kräuter wieder hoch im Kurs. Anstatt gleich mit »schweren Geschützen« aufzufahren, erinnern wir uns lieber wieder an Großmutters einfache, aber wirksame Hausmittel. Ob bei Schlaflosigkeit oder Magenverstimmung, ob bei Insektenstichen oder kleinen Verbrennungen und Schnittwunden – die eigene grüne Apotheke hat rund um die Uhr geöffnet und leistet wirksame »erste Hilfe«. Daß die Rezepte zum Teil schon uralte Weisheiten beinhalten, die sich sogar über Jahrhunderte hinweg bestens bewährt haben, macht sie für uns umso faszinierender, stacheln sie dabei doch auch unsere Neugier auf alte Traditionen und Bräuche an. Um jedes einzelne Kraut rankt sich eine Fülle von Überlieferungen – viele ernstzunehmende und auch solche voller Aberglauben. Es gibt wohl keine Pflanzengruppe, die so voll von Geschichte und Geschichten steckt, wie die Kräuter. Und auch wenn Sie nie auf die Idee kämen, einen Beifußzweig gegen den bösen Blick bei sich zu tragen, oder wenn Sie die Blüten der Ringelblume lieber im Garten bewundern, als sie zu einer heilsamen Salbe zu verarbeiten – allein die Tatsache, daß man es einst tat, wirkt – je nachdem – erheiternd oder faszinierend und ist damit ein Anreiz solche Pflanzen auch zu sammeln.

Vielleicht gehören Sie zu jenen Menschen, denen es Freude bereitet, etwas mit eigenen Händen anzufertigen. Dann könnten Sie einmal daran denken, die Wolle für Ihren nächsten Pullover selbst mit Kräutern aus dem Garten zu färben und sich dazu auf's Sammeln von Färbekräutern verlegen. Pflanzen, wie Färberwaid (Blau) und Färbermeister (Rot), Ringelblume, Rainfarn, Römische Kamille und Goldrute (Gelbtöne) ergeben unendlich viele zarte Farbvariationen. Allerdings ist eine reiche Ernte Voraussetzung. Denn etwa ein Pfund der Blätter, Blüten und Wurzeln ist nötig, um ebensoviel Wolle zu färben.

Experimentierfreudige Kräuterliebhaber können auch Spaß daran finden, Pflegemittel für Haut und Haare oder Badezusätze herzustellen. Oder sie komponieren feine Duftpotpourris aus würzigen Kräutern, die in kleinen Kissen und Säckchen geborgen, die Wäsche im Schrank zum Duften bringen oder – in offenen Schalen aufbewahrt – ein ganzes Zimmer mit ihrem Aroma erfüllen.

Aber auch, was die Rolle der Kräuter im Garten betrifft, haben wir allen Grund ein Loblied auf sie zu singen. Sie gehören zu den am einfachsten zu ziehenden Gartenbewohnern. Schwierigkeiten mit Schädlingen gibt es für sie kaum. Viele werden durch ihren »Schutzpelz« auf Blättern und Stengeln zum »haarigen« Problem für potentielle Plagegeister. Auch ihre natürlichen Inhaltsstoffe – wie ätherische Öle, Saponine, Bitter- und Gerbstoffe – verderben ihren nimmersatten Kontrahenten gehörig den Appetit. Damit sorgen die trickreichen Gewächse sogar noch für das Wohlergehen ihrer empfindlicheren Nachbarn. Blattläuse auf Rosen suchen zum Beispiel das Weite, sobald Lavendel in der Nähe seinen Duft verbreitet. Deshalb sind auch Jauchen, Brühen und Tees aus Kräutern für die sanfte Schädlingsabwehr im Garten so beliebt.

Kräuter sind keine »Mauerblümchen«. Sie warten sogar mit ausgesprochenen Schönheiten auf. Die hellrosafarbenen Kugelblüten des Schnittlauchs zum Beispiel sind eine Zierde für jeden Blumenstrauß und an den getrockneten Blütenkerzen des Lavendels haben wir sogar im Winter noch

unsere Freude. Das in der Pflanzenwelt so seltene, intensive Blau strahlen die Blütensterne des Boretsch aus den Beeten und die gelben Blütenknöpfe des Heiligenkrauts stehen ihnen an Leuchtkraft in nichts nach. Damit nicht genug, versetzen uns die meisten Kräuter auch noch mit ihrem ausgesprochen attraktiven Blattwerk in Begeisterung. Die nuancenreichen Grün-, Silber-, Gelb-, Blau- und Purpurtöne lassen sich zu hinreißenden Kompositionen vermischen. Faszinierende, unterschiedliche Formen – vom filigranen Dill bis hin zu den derben, bis zu einen Meter langen Blättern des Meerrettichs kommen noch dazu. Und dann erst der wunderbare Duft, den die Kräuter so freigiebig verströmen! Ganze Wolken davon steigen auf, sobald man sie nur ein wenig berührt und es entsteht ein Paradies der Wohlgerüche. Kein Wunder also, wenn bei dieser Fülle von Vorzügen die Sammelleidenschaft mit uns durchgeht. Und am Ende platzt der Gemüsegarten aus allen Nähten. Wohin bloß mit all den gehorteten Kräuterschätzen?

Ein eigenes Fleckchen Erde, abseits von der üppigen Pracht der Blumenrabatten, wäre sicher das beste. Und wie man solch einen Kräutergarten gestaltet, dafür gibt es viele attraktive Möglichkeiten. In der Liste auf Seite 155 finden Sie die passenden Pflanzen dazu.

Für Leute mit Spaß an kniffliger »grüner Geometrie«: ein Knotengarten. Nur auf den ersten Blick geht's hier drunter und drüber – doch tatsächlich hat alles seine schönste Ordnung. Für die kompliziert verschlungenen Bandornamente eignen sich Einfassungsbuchs, Gamander, Lavendel, Heiligenkraut und – in wärmeren Lagen – auch Currykraut.

Üppige Kräutergeometrie

Grundsätzlich kennt man zwei Typen von Kräutergärten: Jene, die den Eindruck völlig zwanglosen, üppigen Wachstums vermitteln und andere, die die wuchernde Kräuterpracht mit »grüner Geometrie« optisch im Zaume halten. Der Grundriß eines solchen Kräutergärtchens folgt festen Regeln. Pfade und Beete dringen auf Ordnung und Strenge, indem sie exakte rechte Winkel, Dreiecke, Kreise und regelmäßige Bögen bilden. Akurate Beeteinfassungen aus Steinen, Hölzern und streng geschnittenen Buchs- oder Kräuterbordüren und die zu grünen Kugeln, Würfeln und Pyramiden geformten Sträucher und kleine Bäumchen helfen, diesen Eindruck noch zu verstärken.

Meist ordnet sich alles symmetrisch um den Gartenmittelpunkt, der in der Regel noch optisch betont wird – vielleicht durch eine Sonnenuhr, eine hübsche Pflanzschale, einen ornamentalen Springbrunnen oder eine Statue. Die kaum zu bändigende Fülle der Kräuter übernimmt den Gegenpart und sorgt so für ein entzückendes Wechselspiel zwischen Symmetrie und Asymmetrie, zwischen wuchernder Zwanglosigkeit und strenger Ordnung.

Über solch einem Gärtchen liegt stets ein nostalgischer Hauch. Erinnert es uns doch an die frühmittelalterlichen Klostergärten mit ihrer bezaubernden Atmosphäre von Frieden und Abgeschiedenheit. Diese einfachen, funktionalen Arzneigärtchen – die grüne Apotheke der Mönche – waren auch tatsächlich Vorbild für all die ornamentalen Kräutergärten, die im Lauf der Jahrhunderte entstanden sind.

Übrigens hatte man damals noch eine ganz andere Vorstellung, was unter »Heilpflanze« zu verstehen ist. Rosen und Päonien, Madonnenlilien, Iris und viele andere Blumen, die heute unsere Rabatten nur noch zieren, waren einst tatsächlich für Heilzwecke sehr begehrt und leisteten auch gute Dienste.

Wenn Sie zu den Gartenfreunden gehören, die eine stille Vorliebe für jene, liebenswert altmodischen, streng geformten Kräutergärtchen hegen, dann könnten Ihnen die folgenden Vorschläge gefallen. Vielleicht finden Sie ja in Ihrem Garten einen Platz dafür.

Kräuterrabatte im Kreuzstichmuster

Für alle, die nur wenig Platz im Garten erübrigen können, ist eine solche Kräuterrabatte genau das Richtige. Sie könnte zum Beispiel gleich direkt an die Terrasse angrenzen und dort nicht nur Ihren Augen, sondern gleichzeitig auch der Nase Vergnügen bereiten, während Sie gemütlich im Liegestuhl sitzen. Und um nun das Angenehme auch gleich noch mit dem Nützlichen zu verbinden: von der Terrasse bis zum Kochtopf in der Küche sind es bloß ein paar Meter. Aber natürlich wäre ein Stück geraden Weges ebenso geeignet, um unsere kräuterduftende »Stickerei« daran angrenzen zu lassen.

Die Länge der Rabatte hängt ganz von Ihrem Bedarf ab. Auch die Breite kann, je nach Platzangebot, variieren. Damit Sie das Beet aber einigermaßen bequem bearbeiten können und auch die Ernte ohne akrobatische Einlagen möglich ist, sollte es nicht breiter als 250 cm sein, allerdings auch nicht schmäler als 120 cm, damit es nicht zu »mickrig« wirkt.

Mit Hilfe von rautenförmig gepflanzten Buchsbordüren wird nun die Rabatte dekorativ unterteilt. Die Heckchen sollten nicht höher als 10–15 cm wachsen und brauchen deshalb zweimal jährlich einen strengen Schnitt. Deutlich höher hinaus dürfen dagegen die Buchs-Würfel, die die Eckpunkte der Rauten kennzeichnen sollen. Und am Anfang und Ende des »Kreuzstich- Musters« stehen jeweils zwei oben abgerundete Buchssäulen. Hübsch

Durch die strenggeschnittene Buchseinfassung erhält die Kräuterrabatte Konturen und bleibt dauerhaft »gut in Form«.

wirken auch kugelrund geformte Liguster-Bäumchen.

Die Küchenkräuter, die Sie bevorzugen, könnten Sie gleich in größeren Mengen ziehen und dazu für jede Art ein eigenes Buchsdreieck oder eine Rautenhälfte vorsehen. Ebenso für das besonders wuchsfreudige Grün – wie Fenchel, Liebstöckel, Wermut, Estragon und Salbei. Die anderen pflanzen Sie einfach zusammen: hohe Kräuter nach innen und die niedrigen außen herum. Am Rand der Rabatte erhalten die würzigen »Zwerge« einen Platz, die wie der Thymian und die Römische Kamille nur ein paar Zentimeter hoch wachsen und im allgemeinen »Gedrängel« auf der Rabatte bald ins Hintertreffen geraten würden. Vielleicht finden wir schließlich sogar noch ein paar freie Eckchen um einige dekorative Blumen dazwischenzustreuen, die wie Ringelblume, Fingerhut (giftig!), Moschusmalve, Monarde und Frauenmantel zwar über Heilkräfte verfügen, aber heutzutage im Garten eher als dekorative Blumen geschätzt werden.

Kräutersymphonie im Halbrund

Welch bezaubernde Ideen sich auf nur wenigen Quadratmetern verwirklichen lassen, beweisen die folgenden beiden – erstaunlich unterschiedlichen – Variationen zum Thema »Kräutergarten im Halbrund«. So hatten die glücklichen Besitzer natürlich auch allen Grund den Kräutersegen gleich unmittelbar an einen Sitzbereich angrenzen zu lassen.

Wie ein ausgebreiteter, grüner Fächer – mit einem reizenden Blumenmuster dekoriert – so liegt das erste Gärtchen duftend in der Sonne. Viele würzige Kräuter zeugen von seiner Nützlichkeit. Aber auch die

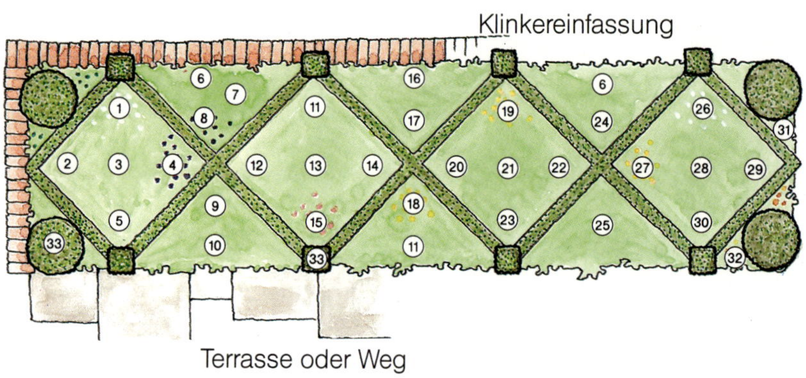

1 Mutterkraut
2 Ysop
3 Fenchel
4 Lavendel
5 Dost
6 Schnittlauch
7 Knoblauch
8 Iris
9 Zitronenmelisse
10 Thymian
11 Kamille
12 Bohnenkraut
13 Salbei
14 Boretsch
15 Moschusmalve
16 Petersilie
17 Engelwurz
18 Rudbeckie
19 Schafgarbe
20 Pimpinelle
21 Eibisch
22 Baldrian
23 Beinwell
24 Liebstöckl
25 Minze
26 Madonnenlilie
27 Königskerze
28 Eberraute
29 Estragon
30 Weinraute
31 Dill
32 Ringelblume
33 Buchs

Nützlich und schön zugleich – so könnte Ihre Kräuterrabatte im »Kreuzstichmuster« aussehen.

Links: Heilkräftige Blumen tupfen Farbe in dieses Kräutergärtchen. Den Mittelpunkt bildet eine hübsch »altmodische« Sonnenuhr.

Der Kräutergarten im Bild unten zeigt sich dagegen in vollendeter grüner Harmonie.

Blumen kommen nicht zu kurz. Wie zufällig dazwischengestreut leuchten die Blüten von Madonnenlilie, Mutterkraut, Nachtkerze, Iris, Moschusmalve und »alten« Rosen aus dem üppigen Grün und Silbergrau hervor. Was den Duft angeht, stehen einige von ihnen den Kräutern in nichts nach.

All die Pflanzen zusammen stecken so voller Überschwang und Vitalität, daß das winzige Gärtchen schier aus den Nähten zu platzen droht. Und die schnurgeraden, schmalen Pfade mit dem akuraten Klinkerbelag haben sichtlich Mühe, die üppig wuchernde Fülle zu fassen. Kräuter und Blumen neigen sich vorwitzig von den Beeten aus weit herüber und verströmen bereitwillig ganze Wolken himmlischer Düfte, wenn sie ein Fuß im Vorübergehen berührt oder auch nur ein Rocksaum streift.

Für ein wenig zusätzliche Ordnung und Strenge soll eine Lavendelhecke (*Lavandula angustifolia* 'Hidcote Blue') sorgen. Im eleganten Silbergrau der Blätter und mit einer Flut von tiefvioletten Blütenähren, erfüllt sie ihre Aufgabe auf so anmutige Weise, daß darüber nicht nur die Bienen ins Schwärmen geraten.

Als bezaubernder Blickfang, und um dem Gärtchen die nötige Höhe zu geben, wurde in seinem Zentrum eine Sonnenuhr aufgestellt. Ein wirklich treffend gewähltes »Wahrzeichen« für die sonnenhungrige Kräutergesellschaft auf den Beeten!

Auch beim zweiten Gärtchen drängen sich die grünen Bewohner ins wärmende Licht. Aber der daran angrenzende Sitzplatz liegt im Schatten, weil ein Walnußbaum seine dekorativen Zweige darüber breitet. Blickt man nun, im ruhigen Dämmer sitzend, auf die kleine Anlage, ergibt sich ein entzükkendes Bild: Gegen den Hintergrund einer dunkelgrünen Eibenhecke, die das Gärtchen umgibt, wirken die Kräuter selbst wie mit Licht übergossen. Auf bunte Blumen wurde bewußt verzichtet. Statt dessen findet auf den Beeten ein rauschendes Fest der Grüntöne und Blattkontraste statt. Hinreißend schön sind zum Beispiel die duftigfeinen Blattschleier des Fenchels in bläulichem Grün. Mehr gelblich wirkt dagegen das gezähnte, deutlich strukturierte Laub der Zitronenmelisse. Einen saftig hellgrünen Ton steuert die Engelwurz bei und durch ihren riesenhaften Wuchs ist sie eine besonders imposante Erscheinung – vor allem, wenn sie im Juli ihre honigduftenden Blütendolden öffnet. Und sogar die sonst eher derb aussehenden, meterlangen Blätter des Meerrettichs wirken – im Gegenlicht betrachtet – plötzlich

spektakulär. Die Buchskugeln im Vordergrund steuern einen glänzenden Grünton bei und bilden mit ihrer strengen Form einen faszinierenden Kontrast zum üppigen Gewucher dahinter. Alle Pflanzen zusammen wurden auf fünf kleine Beete verteilt. Sie sind wie »Tortenstücke« geformt und im Halbkreis um ein kleines, mit Flußkieseln gepflastertes Rondell angeordnet, in dessen Mittelpunkt eine Bronzefigur Aufmerksamkeit erregt. Auch die schmalen Pfade zwischen den einzelnen Beeten wurden mit Flußkieseln belegt und ermöglichen so eine bequeme Ernte der duftenden Kräuter. Alles in allem ein Kräutergärtchen in vollkommener grüner Harmonie!

Wildromantische Kräutergärten

Lassen Sie sich nur nicht davon täuschen: Auch die scheinbar zwanglose Üppigkeit eines freigestalteten Kräutergärtchens, wo die würzigen Gewächse in einer lockeren, recht natürlich wirkenden Anordnung miteinander und durcheinander wachsen, bedarf sorgfältiger Überlegungen. Soll nämlich nicht in Kürze alles außer Rand und Band geraten, muß hier mit ebensoviel Ordnungssinn gepflanzt werden, wie in den ornamental gestalteten Anlagen. Am besten achten Sie – wie bei

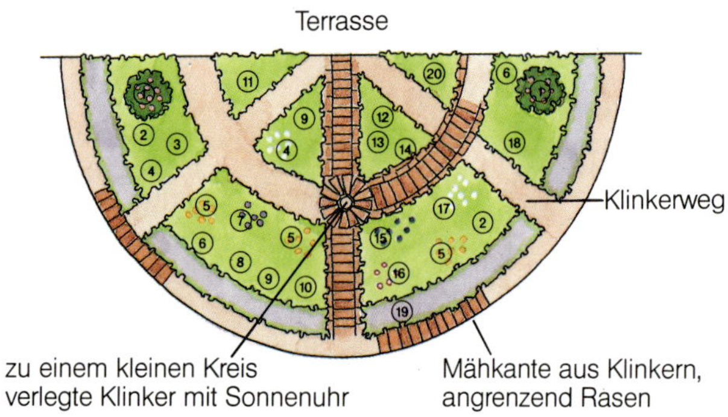

① Alte Rose
② Eberraute
③ Dill
④ Mutterkraut
⑤ Nachtkerze
⑥ Boretsch
⑦ Salbei
⑧ Estragon
⑨ Minze
⑩ Bohnenkraut
⑪ Schnittlauch
⑫ Ysop
⑬ Majoran
⑭ Kamille
⑮ Iris
⑯ Moschusmalve
⑰ Madonnenlilie
⑱ Liebstöckl
⑲ Lavendelhecke
⑳ Petersilie

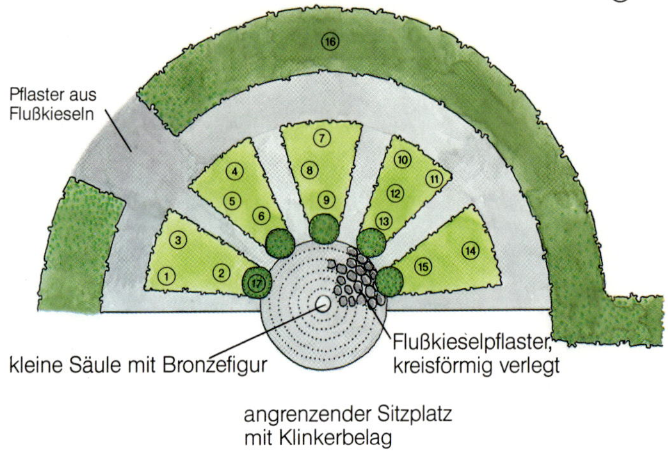

① Estragon
② Schnittlauch
③ Salbei
④ Fenchel
⑤ Boretsch
⑥ Bohnenkraut
⑦ Liebstöckl
⑧ Zitronenmelisse
⑨ Petersilie
⑩ Dill
⑪ Eberraute
⑫ Ysop
⑬ Thymian
⑭ Engelwurz
⑮ Meerrettich
⑯ Eibenhecke, geschnitten
⑰ Buchskugeln

Auch die scheinbar zwanglose Üppigkeit bedarf sorgfältiger Überlegung – damit die buntgemischte Kräuter-Gesellschaft nicht außer Rand und Band gerät.

der Blumenrabatte – auf einen in etwa stufenartigen Aufbau der Anpflanzung. Kräuter wie Liebstöckel, Engelwurz, Alant und Beinwell, die alle »hoch hinaus« möchten, sollten unbedingt Plätze auf den »hinteren Rängen« erhalten. Handelt es sich um einen größeren Garten, gruppiert man sie am besten außenherum, während »Zwerge« wie Quendel, Portulak und Römische Kamille, mehr nach innen plaziert werden. Auf der Kräuterrabatte holt man die »Kleinen« natürlich ganz nach vorne.

Weil die würzigen Gewächse alle relativ dicht zusammenstehen, rücken wir die besonders wilden »Wucherer« am besten mehr an den Rand des Geschehens und halten fortan ein strenges Auge auf sie, damit sie nicht ihre bescheideneren Nachbarn hoffnungslos unterdrücken.

Sofern es sich nicht gerade um so dominierende Gewächse wie etwa Kermesbeere oder Artischocke handelt, die auch als Einzelpflanze ausgesprochen imponierende

Erscheinungen sind, sollten Sie immer gleich mehrere Pflanzen einer Art zusammensetzen. Samen, wie Dill und Kerbel werden breitwürfig ausgestreut.

Wirkungsvoll ist es auch, immer wieder kleinere Gruppen von Pflanzen zu bilden, die in Farbe oder Wuchsform harmonieren. So könnten Sie einige graublättrige Kräuter, wie Salbei, Lavendel, Heiligenkraut und Eberraute zusammenpflanzen. Auch eine Artischocke würde gut dazupassen. Für hübschen Purpurglanz im Kräutergärtchen sorgen Fenchel (*Foeniculum vulgare* 'Purpureum'), Basilikum der Sorte 'Opal' und wiederum Salbei, diesmal die Sorte 'Purpurascens'. Und wenn Sie einige besondere Pflanzen in wiederkehrendem Rhythmus innerhalb des Gärtchens verteilen, dann wirken diese wie optische Leitmotive, die so für Harmonie sorgen.

Damit sich aber Harmonie und Ordnungsstreben nicht etwa in Monotonie verkehren, sollten Sie hin und wieder mit Hilfe von dekorativen Blattkontrasten für die nötige optische »Würze« sorgen. So könnten Sie zum Beispiel Fenchel mit seinen spitzentuchfeinen Fiederblättern zum Alant gesellen, dessen eiförmige Blätter immerhin bis zu einem halben Meter lang werden.

Vergessen Sie auch nicht reichlich Trittplatten zwischen den Kräutern auszulegen. Damit Sie die Kräuterrabatte mühelos pflegen können und die Ernte ein Kinderspiel bleibt. Möchten Sie die Anlage lieber größer gestalten, sollten Sie sie mit ein paar schmalen, wie zufällig wirkenden »Trampelpfaden« durchziehen. Bruchsteinplatten wären hier als Belag besonders passend, zumal die Wegränder dann so schön unregelmäßig verlaufen.

Die Kräuterterrasse

Die meisten Kräuter lieben es sonnig und warm. Wir aber auch. Und deshalb ist – gerade, was die kleinen Gärten angeht – der schönste »Platz an der Sonne« meist schon an uns vergeben. Hübsch gepflastert und mit Sitzmöbeln versehen, wird er zur Terrasse erklärt und die Kräuter haben das Nachsehen. Aber wäre es nicht eine wirklich gute Idee, den vorhandenen Raum mit ihnen zu teilen und damit eine Art »Symbiose« einzugehen, von der alle Beteiligten profitieren? Denn auch die Kräuter lieben gepflasterte, oder mit Kies bedeckte Flächen, die sich rasch erwärmen und einen guten Wasserabzug garantieren. Und wir? Anstatt wie bisher auf einer langweiligen »Plattenwüste« zu sitzen, wären wir dann von dekorativen Kräutern umgeben, die uns obendrein mit einem Potpourri aromatischer Düfte verwöhnen würden. Und die Ernte der würzigen Gewächse könnte, gemütlich und bequem, schon beinahe vom Liegestuhl aus erfolgen.

Natürlich müssen wir zunächst einmal einen zusammenhängenden, gepflasterten Sitzbereich einplanen. Er sollte so großzügig bemessen sein, daß man auch Besuch problemlos dort unterbringen kann.

Als Belag wären Natursteinplatten hübsch – am besten mit unterschiedlichem Format. Selbstverständlich sind aber auch Platten aus Kunststein gut geeignet. Um das Ganze noch ein wenig aufzulockern,

Durch die Kräuterterrasse sind langweilige »Plattenwüsten« passé. Würzige Kräuter und dekorative Heilpflanzen verschönern den Aufenthalt und bringen frischen Wind in die Küche.

könnte man hin und wieder kleinere, mit Granitpflastersteinen belegte Flächen einschieben.
Solch ein gepflasterter Bereich verlockt natürlich dazu, alle möglichen Kübel- und Topfpflanzen aufzustellen. Lilien, Geranien, Buschmargeriten, Oleander und viele andere könnten dort Platz finden und natürlich auch Kräuter, die wie Rosmarin und Lorbeerstrauch, wegen ihrer Kälteempfindlichkeit ebenfalls zu den Topfbewohnern gehören, damit man sie vor dem Frost in Sicherheit bringen kann.
An diese große, zusammenhängende Pflasterfläche schließt sich nun eine Art »Wegelabyrinth« an, das sich dekorativ zwischen unterschiedlich großen Pflanzenquartieren hindurchwindet. Manchmal weitet es sich zu einem kleinen Platz, wo man sogar einen Liegestuhl aufstellen könnte, um sich dann wiederum so zu verengen, daß man gerade noch bequem zu gehen vermag. Dadurch entstehen überall neue überraschende Ausblicke und eindrucksvolle kleine Bilder. Denn von keiner Stelle aus ist die Kräuterterrasse ganz zu überblicken und so entwickelt sich Ihr Erkundungsgang zu einem aufregenden Gartenabenteuer.
Manches kleine Beet wird vielleicht ganz von einer einzigen Pflanzenart besetzt sein, ein anderes – besonders, wenn mehr Platz vorhanden ist – auch wieder von einer kunterbunten Mischung. Das hängt ganz davon ab, welche Pflanzen Sie in der Küche bevorzugen. Erfahrungsgemäß werden Sie sicher eine ganze Menge Schnittlauch und Petersilie brauchen können, während wahrscheinlich schon eine einzige Zitronenmelisse genügend frische Blätter liefert. Wenn Sie natürlich, wie ich, gerne Salbei, Boretsch, Eberraute und andere duftende Kräuter für üppige Blumensträuße schneiden, sollten Sie auch das bei der Planung Ihrer Kräuterterrasse berücksichtigen.
Damit sie wirklich das ganze Jahr über einen schönen Anblick bietet, wäre es gut auch ein paar dekorative Heilpflanzen, wie Königskerze, Madonnenlilie, Iris, Mutterkraut, Frauenmantel, Päonien und Strauchrosen dazwischen zu pflanzen. Denken Sie auch an Frühjahrsblüher, wobei die Christrose nicht fehlen sollte. Vielleicht stellen Sie sogar auch auf den Wegen zusätzlich hin und wieder einen hübschen Topf aus Terrakotta auf und lassen Katzenminze und Kapuzinerkresse darin wuchern. Das würde Ihrer Kräuterterrasse eine herrlich südländische Atmosphäre verleihen. Und vergessen Sie nicht in den Pflasterfugen viele kleine, unempfindliche Kräuter wurzeln zu lassen.

Kräuterterrasse

1. Weiße Strauchrose
2. Fingerhut
3. Kermesbeere
4. Nachtkerze
5. Purpurblättriger Fenchel
6. Königskerze
7. Salbei
8. Artischocke
9. Alant
10. Eibisch
11. Sauerampfer
12. Boretsch
13. Majoran
14. Petersilie
15. Eberraute
16. Ringelblume
17. Topf mit Lilien
18. Pflasterfugen mit Thymian und Römischer Kamille
19. Lavendel
20. Heiligenkraut
21. Basilikum
22. Weinraute
23. Salbei
24. Frauenmantel
25. Engelwurz
26. Topf mit Kapuzinerkresse
27. Grüner Fenchel
28. Beinwell
29. Süßdolde
30. Mutterkraut
31. Beifuß
32. Zitronenmelisse
33. Monarde
34. Baldrian
35. Estragon
36. Paeonie
37. Schnittlauch
38. Ysop
39. Strauchrose
40. Iris
41. Rosmarin und andere Topfpflanzen
42. Lorbeerbäumchen
43. Kletterrose 'New Dawn'

Auf kleinstem Raum ist hier versammelt, was eines Hobby-Kochs Herz begehrt. Pflege und Ernte werden zum Kinderspiel.

Kräutergärtchen im Hochsitz

Mehr aus der Not geboren wurde diese schlichte, aber bezaubernde Komposition eines Kräutergärtchens. In seine erhöhte Position kam es, weil Jagdhund »Hobbit« seine Leidenschaft für würzigen Salbei und duftende Zitronenmelisse entdeckte und dort mit schöner Regelmäßigkeit und Ausdauer sein Bein hob. Die Pflanzen und ihre Besitzerin, eine leidenschaftliche Hobby-Köchin, nahmen dies natürlich sehr übel und so wurde das Mini-Gärtchen kurzerhand außer Reichweite gehoben. Eine Einfassung aus dicken Brettern – die natürlich nur mit einem ungiftigen Holzschutzmittel behandelt werden dürfen – verhütet nun das Schlimmste und rückt das niedliche Gärtchen direkt ins Blickfeld der Küche. Wenn dann die aromatischen Düfte durchs geöffnete Fenster wehen, sind sie wohl die allerbeste Inspiration für neue Feinschmecker-Kreationen.

Unglaublich was in diesem winzigen Garten alles Platz findet. Allerdings hat seine Besitzerin auch zu einem bewährten gärtnerischen Trick gegriffen und Liebstöckel, Beinwell und Zitronenmelisse in Töpfen ohne Boden in die Erde gesenkt. Das hält die Wuchsfreudigkeit dieser Kräuter in akzeptablen Grenzen und erlaubt Boretsch, Kerbel, Dill und sogar Pflücksalat, sich selbst auszusäen und jedes Jahr von neuem Fuß zu fassen. Und ein paar kleine Blümchen sorgen – bei all der geballten Nützlichkeit – für die fröhliche Note.

Natürlich erleichtert die erhöhte Position des Mini-Gärtchens auch die Pflege des Kräutersegens. Sogar bei Rückenproblemen macht hier das Gärtnern noch Spaß. Auch die Kräuter fühlen sich »im Hochsitz« wohl, denn für ausreichenden Wasserabzug ist gesorgt. Und sie könnten auf diese Weise sogar in Gärten gedeihen, wo man sonst – wegen besonders ungünstiger Bodenverhältnisse – womöglich auf sie verzichten müßte.

Wenn Sie möchten, könnten Sie anstatt der weniger haltbaren, aber dafür leicht austauschbaren Bretterumrahmung, auch ein Ziegelmäuerchen wählen. Oder Sie umschließen die Kräuter mit einer Trokkenmauer und pflanzen Quendel, Salbei und Heiligenkraut in die Fugen. Übrigens waren solch kastenförmige Mini-Gärtchen offenbar schon im Mittelalter sehr beliebt, wie eine Reihe von Darstellungen beweist. Was die Zukunft angeht, sind die Aussichten für unser kleines Kräuteridyll wohl ebenso rosig – findet es doch auch auf kleinstem Raum noch genügend Platz.

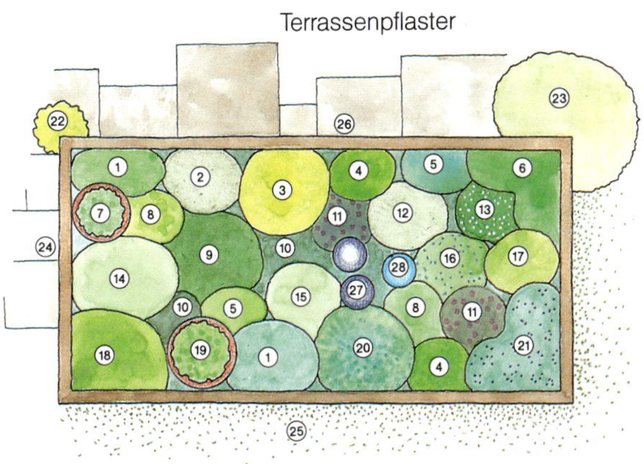

1. Beinwell
2. Sauerampfer
3. Eberraute
4. Schnittlauch
5. Kerbel
6. Winterbohnenkraut
7. Melisse im Topf, in den Boden gesenkt
8. Knoblauch
9. Pflücksalat
10. Boretsch
11. Lichtnelke
12. Oregano
13. Mutterkraut
14. Liebstöckl
15. Königskerze
16. Ysop
17. Rosmarin
18. Beifuß
19. Minze, im Topf, in den Boden gesenkt
20. Salbei
21. Thymian
22. Frauenmantel
23. Kermesbeere
24. Lerchensporn, in den Ritzen zwischen Beet und Pflaster
25. Rasen
26. Monatserdbeeren, zwischen den Brettern auf halber Höhe
27. Gartenkugel aus Glas in Lila
28. Glaskugeln in Hellblau

Das dekorative Küchengärtchen

Daß man mit selbstgezogenem Gemüse Geld sparen könnte, entpuppt sich leider schnell als pure Illusion. Rechnet man einmal alle Ausgaben – von der Samentüte, über Gartengeräte bis zum Folientunnel – und natürlich auch den zeitlichen Aufwand am Ende der Saison zusammen. Und dennoch sind all die begeisterten Gemüsegärtner fest davon überzeugt, daß Geld, Zeit und Energie bestens angelegt sind. Denn: Wer selbst Gemüse anbaut, bringt es absolut frisch auf den Tisch. Geerntet wird schließlich erst, wenn man tatsächlich etwas braucht und vom Beet bis zum Kochtopf sind es dann bloß noch ein paar Meter. Während schnellverderbliches Obst und Gemüse in der Regel noch »grün« auf den Markt kommen und dadurch Geschmack und Aroma auf der Strecke bleiben, darf im eigenen Garten alles bis zuletzt ausreifen. Wer noch dazu Wert darauf legt, daß das Gemüse möglichst frei von Chemikalien ist, für den empfiehlt es sich ganz besonders an Marke »Eigenbau« zu denken.

Vielleicht ist Ihr Garten nicht groß genug, um gleich kühne Träume von Selbstversorgung zu verwirklichen. Bei einem Vier-Personen-Haushalt wären dafür – einschließlich Beerenobst – immerhin 250 m^2 nötig. Das ist mehr, als mancher Reihenhausbesitzer oft insgesamt sein Eigen nennt. Aber schon im kleinsten Beet bietet sich Platz für persönliche Vorlieben und seltene Delikatessen, die man nicht so einfach kaufen kann.

Weil die meisten Gemüse- und Salatpflanzen einjährig sind, bringen sie auch schnellen Erfolg. Vom Pflanzen des Setzlings bis zur Ernte eines knackigen Salatkopfs vergehen etwa 6 Wochen und schon nach zwei Monaten Wartezeit lassen sich die ersten zuckersüßen Erbsenschoten

Unterschiedliche Blattstrukturen und kontrastreiche Farben machen diesen Küchengarten zum Augenschmaus. Besonders raffiniert: die Wände aus gelbbunten Blättern von *Acer platanoides* 'Drummondii'.

① Stachelbeerhochstämmchen mit Lavendel unterpflanzt
② Lauch und Boretsch
③ Kohlrabi
④ Kartoffeln
⑤ Erdbeeren, Einfassung: Petersilie
⑥ Apfel (pokalförmig gezogen)
⑦ Pflücksalat
⑧ Roter Brokkoli
⑨ Kopfsalat, Einfassung: Petersilie
⑩ Dicke Bohnen
⑪ Weißkohl
⑫ Erbsen
⑬ Pastinak, Kohlrabi, Mohn, Waldmeister
⑭ Tomaten u. Sonnenblumen
⑮ Zucchini
⑯ Rosenkohl
⑰ Bartnelken, Nachtkerzen, Mohn, Königskerzen
⑱ Salbei, Stockrosen, Mohn, Akelei
⑲ Kleine Gartenlaube mit Goldhopfen
⑳ Kohl, Zierkohl, Pflücksalat, um Henkeltopf gruppiert
㉑ Pflücksalat
㉒ Hochstammrosen 'Little White Pet' – mit Lavendel unterpflanzt (Buchskugeln an den Eckpunkten)
㉓ Stangenbohnen und Buschbohnen
㉔ Erbsen
㉕ Grünkohl
㉖ kleine Gartenlaube mit Wildem Wein
㉗ Salbei, Malven, Nachtkerzen, Stockrosen
㉘ Spalierobst
㉙ Laubengang, mit Bohnen- und Gurken bewachsen, dazu Rudbeckien und Sonnenblumen
㉚ Buschbohnen
㉛ Rosenkohl
㉜ Buschbohnen, Lauch, Einfassung: Erdbeeren
㉝ Stangenbohnen – umpflanzt mit Lauch und Kopfsalat
㉞ Erbsen, Buschbohnen
㉟ Artischocken
㊱ Eissalat und Lauch
㊲ Karotten und Pflücksalat

Ein Küchengarten nach klassischem Vorbild

pflücken. Der Kresse schließlich kann man beim Wachsen ohnehin fast zusehen. Ein Nutzgarten ist somit genau das richtige für die Ungeduldigen unter uns, die möglichst schnell das Resultat ihrer Mühen genießen möchten.
Natürlich eignet sich dieser Gartentyp auch ganz besonders für Gartenneulinge. Denn Fehler haben nur geringe Folgen – ein neues Samentütchen ist schnell gekauft. Und am Ende des Gartenjahres merzt der erste Frost ohnehin all die gärtnerischen »Untaten« wieder aus und schafft Platz für ein neues Gartenglück im nächsten Jahr. Und doch – trotz all der unbestreitbaren Vorzüge möchten die meisten Gartenfreunde ihren Nutzgarten möglichst nicht vor Augen haben. Er muß sich mit einem Platz auf den hinteren Rängen begnügen. Auch wenn man dann für einen Bund Petersilie einen halben Tagesmarsch unternehmen muß. Warum eigentlich? Wäre es nicht sehr viel praktischer, wenn Obst und Gemüse gleich in Hausnähe reifen würden? Es wird allerhöchste Zeit, daß wir wiederentdecken, was die Mönche des frühen Mittelalters längst erkannt hatten: Es gibt wohl wenig, was dem Gärtnerauge mehr schmeichelt als üppige und zugleich ordentliche Gemüsereihen. »Hier grünen die hübsch aufwachsenden Gemüsepflanzen«, hat der Mönch, der im Jahre 816 den berühmten St. Gallener Klosterplan entwarf, seiner Darstellung des Gemüsegartens beigefügt. Und tatsächlich – sind sie etwa nicht dekorativ, die fein gerüschten Salate, die kraftstrotzenden Kohlköpfe und anmutig rankenden Feuerbohnen in voller Blüte? Ergeben sich nicht die schönsten Muster, wenn Möhren mit zierlich gefiedertem, Laub in hellem, saftigem Grün in enger Nachbarschaft mit den dunkelgrünen Blattschäften des Lauchs zusammenstehen? Und die zarten Blattschleier des Gemüsefenchels, die in einem merkwürdigen Gegensatz zu den massigen Blattscheiden stehen, würden garantiert sogar einem Blumenbeet alle Ehre machen. Ohne weiteres könnte man auch die imposante Artischocke mit ihren faszinierenden silbergrauen Blättern dazugesellen.
Wie schön Gemüse und Salate wirklich sein können, zeigt uns auf beeindruckende Weise – nach seiner Restaurierung – der berühmte Gemüsegarten im französischen Villandry. Er ist zu einer Zeit entstanden – nämlich im 16. Jahrhundert – als gerade zahlreiche Nutzpflanzen aus aller Herren Länder nach Europa gelangten. Verständlich, daß man diese Pflanzenschätze eifersüchtig hütete und sie auch sonst ständig vor Augen haben wollte, um zu sehen, wie sie sich an Boden und Klima gewöhnten. Es war also gar keine Frage, den Nutzgarten gleich beim Schloß anzulegen. Dazu mußte er natürlich möglichst dekorativ wirken. Und so kam es, daß die im Stile einer prächtigen Schloßanlage geformten Beete nicht etwa Blumen bergen – so wie wir es heute erwarten würden – sondern Kohl, Salate, Bohnen und Tomaten.
Seine Begeisterung für die Schönheit solch nützlicher Gewächse tat auch der Engländer Joseph Addison kund. Was er dazu schrieb, wurde im Jahre 1712 im ›Spectator‹ veröffentlicht: »Ich bin schon immer der Meinung gewesen, daß ein Küchengarten einen angenehmeren Anblick bietet als die schönste Orangerie oder ein raffiniertes Gewächshaus. Ich möchte alles in einem Zustand der Vollkommenheit sehen und da betrachte ich lieber meine Reihen von Salat und die tausend namenlosen Suppenkräuter als diese heiklen Pflanzen von Übersee.« Doch gerade um diese Zeit – im 18. Jahrhundert – begann man damit, die Schönheit der Gemüsepflanzen zu vergessen. Der Küchengarten wurde mehr und mehr außer Sichtweite gerückt. Bis man ihn schließlich in den letzten Gartenwinkel verdrängte. Und dort ist er bis heute – all seiner dekorativen Blumen beraubt – auch geblieben. Denn die exponierten Stellen gleich beim Haus kamen nun allein ihnen zu, den strahlenden Blumen-Schönheiten aus Übersee und den Rosen, Lilien, Päonien und anderen mit ansehnlichen Blüten, die einst als Heilpflanzen und in der Küche Verwendung fanden und sich mit Gemüse und Salaten die Beete geteilt hatten. Nun brauchten sie nur noch schön zu sein.
Natürlich hat man sich all die Zeit weiter mit dem Nutzgarten beschäftigt. Es gibt heute eine große Anzahl hilfreicher Anleitungen über die Kultur von Obst und Gemüse. Nur die Gestaltung kommt dabei fast immer zu kurz. Aber gerade sind wir wieder dabei, ein Gefühl nicht nur für die Nützlichkeit, sondern auch für die Ästhetik der Gemüsepflanzen zu entwickeln. Es sieht so aus, als würde der Nutzgarten endlich wieder von seinem Aschenputtel-Dasein erlöst.
Bei uns sind es die nützlich-schönen Bauerngärten mit ihrem wunderbar altmodischen Charme, die viele neue Freunde gefunden haben. Und in England erlebt der alte Küchengarten nach dem Vorbild des 16. Jahrhunderts eine Renaissance. Rosemary Verey legte den heute wohl berühmtesten »Potanger« im Garten von Barnsley House an. Lassen Sie ihn uns doch einmal aus der Nähe betrachten.

Ein Musterbeispiel dekorativer Gemüsegartenkunst ist der Küchengarten von Barnsley House.

Gaumenfreuden und Augenschmaus – ein Küchengarten nach klassischem Vorbild

Es ist schon ein himmelweiter Unterschied zwischen jenem Ort, wo wir in gleichförmigen Reihen Gemüse und ein paar Kräuter ziehen und diesem Küchengarten. Denn hier ist man nicht einzig und allein auf große Erträge an Gemüse und Salat bedacht, hier halten auch Auge und Nase gleichermaßen reiche Ernte. In diesen Garten kommt man nicht nur, weil man Unkraut jäten oder gießen muß oder um einen Bund Karotten zu holen, sondern einfach um zu genießen.

»Üppigkeit« ist wohl das Wort, das den Küchengarten von Barnsley House am treffendsten charakterisiert. Eine Vielzahl würziger und heilender Kräuter verströmt ganze Wolken von Wohlgerüchen. Bunte Blumen neigen sich über die Wege und blicken über halbhohe Mauern aus Bruchsteinen und Ziegeln, die schon im zeitigen Frühjahr die erste Sonnenwärme speichern und zarte Pflänzchen vor rauhen Winden schützen. An die warme Mauer angelehnt, gedeiht auch das Spalierobst bestens. Auf den Beeten am Rande stehen – symmetrisch angeordnet – insgesamt acht Apfelbäume, deren Zweige so geformt und gezogen wurden, daß sie grünen Pokalen ähneln. Auf diese Weise bescheren sie ihrer Besitzerin knackiges Obst, ohne etwa mit ausladenden Zweigen das sonnenhungrige Gemüse zu beschatten und sind gleichzeitig ein hübscher Blickfang.

Was ein ordentlicher Nutzgarten sein will, bei dem darf das Beerenobst natürlich auch nicht fehlen. Einige Stachelbeer-Hochstämmchen flankieren zu beiden Seiten den Weg vom Eingang bis zur Mitte des Küchengartens. Die Johannisbeeren gedeihen am Gartenrand.

Den weitaus meisten Platz im Garten nehmen aber die einjährigen Gemüsepflanzen ein. Fenchel, Kartoffeln, Mangold, Rosenkohl, Spinat und eine reiche Auswahl an Salaten gedeihen hier – überhaupt alles, was eines Gemüsegärtners Herz begehren könnte. Und zwar nicht einfach irgendwie und irgendwo, in langweiligen, geraden Reihen, sondern auf dekorativen Beeten, die rechte Winkel, Kreise, Quadrate und Rechtecke bilden und sich zu einem komplizierten, symmetrischen Muster zusammenfügen. Dies alles gruppiert sich um ein rautenförmiges, kleines Beet, den Mittelpunkt des Küchengartens. Hier blühen nicht etwa Blumen – wie man der hübschen Farben wegen von Ferne erwarten könnte. Es sind verschiedene Pflücksalate, Kohl- und Zierkohlformen, die das Beet in aufregende Grün-, Gelb-, Weiß- und Purpurtöne tauchen. Für einen Küchengarten ein ganz bezaubernder Mittelpunkt!

Eine streng geschnittene, niedrige Buchs-Einfassung (*Buxus sempervirens* 'Suffruticosa') hilft die hübschen Beetformen des Gartens noch zu betonen. Aber auch dauerhafte Kräuter eignen sich vorzüglich dazu – wie zum Beispiel Lavendel, Ysop, Heiligenkraut und Eberraute. Besonders zierlich rahmen Schnittlauch, Petersilie und Thymian die Beete. Wem aber ein fröhliches Blumenmuster lieber ist, der wählt Tausendschönchen, Stiefmütterchen und Vergißmeinnicht für's Frühjahr, gefolgt von Steinkraut und Kapuzinerkresse.

Praktisch und funktional wurden die schmalen Wege im Küchengarten von Barnsley House gezogen. Damit sie nicht zu streng wirken, hat man sich mit viel Phantasie die unterschiedlichsten Muster für den Belag ausgedacht. Nur Pflasterplatten und Klinker wurden dafür ausgewählt – aber das Ergebnis ist bezaubernd.

Ein Küchengarten ist immer ein Ort der Einfachheit. Nützlichkeit wird groß geschrieben und für Gartenzwerg-Romantik oder auch wertvolle Skulpturen ist kein Platz. Aber dort, wo sich die Wege im Garten kreuzen, könnte vielleicht eine Sonnenuhr stehen. Auch ein schlichtes, mit Blumen bepflanztes Gefäß wäre hübsch. Hier, im Garten von Barnsley House, wur-

Effektvoll präsentieren sich die Stangenbohnen am Bohnenzelt. Ein grüner Ring aus Buschbohnen schließt die nützliche Gemüsegarten-Spielerei passend ab.

de ein hübscher Henkeltopf aus Terrakotta gewählt, um damit den Mittelpunkt der Anlage zu betonen. Als zusätzlichen Blickfang hat Rosemary Verey Hochstammrosen darumherum gruppiert. Sie brauchen als Gegenpart zu soviel geballter Nützlichkeit, einfach nur schön zu sein.

Eine hübsche Idee sind auch die kleinen Buchskugeln und -kegel, die überall im Garten so gepflanzt sind, daß sie die Eckpunkte der Beete betonen. Aber auch sonst läßt sich hier so einiges entdecken, womit wir unseren gärtnerischen Spieltrieb im eigenen grünen Paradies ausleben könnten. Da ist zum Beispiel der entzückende bogenförmige Laubengang – von wuchernden Feuerbohnen und Gurken umrankt und mit Sonnenblumen und Rudbeckien hübsch eingerahmt. Und dann die originellen Lösungen den nach oben strebenden nützlichen Kletterern Halt zu geben – angefangen vom »Stangen-Zelt« für Bohnen, bis hin zum dekorativen Kreuz aus kunstvoll miteinander verbundenen Bambusstäben, an dem die Erbsen Gefallen finden.

Aber auch mit Pflanzenfarben läßt sich herrlich spielen, wie dieser Küchengarten beweist. Fleißige Züchterarbeit hat uns mittlerweile sogar Gemüse beschert, das in der Farbe mit Blumen wetteifern kann. Sie haben die Wahl unter roten Salaten, blauen Bohnen und Kartoffeln, gelben Tomaten und Stielmangold, der sich mit scharlachroten Stengeln und weinroten Blättern schmückt. Vielleicht lieben Sie auch Salate besonders und legen Ihren Ehrgeiz hinein, möglichst viele davon in Ihrem Garten zu ziehen – vom Eissalat über Zuckerhut, Radicchio und Pflücksalat bis hin zu Endivie, Chinakohl und Chicoree. Oder Sie sind ganz versessen auf Tomaten. Und weil man im Geschäft nur wenig Auswahl hat, pflanzen Sie möglichst viele davon selbst – von den Cocktail-Tomaten mit winzigen gelben oder roten Früchten, über birnen-, pflaumen- und flaschenförmige Exemplare bis hin zu den riesigen Fleischtomaten. Das gute an solchen Gemüsegarten-Spielereien ist, daß man sie hinterher einfach aufessen kann.

Zu den allerschönsten Details in Rosemary Vereys Küchengarten gehören die beiden Lauben aus Spaliergitter. Eine davon ist eingehüllt in einen dichten Mantel aus Wildem Wein, die andere trägt ein Blätterkleid aus Goldhopfen (*Humulus lupulus* 'Aureus') und ist umgeben von einer bunten Fülle aus Stockrosen, Nachtkerzen, Mohn, Bartnelken, Salbei und Königskerzen. Inmitten all der Pracht kann man es sich nach getaner Arbeit so richtig gemütlich machen und das wohlgelungene Werk von Herzen genießen.

Wenn Sie nun den Plan des Küchengartens auf Seite 95 betrachten, dürfen Sie nicht vergessen, daß sich das dekorative »Patchwork«-Muster der Beete natürlich ständig verändert. Das geschieht schon innerhalb einer Saison – wenn zum Beispiel der allererste Kopfsalat geerntet wird und daraufhin Buschbohnen seinen Platz einnehmen – und erst recht von Jahr zu Jahr, wenn man nämlich, wie es sich gehört, die Fruchtfolge beachtet. Betrachten Sie also den Pflanzvorschlag bitte nur als »Momentaufnahme«.

Falls der Platz, den Sie zur Verfügung haben, für einen solch ausgedehnten Küchengarten nicht ausreicht, dann sollten Sie sich den Vorschlag auf der gegenüberliegenden Seite einmal genauer ansehen. Ich habe ihn mir ausgedacht, damit Sie auch in kleinerem Maßstab die Idee vom Küchengarten nach klassischem Vorbild verwirklichen können.

Gemüsegartenkunst auf wenig Platz

Platzbedarf: ca. 10,5 × 10,5 m

1. Rondell: In der Mitte dekorativer, großer, bepflanzter Terrakottatopf, außen herum verschiedene Zierkohlformen, roter Pflücksalat etc.
2. Beete, bepflanzt mit Kräutern und Blumen: *Rosa centifolia*, Iris, Malven, Madonnenlilie, Pfingstrose
3. Kleine, hölzerne Laube aus Spaliergitter mit Goldhopfen oder Jelängerjelieber berankt
4. Blumenbogen aus Holz mit Kletterrosen berankt
5. Wasserfaß
6. Stachelbeerhochstämmchen
7. Stangenbohnen an pyramidenartiger Konstruktion aus Bohnenstangen
8. Kegelförmiger Buchs
9. Kugelförmiger Buchs
10. Johannisbeeren
11. Himbeeren
12. Einfassung aus Schnittlauch
13. Einfassung aus Monatserdbeeren
14. Einfassung aus Mutterkraut
15. Einfassung aus Kapuzinerkresse
16. Hochstammrose
17. Spalierobst
18. Blumen
19. Garteneingang
20. Betonpflastersteine
21. Frühbeet
22. Kompost

Gärtchen vor dem Tor

Fast überall in den Städten, Vororten und Neubausiedlungen am Rande der Dörfer herrscht in den Straßen das gleiche graue und öde Einerlei: Teer und Beton so weit das Auge reicht. Und auch wir Gartenbesitzer tragen leider unser Scherflein zum unerfreulichen Straßenbild mit bei. Daß man sich im Wohngarten – mit Hilfe von dichten Zäunen und dicken Mauern – gegen Straßenlärm und neugierige Blicke möglichst gut abschirmt, dafür wird wohl jeder Verständnis haben. Aber bedenken Sie doch einmal, wie abweisend eine solch mehr oder weniger undurchdringliche Barriere von der Straße her wirkt – etwa auf die Fußgänger, die täglich daran vorbeigehen müssen.

Wäre es da nicht verlockend, durch einen ganz persönlichen Beitrag ein wenig Licht und Farbe ins öde Straßenbild zu bringen? Mit einem kleinen »Gärtchen vor dem Zaun« zum Beispiel – als freundlicher, blühender Gruß an Passanten und als bezaubernde Möglichkeit, Gäste herzlich willkommen zu heißen. Man sagt's einfach »durch die Blume«. Und mit Blick auf die üppige Pracht würde sogar das Warten auf Einlaß für Besucher viel angenehmer und kurzweiliger. Zudem wären ein paar »Kostproben« Ihres gärtnerischen Könnens vor dem Zaun doch wirklich die hübscheste »Visitenkarte«, die sich denken läßt und außerdem eine wunderbare Einstimmung auf das, was dahinter noch alles zu erwarten ist. Natürlich ist klar, daß man als Besitzer eines Mini-Gärtchens mit jedem einzigen Quadratmeter knausern muß. Aber wie wär's denn in solchem Falle zum Beispiel mit Kletterpflanzen? Sie leben nun wirklich auf »kleinem Fuß« und versprechen dafür doch größte Wirkung. Wenn sich etwa eine üppige Kletterrose über den Zaun schwingt, oder sich die rosarote Sturzflut einer *Clematis montana* 'Rubens' über die Gartenmauer ergießt, müssen Sie kaum etwas vom kostbaren Grund und Boden dafür opfern.

Zaungäste

Oft erzielt man schon mit kleinen Gesten ungeahnte Wirkung. Einen reizenden Anblick könnte zum Beispiel eine winzige, von Steinen bekränzte Pflanzfläche gleich neben dem Gartentor bieten, in der vielleicht gerade eine Schwertlilie, ein paar Zweiglein Katzenminze und einige Tupfer schneeweißen Mutterkrauts Platz finden. Für einen bezaubernden, immergrünen Blickfang würden auch zierliche Efeublätter sorgen, die das Namensschild am Garteneingang umschlingen oder eine kecke

Kleine blühende Inseln – mit Buchsbaum, Mutterkraut und Sommerblumen üppig bepflanzt – bringen Licht und Farbe ins Straßenbild.

Zwei winzige, mit Stein bekränzte Pflanzflächen, in denen Schwertlilien, Efeu und Katzenminze Platz finden, dazu ein alter Holzbottich mit Strauchrose und blühendem »Drumherum« – schon wirkt der Straßenraum um vieles freundlicher.

kleine Hauswurz, die auf dem Torpfosten balanciert und beinahe nur von »Luft und Liebe« zu leben scheint. In die schmalen Ritzen zwischen Gehsteigpflaster und Garteneinfriedung könnten trockenheitsliebende Blumen ihre energischen Wurzeln stecken und kleine Blütenwunder hervorbringen. Man hält es kaum für möglich, was dort – mit einem Komposterde/Sand-Gemisch in den Fugen – alles gedeihen würde: Klatschmohn zum Beispiel und Königskerze, Mutterkraut, Katzenminze, Steinkraut, Goldmohn, Thymian und Kamille. Und sogar die faszinierende Wunderblume taucht bei mir seit ein paar Jahren an solchen Stellen immer wieder auf. Es kommt eben nur auf einen Versuch an und auf gelegentliche mildtätige Wassergaben, wenn es im Sommer mal besonders heiß ist. Noch besser entfalten könnte sich die Blumenpracht natürlich, wenn wir uns dazu entschließen würden, den Gartenzaun gleich von vornherein um 20–30 Zentimeter zurückzunehmen. Dann müßten sich die grünen »Zaungäste« nicht mehr zwischen enge Ritzen quetschen und es kämen so auch Gartenblumen für die Straßenverschönerung in Frage, die nicht unbedingt zu den »Trockenheitsfanatikern« und »Hungerkünstlern« im Pflanzenreich gehören. Mit solch einem hübschen Blumenstreifen wäre der Garten dann nicht einfach aprupt zu Ende, sondern würde langsam »ausklingen«.

Wenn Sie besonders pflegeleichte Blumen für die Bepflanzung auswählen, dann haben Sie mit dem reizenden Blickfang entlang der Straße auch so gut wie keine Mühe. Zu den ganz unkomplizierten »Zaungästen« gehören zum Beispiel die Ringelblume mit Blüten in leuchtendem Gelb und Orange, die entzückende Jungfer im Grünen, *Phacelia* – für die die Bienen in den höchsten Tönen schwärmen, märchenhaft schöner Fingerhut und außerdem Schleifenblume, Silberling, Margerite, Schmuckkörbchen und Akelei. Sie alle können aus dem Samentütchen heraus gleich an Ort und Stelle ausgestreut werden und die meisten von ihnen sorgen dann angenehmerweise auch noch selbst für ihren Weiterbestand.

Troggärtchen vor der Hofeinfahrt

Wenn sich Teer und Pflaster als gar zu unerbittlich gegenüber den Pflanzenwurzeln erweisen, aber genug Platz vor dem Zaun vorhanden ist, dann könnten Sie mit ein paar Pflanztrögen für die Belebung des Straßenbildes sorgen. Darin macht sich eine bunte Mischung aus Sommerblumen, ausdauernden Stauden und Immergrünem, das auch im Winter noch Freude bereitet, am besten. Wählen Sie für diese Zwecke möglichst robustes Grün, das es nicht gleich übel nimmt, wenn man einmal keine Zeit zum Gießen findet. Und verwenden Sie bloß keine teuren, ausgefallenen Pflanzen. Sie verleiten am ehesten zu »Übergriffen« und außerdem schmerzt es doppelt – nämlich auch in Hinblick auf den Geldbeutel – sollten spielende Kinder einmal ein paar Zweige davon abbrechen. Steintröge oder relativ »echt« wirkende Varianten in Kunststein und halbierte Holzfässer – so groß und solide wie möglich – bieten nicht nur einen hübschen Anblick, sondern empfehlen sich auch aus praktischen Gründen für unser Vorhaben. Zum einen paßt einiges an Pflanzen hinein – sogar kleinere Sträucher oder Strauchrosen als Mittelpunkt mit zusätzlichem, üppig blühendem »Drumherum«. Und auf Grund ihrer Größe werden auch aus- und einparkende Autofahrer die schwergewichtigen grünen »Pflanzinseln« nicht so leicht übersehen.

Ein »Schaubeet« für die Straße

Wunderbar wäre es natürlich, wenn Sie gleich ein etwas größeres Stückchen – vielleicht mit einem Meter Tiefe – von Ihrem Besitz für das »Gärtchen vor dem Tor« abzwacken könnten. Über und über mit üppigen Blumen bewachsen, würde solch eine Rabatte sicher ganz besonders wirkungsvoll das öde Straßenbild verändern. Falls Ihnen dabei das »einnehmende Wesen« einiger Passanten Sorge bereitet – Stacheln und Dornen helfen dagegen. Niemand pflückt so eben im Vorbeigehen Berberitze und Feuerdorn – weil sie sich zornig dagegen zur Wehr setzen. Auch die Rosen wissen unerwünschte Übergriffe zu verhindern. Ganz besonders eindrucksvoll mit leuchtend roten Stacheln gespickt ist *Rosa omeiensis pteracantha*, die deshalb im Volksmund so treffend als »Stacheldrahtrose« bezeichnet wird. Auch die vielen dekorativen Gräser sind nicht gerade das, was man auf die Schnelle für den Muttertag gebrauchen könnte. Und bei Blüten, die wie zum Beispiel Fingerstrauch, Indianernessel, Malven und Lavendel – intensiv von Bienen und Hummeln umsummt sind, überlegt man es sich auch lieber zweimal, ehe man zugreift.

Leider macht auch schlechte Luft den Pflanzen – genau wie uns – schwer zu schaffen. Möchten Sie also einen vielbefahrenen Straßenraum verschönern, dann bleibt nichts anderes übrig, als besonders robuste Gewächse auszuwählen, die mit diesem Problem leben können. Erstaunlicherweise und zu unserem Glück ist ihre Liste verhältnismäßig lang. Felsenbirne, Berberitze, Sommerflieder, Buchs, *Cotoneaster*, Mahonie und Hartriegel gehören zum Beispiel zu den »Lebenskünstlern«, die sich für den »Straßengebrauch« eignen. Auch Forsythie, Zierquitte, Stechpalme, Kerrie, Liguster, Spierstrauch und Feuerdorn erweisen sich als genügend hart für solche Zwecke, ebenso Rhododendren, Pfeifenstrauch (»Jasmin«), Schneeball, Weigelie und Flieder. Selbst die Rosenfreunde brauchen auf ihre Lieblinge nicht zu verzichten, wenn sie sich an robuste Sorten, wie etwa die Kletterrose 'New Dawn' halten. Überhaupt gibt es noch einige »Klettermaxe«, die auch in der schlechten Stadtluft genügend Elan für ihre Turnübungen aufbringen – dazu gehören *Clematis vitalba*, Efeu, Wilder Wein, Kletterknöterich, Glyzine und Geißblatt. Auch Pfeifenwinde, Aktinidie und Baumwürger *(Celastrus)* behalten noch im dicksten Stadtmief tapfer den »Kopf« oben. Und falls Sie sogar Platz für einen kleineren Baum hätten, dann sind Sie mit Zierapfel und Zierkirsche, Kugelakazie (*Robinia pseudoacacia* 'Umbraculifera'), Eberesche oder Mispel gut beraten. Es gibt außerdem einige Bodendecker, die mit »dicker« Luft fertig werden, wie zum Beispiel Johanniskraut *(Hypericum)*, *Pachysandra* und Immergrün *(Vinca)*. Und schließlich nimmt's auch noch das Chinarohrgras mit dem Stadtmief auf und bietet mit seinen hübschen, bambusartigen Blättern sogar im Winter einen echten Augenschmaus.

Nur eitel Sonnenschein

Wenn unser neues Beet auf der Sonnenseite zu liegen kommt, ist es wirklich ein Leichtes mit Hilfe von bunten Blumen Freude ins graue Straßen-Einerlei zu zaubern. Eine Bartblume *(Caryopteris × clandonensis)*, der unermüdlich blühende Fingerstrauch *Potentilla fruticosa* 'Arbuscula' und die bodendeckende Rose 'Immensee' beispielsweise könnten das kleine Wunder fertigbringen – tatkräftig unterstützt von leuchtend gelbem Steinkraut, Blaukissen, duftendem Lavendel und einer Schwertlilie. Und Leinkraut, Schleifenblume und Mutterkraut wären wunderbar geeignet, um irgendwo dazwischen noch einige farbenfrohe Akzente zu setzen.

Wenn hohe Mauern Schatten werfen

Nun ist die Situation ja leider oft so, daß solch ein »Gärtchen vor dem Tor« aber nur wenig Sonne zu sehen bekommt. Lassen Sie sich davon jedoch nur nicht abschrekken. Auch die hier vorgestellte Straßenbepflanzung liegt – bedingt durch die hohe Gartenmauer – mehrere Stunden pro Tag im Schatten. Doch das tut, wie man sieht, der Schönheit keinen Abbruch. Denn

glücklicherweise gibt es viele attraktive Pflanzen, die sich schon mit wenig Licht zufriedengeben und zu eindrucksvollen Gruppen zusammenpflanzen lassen. Hier sind es zwei Strauchhortensien, die links und rechts den Eingang betonen, und ihre kletternde Verwandte – nämlich *Hydrangea anomala* ssp. *petiolaris*. Dazu kommen eine immergrüne Eibe, die flexible Bergenie und schattenliebendes Immergrün als Bodendecker und die Weiße Christrose, *Helleborus niger*, mit auffälligem glänzendgrünen Laub. Die beiden Rosen 'New Dawn' und 'Kathleen Harrop' tupfen durch ihre Blüten schließlich noch hübsche rosarote Töne auf die Mauer und eine Glyzine schwingt sich in anmutigem Bogen über das Eingangstor. Weil sie zu den wärmeliebenden Kletterern gehört, muß sie sich von hinten, also von der Sonnenseite her, heranpirschen. Gelber Lerchensporn, Frauenmantel, Leinkraut, Schwertlilie und eine vollkommen anspruchslose Schneebeere tun noch ein übriges, um das hübsche Bild abzurunden.

① 1 Kletterrose 'New Dawn'

② 1 *Hydrangea anomala* ssp. *petiolaris*

③ 1 *Wisteria sinensis*

④ 2 und 2 × 1 *Linaria purpurea*

⑤ 1 *Symphoricarpus chenaultii* 'Hancock'

⑥ 2 × 1 *Helleborus niger*

⑦ 1 *Iris × barbata*

⑧ 2 × 1 *Hydrangea aspera* 'Macrophylla'

⑨ 2 × 5 *Bergenia*-Hybride 'Silberlicht'

⑩ 1 *Taxus media* 'Hicksii'

⑪ 1 Strauch- bzw. Kletterrose 'Kathleen Harrop'

⑫ 2 *Corydalis lutea*

⑬ 3 *Alchemilla mollis*

Auch wenn der Straßenraum nur wenig Sonne zu sehen bekommt – mit den geeigneten Pflanzen könnten Sie ihm trotzdem Glanzlichter aufstecken. Denn: Auch für den Schatten gibt es geeignete Rabatten.

Pflanzstreifen jeweils 1,50 × 3.0 m

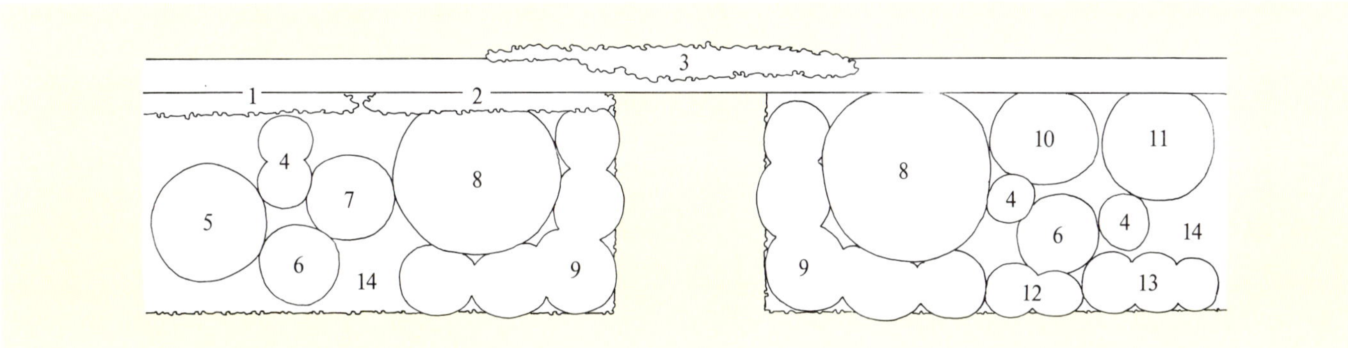

Im Garten der Düfte

»Schade um die vielen schönen Dinge, die ungerochen bleiben.« Hat er damit nicht recht, der berühmte Staudenzüchter und Gartenphilosoph Karl Foerster? Wir sollten wirklich viel öfter unsere Nasen tief in Dinge stecken, die uns etwas angehen – in die Blütenkelche unserer Gartenblumen nämlich. Eine ungeahnte Fülle von aufregenden Düften ist dort geborgen – süße und herbe, aromatisch scharfe, sanfte und berauschende, die uns beinahe die Sinne rauben.

Bestimmt ist den meisten von uns gar nicht bewußt, welch unmittelbare und heftige Wirkung Düfte auf unser Gefühlsleben haben. Sie verfügen sozusagen über einen »direkten Draht«, der von unserem Willen nicht beeinflußt werden kann. Ein paar Redewendungen machen uns auf diesen engen Zusammenhang aufmerksam. »Den kann ich nicht riechen«, sagt man zum Beispiel von einem Menschen, der einem ganz und gar unsympathisch ist. Und den Satz: »Jetzt habe ich aber die Nase voll«, werden Sie vielleicht selbst schon einmal als Stoßseufzer verwendet haben, wenn in einer Situation alles gründlich daneben ging.

Unglaublich viele »Geruchserfahrungen«, die wir einmal gemacht haben, sind in unserem Gedächtnis fest verankert. »Es riecht nach Herbst« sagen wir etwa um die Zeit, wenn die Kastanien fallen. Es ist wohl eine Mischung aus vielem, die uns zu dieser Feststellung veranlaßt: Der Geruch modernder Blätter und reifer Äpfel, der Duft von Herbstastern und Dahlien und vielem anderen Herbstlichen. Und irgendwie können wir uns eines Gefühls leiser Wehmut und Melancholie nicht erwehren. Aber schließlich kommt dann auch wieder der Tag, wo man – obwohl das Auge davon noch gar nichts bemerkt – die Nase in die Luft hält und triumphierend feststellt, es ist soweit: Es riecht nach Frühling!

Manchmal können Pflanzendüfte auch plötzlich längst vergrabene Erinnerungen wecken und sogar bestimmte Gefühlszustände, die schon der Vergangenheit angehören, noch einmal in uns hervorrufen. Gelegentlich wird man davon auch regelrecht aus »heiterem Himmel« überfallen, ohne den duftenden »Auslöser« zunächst bewußt wahrzunehmen.

Sogar wir, mit unseren von Abgasen geplagten, abgestumpften Großstadtnasen, erliegen also dem Zauber und der Macht der Pflanzendüfte. Aber vor Zeiten müssen sie im Leben der Menschen noch eine wesentlich wichtigere Rolle gespielt haben. Ägyptische Wandmalereien und Reliefe, Hieroglyphen und Grabbeigaben lassen Rückschlüsse zu, daß die Gärten vor 5000 Jahren vor allem »Duftgärten« gewesen sind, die die Luft mit ihren herrlichen Wohlgerüchen erfüllten. So sehr liebte man die flüchtigen und vergänglichen Düfte der Blumen, daß man nach einer Möglichkeit suchte, sie zu konservieren – in aromatischen Essenzen und Ölen. Die Düfte Arabiens, allen voran der Weihrauch, wurden schließlich sogar mit Gold und Edelsteinen aufgewogen. Auch die Griechen und Römer wußten edle Pflanzendüfte außerordentlich zu schätzen. Es müssen Zeiten voller Sinnesfreude gewesen sein, wie dieses Gedicht aus dem Jahre 350 v. Chr. zeigt:

Der, der sich salbt,
taucht seinen Finger nicht in Alabaster
wie's die bescheidene Art der guten Alten.
Er läßt vier Tauben fliegen, die von Düften naß,
jede von anderen. Sie fliegen um uns und
schütteln den Duft auf unsere Kleider,
und ich, Ihr Freunde, ward betaut mit Veilchen.

Später noch sollen die Römer, wie die Geschichte bekundet, sogar regelrechte Duftorgien gefeiert haben.

Erfüllt von Wohlgerüchen müssen auch die »Lustgärtlein« der mittelalterlichen Burgen gewesen sein. Veilchen, Maiglöckchen, Iris, Madonnenlilie, Rose, Salbei und Raute verströmten freigiebig ihr wunderbares Aroma, während man sich heiterer Geselligkeit, Gesang und natürlich auch – der Liebe hingab. Besonders geschätzt wurde damals der Goldlack. Kleine Sträußchen des süß duftenden »Gelbveigeleins« hefteten sich die edlen Ritter an – als Zeichen der ewigen Treue für die Dame ihres Herzens.

Im Jahre 1625 brachte der englische Staatsmann und Philosoph Francis Bacon seine Gedanken über »Die schickliche Anlage von Gärten« zu Papier und stellte fest, daß nichts wichtiger sei, als »zu wissen, welche Pflanzen und Blüten am besten die Luft pafümieren«. Veilchen, Moschusrose, vergilbende Erdbeerblätter, die Schottische Zaunrose, Nelken, Levkojen und Geißblatt gehörten zu seinen erklärten Favoriten, während ihm die Düfte von Rosmarin und Damaszener Rose als nicht aussagekräftig genug erschienen. Die französische Kaiserin Josephine schließlich, die große Blumenfreundin, erfand den herrlich duftenden »Reseda-Topf«, der damals dann überall groß in Mode kam. Ein Beweis dafür, daß einst der Duft einer Blume genauso hoch – wenn nicht sogar höher – bewertet wurde, als ihr Aussehen. Denn sonst ist an dem bescheidenen Blümchen nun wirklich nichts Außergewöhnliches zu entdecken.

Eine Fülle von aufregenden Pflanzendüften ist in diesem kleinen Garten geborgen (links). Auch Madonnenlilie (unten) und Levkoje (ganz unten) zählen zu den grünen »Duftspendern«.

Zur Zeit Königin Viktorias gab es in England den liebenswerten Brauch auch die Treppenstufen mit Duftpflanzen zu säumen. Wenn dann die weiten Röcke der Damen darüber hinwegstrichen, war ihr Weg begleitet von den herrlichsten Pflanzenaromen.

Mit der Zeit aber begannen sich die Pflanzendüfte aus den Gärten zu verflüchtigen. Der einstige »Garten der Wohlgerüche« entwickelte sich langsam aber sicher zu einem »Schaugarten«, bei dem einzig und allein das Aussehen der Blumen maßgebend war. Man setzte allen Ehrgeiz daran, Zierpflanzen mit immer noch größeren und auffälligeren Blüten zu züchten – immer noch mehr gefüllt und in der gesamten Farbpalette eines Malkastens. Nur die Blütendüfte, die blieben dabei auf der Strecke.

Langsam aber wird uns bewußt, daß wir doch etwas vermissen, wenn es im Garten nicht mehr duftet, wenn sogar der herrliche Rosenduft nur noch der Hauch einer Erinnerung ist. Und so sinnen wir mittlerweile wieder darüber nach, wie wir den »Garten der Düfte« zu neuem Leben erwecken.

Eigentlich ist der Duft einer Pflanze wohl als eine Art »Sprache« anzusehen – mit der sie ihre Freunde zu sich lockt und ihre Gegner fernhält. Blüten produzieren Duftstoffe, um nützliche Insekten anzuziehen. Die ätherischen Öle in den Blättern sollen dagegen potentiellen Feinden gehörig den Appetit verderben. Sogar Pilze und Bakterien können den aromatisch duftenden Gewächsen wenig abgewinnen.

Meist ist das Aroma der Blätter kräftiger und durchdringender als das der Blüten. Liegen die ölhaltigen Zellen bis dicht an der Oberfläche, kann der Duft schon allein durch Sonnenwärme freigesetzt werden. Andere Blattdüfte dagegen sitzen tiefer und kommen erst frei, wenn man das Grün sanft berührt oder zwischen den Fingern zerreibt.

Übrigens reagieren längst nicht alle Menschen gleich auf einen bestimmten Geruch. Was wir als angenehm empfinden, ist äußerst subjektiv. Während einer den intensiven Duft des Pfeifenstrauchs (»Jasmin«) einfach berauschend findet, halten ihn andere für eher aufdringlich oder sogar schon für unangenehm. Es gibt auch Leute, die sich am würzigherben Duft des Rainfarns ergötzen, während manch anderer pikiert die Nase rümpft. Wie es heißt, fühlte sich zum Beispiel Friedrich von Schiller vom Geruch faulender Äpfel inspiriert, was ja auch nicht gerade jedermanns Geschmack ist. Erst recht scheiden sich die Geister am Geruch des Knoblauchs, auch die berühmten. So sagt man, daß Knoblauchduft Heinrich III von Frankreich in einen sehr desolaten Zustand versetzte, während er Heinrich IV sogar zu ungewöhnlichen Taten beflügelt haben soll. Deshalb können auch die Listen von Duftpflanzen, die ich für Sie ab Seite 157 zusammengestellt habe, lediglich Anregungen geben, ebenso die folgenden Gestaltungsvorschläge. Lassen Sie sich dadurch aber nur ja nicht von eigenen Experimenten abhalten, um sich Ihre ganz individuelle Duftkomposition im Garten zu schaffen.

So richtig von allen Seiten beleuchtet wurde die Heilwirkung von Pflanzendüften beim Menschen noch nicht. Aber Tatsache ist, daß man sie schon seit Jahrtausenden benützt, um alle möglichen Gebrechen zu beheben oder wenigstens zu lindern – auf zweierlei Art. Zum einen sind Pflanzendüfte wohl schlicht und einfach »Balsam« für die Seele. Andererseits läßt es sich aber auch nicht leugnen, daß sie zudem eine konkrete physiologische Wirkung haben. Die sogenannte Aromatherapie baut auf diesen Erfahrungen auf, wobei ätherische Pflanzenöle bei der Heilbehandlung eine wichtige Rolle spielen.

Eine ganz spezielle Art der »Aromatherapie« bietet sich für die Gartenfreunde an. Im grünen Paradies vor der eigenen Haustüre läßt sie sich auch ganz leicht in die Tat umsetzen, sogar auf kleinstem Raum. Es gibt wirklich viele entzückende Ideen wie man Pflanzendüfte in den Garten tragen kann. Wie wär's zum Beispiel mit einer Kollektion von Kletterrosen, die Sie über Spaliere, Pergolen, Lauben und Pavillons ranken lassen, um auf diese Weise »Gartenräume« voller Wohlgerüche zu schaffen. Oder Sie holen sich die duftenden

Ein bescheidenes Blümchen – die Resede. Aber riechen Sie nur einmal daran, dann werden Sie Ihr süßes Duftwunder erleben.

»Sendboten« direkt ans Haus, mit dem Auftrag, auch die »oberen Regionen« zu erklimmen. Dann ist im Sommer Ihre ganze Wohnung von Rosenduft durchweht. Es gibt natürlich auch noch andere geeignete Kletterpflanzen, die Wohlgerüche verbreiten. Ein besonderer »Duftspender« ist zum Beispiel *Clematis montana*, die ihren süßen Vanilleduft vor allem zu der Zeit verströmt, wenn ihre Blüten schon im Vergehen sind. Die ganze Umgebung ist dann erfüllt von ihrem geheimnisvollen Aroma, das vielen Gartenbesuchern Rätsel aufgibt.

In einen »Dufttunnel« könnte sich ein Laubengang verwandeln, wenn er mit Kletterrosen, Glyzinen oder Waldreben umwuchert ist. Das Tüpfelchen auf dem i wäre es schließlich noch, wenn duftende Sommerblumen und Stauden den gepflasterten Weg säumten. Fein wäre auch eine »Dufthecke«, aus lauter Apfelrosen zusammengepflanzt. Einige blattduftende Pflanzen könnten Sie entlang der Gartenpfade und Treppen plazieren. Und zwar so, daß man sie im Vorübergehen sachte berührt und dabei betörendes Aroma freisetzt. Meine Eberraute, zum Beispiel, habe ich absichtlich so gesetzt, daß ich sie streife, wenn ich an meine durstigen Kübel- und Topfpflanzen gelangen will. Schon bei der geringsten Berührung hüllt sie mich dann in ihr intensives Zitronenaroma. Ein Duft-Erlebnis, das mir immer wieder Vergnügen bereitet.

Pelargonien, mit winzigen Blütchen in Rosa, Weiß oder Violett übertupft, lassen sich leicht in großen Schalen zusammenpflanzen. Sie könnten so zum Beispiel das Podest einer Treppe schmücken, oder am Garteneingang für ein duftendes Willkommen sorgen. Ganz gleich, ob Sie nun für Minzen- oder Rosenaroma schwärmen, ob Sie's lieber »fruchtig«, also nach Erdbeere, Ananas, Zitrone, Pfirsich, Orange und frisch geschnittenen Äpfeln duftend mögen, oder ob es Sonderwünsche, wie »Weihrauch« oder »Fichtennadeln« zu erfüllen gilt – die Duft-Pelargonien machen's möglich.

Wenn Sie aber lieber über Düfte »spazieren«, dann sollten Sie kriechenden Thymian oder »Laufkamille« zwischen die Pflasterfugen pflanzen, oder sich gleich einen grünen »Duftweg« zulegen (weitere Informationen auf Seite 29).

Eine der hübschesten Erfindungen, um pflanzliche Wohlgerüche aus nächster Nähe zu erleben, ist die Duftbank: Man setzt sich einfach darauf (Näheres auf Seite 67)

In jedem Fall aber ist wichtig, daß Sie Ihren Garten, oder zumindest das Fleckchen Erde, das die grünen Duftspender beherbergen soll, gegen den Wind abschirmen. Nur so können sich die Wohlgerüche mit all ihren feinen Nuancen zu einem einzigartigen »Duftpotpourri« mischen, ohne gleich davongetragen zu werden. Eine dichte Hecke zum Beispiel wäre für unser Vorhaben bestens geeignet, oder auch eine Trockenmauer, die bereits mit einer Höhe von nur einem halben Meter Erstaunliches bewirken könnte. Oder wie wär's mit einem bepflanzten Erdwall? Sie könnten natürlich Ihren Duftgarten auch einfach etwas vertiefen. Dann ist allerdings eine gute Dränage die Voraussetzung, daß aus Ihrem »versunkenen Garten« nicht unversehens ein »Sumpfgarten« wird.

Ein Duftbeet für Nachtschwärmer

Wohl die meisten von uns sind – zumindest während der Woche – tagsüber viel zu sehr beschäftigt, um ihren Garten mit Muse zu genießen. Höchstens am Abend findet sich mal ein bißchen Zeit dafür. Aber kaum haben wir es uns dann ein wenig gemütlich gemacht, schon beginnt die Sonne langsam am Horizont zu versinken. Die gerade noch so glühenden, satten Pflanzenfarben verlöschen – eine nach der anderen – und verschwinden spurlos in der Dunkelheit. Die Blumen schließen ihre Kelche und stellen ihre »Parfümproduktion« ein. Kein Bienengesumm, kein Hummelgebrumm mehr. Der Garten schläft. Wie schade! Nichts geschieht mehr, das unsere Aufmerksamkeit fesseln könnte. Wenn nicht ... Ja, wenn es nicht doch einige Pflanzen gäbe, die gerade um diese Zeit zu neuem Leben erwachten.

Die Nachtviole zum Beispiel ist so eine kleine »Geheimniskrämerin«. Mit ihren unscheinbaren, einfachen Blüten in Weiß oder Violett fällt sie tagsüber kaum auf. In der Abenddämmerung jedoch geschieht

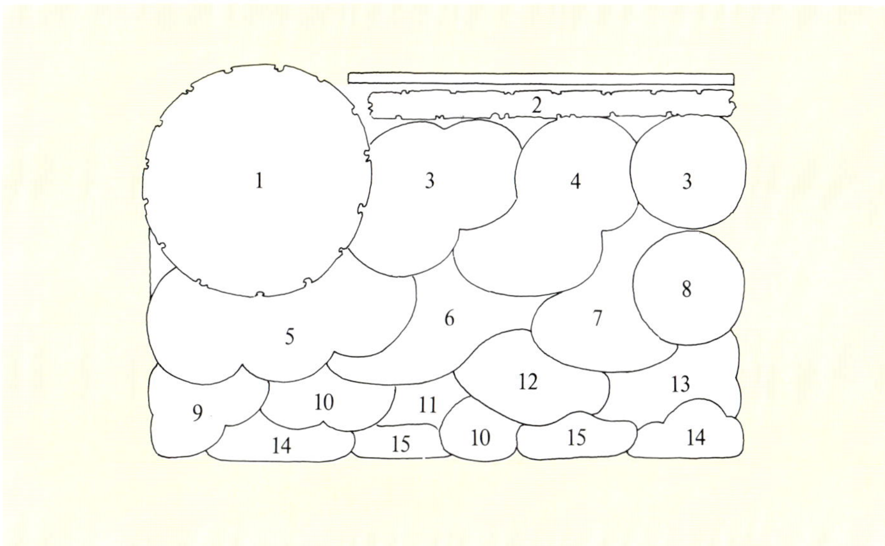

① 1 Rose 'Moonlight'
② 1 *Lonicera periclymenum*
③ 3 und 1 *Oenothera biennis*
④ 2 *Datura stramonium*
⑤ 3 *Phlox paniculata* 'Pax'
⑥ 10 *Nicotiana alata*
⑦ 11 *Hesperis matronalis*
⑧ 1 *Artemisia abrotanum*
⑨ 5 *Reseda odorata*
⑩ 2 und 1 *Santolina chamaeryparissus*
⑪ 3 *Tagetes tenuifolia*
⑫ 2 *Oenothera odorata*
⑬ 15 *Matthiola incana*
⑭ 5 und 4 *Viola tricolor*
⑮ 3 und 5 *Stachys lanata* 'Silver Carpet'

Das duftende »Mondschein-Beet« für Nachtschwärmer benötigt einen Platz von 2,5 × 4 m. Seine eigentliche Hoch-Zeit ist der Sommer. Damit es aber auch schon im Frühling einen erfreulichen Anblick bietet, könnten Sie Tulpen und Krokusse in weißen, cremefarbenen und gelben Tönen dazwischenpflanzen. Und für den Duft lassen Sie weiße Hyazinthen, Dichternarzissen und leuchtendgelben Goldlack sorgen.

Aufregendes: Das schlicht gekleidete »Aschenputtel« verwandelt sich nämlich unversehens in eine »Königin der Düfte«. Mit der Nachtkerze geht es ähnlich. Immer noch müder und trauriger hängen ihre mohnartigen Blüten den Tag über herab, bis sie schließlich ganz abfallen. Aber kaum wird es Abend, beginnt sich neues Leben in der wunderschönen Blume zu regen. Während wir mit angehaltenem Atem zusehen, öffnet sie Blüte um Blüte und verströmt dabei einen betörend süßen Duft.

Was läge wohl näher, als mit solchen »Geschöpfen der Nacht« (eine Auswahl finden Sie auf Seite 160) ein sommerliches Duft-Beet zusammenzustellen. Am wirkungsvollsten ist es in Terrassen-Nähe – dann kann man es ganz bequem im Sitzen genießen. Damit man aber zu jeder Zeit etwas davon hat, sollten wir das Beet mit einigen tagaktiven Duftpflanzen »würzen«. Daß es jedoch nicht nur duftet, sondern obendrein in der Dämmerung auch den Augen möglichst lange etwas bietet, empfiehlt es sich, ihm die hellen Farben des Mondlichts zu geben: Weiß, Silber und helles Gelb. Denn so getönte Pflanzen – vor allem natürlich die weißen – reflektieren noch den feinsten Lichtstrahl, der auf sie fällt. Auch wenn es sanfter Mondschein ist oder ganz gewöhnliches Kunstlicht. So leuchten sie noch, wenn andere Pflanzenfarben längst nicht mehr zu erkennen sind.

Wie soll das »Mondschein-Beet« nun eigentlich aussehen? Im Hintergrund könnte ein Waldgeißblatt seine cremefarbenen, rötlich überhauchten Blütenkaskaden über ein weißgestrichenes Spaliergitter ausschütten. An fahles Mondlicht erinnert uns die Blütenfarbe der Rose 'Moonlight', die – als etwa 150 cm hoher Busch – daneben Platz fände. Nachtkerzen und der geheimnisvolle Stechapfel (Vorsicht – giftig!) würden dem Beet leuchtend gelbe und reinweiße Töne beisteuern. Ein wenig seitlich davon wäre eine Eberraute mit ihrem dekorativen graugrünen Laub eine echte Attraktion. Und für silbernen Glanz würde der Ziest sorgen, dem man dann sogar verzeiht, daß er überhaupt nicht duftet – und natürlich das Heiligenkraut, das zu allem Überfluß noch hübsche gelbe Blüten beisteuert. Auch ein paar Nachtviolen und Levkojen – möglichst in Weiß – würde ich ins Beet streuen und mit Phlox und Ziertabak das Thema abrunden. Im Vordergrund bestimmten schließlich noch hellgelbe Stiefmütterchen – der schönen Farbe wegen –, Reseda und einige nach Zitrone duftende kleine Tagetesbüsche das Bild. Schon bei Tageslicht besehen, wäre das »Mondschein-Beet« sicher sehr anziehend. Da auffällige Farben fehlen, strahlt es Ruhe und Abgeklärtheit aus. Aber die Abenddämmerung ist der Augenblick, wo es so richtig zum Leben erwachte. Denn dann verwöhnen uns die Nachtviolen mit ihrem Veilchen-Aroma und auch all die anderen stimmen in die Duftsymphonie mit ein. Sehr zur Freude aller »Nachtschwärmer« – der geflügelten und der zweibeinigen.

Kleine Duftinseln

Auch wenn Sie nur wenige Quadratmeter für ihre Duftkompositionen zur Verfügung haben, brauchen Sie nicht zu verzagen. Platz für den »Garten der Düfte« findet sich sogar auf dem kleinsten Balkon. Denn zu unserem Glück gibt es eine ganze Reihe von wohlriechenden Gewächsen, die auch im Balkonkasten oder in dekorativen Schalen und Töpfen prima gedeihen. Damit können Sie sogar in der Großstadt in lieblichen Blumendüften schwelgen. Wie wär's denn, wenn Sie zum Beispiel Kaiserin Josephines Reseda-Topf zu neuem Leben erwecken würden? Und zwar am besten gleich in Nasenhöhe plaziert, damit man ohne weitere Umstände in den Duft-Genuß kommt. Und dann sollten Sie auch die Levkoje nicht vergessen. Fertige Pflänzchen bekommen Sie (Bartnelke und Ziertabak übrigens auch) vom Gärtner.

Platz auf dem kleinsten Balkon findet dieses Potpourri der Düfte aus Levkoje, Lilie, Waldmeister, Rosmarin, Lavendel, Ziertabak, Taglilie und Heliotrop.

Auch im nassen Element gibt es duftende Verführungskünstler. Die weiße Duft-Seerose findet sogar im Holz-Zuber Platz.

Füllen Sie – ab Mitte Mai – möglichst einen ganzen Balkonkasten damit und hängen oder stellen Sie die wohlriechenden Schönheiten direkt unters Schlafzimmerfenster. Dann wird süßer Blumenduft Ihre Träume begleiten.
Vielleicht finden Sie auf Ihrem Balkon noch Platz für eine besondere Blütensensation – für die Engelstrompete nämlich. Auch wenn die Freundschaft zu ihr manchmal ein wenig anstrengend ist, weil die Schöne etwas kapriziös ist und uns des öfteren mit ihren Sonderwünschen plagt. An heißen Tagen zum Beispiel hält sie uns mit ihrem Wasserverbrauch ganz schön in Atem. Aber der Aufwand lohnt sich. Und haben Sie erst die Nase in den betörenden

Vanille-Duft der Blütenkelche gesenkt, ist es garantiert um Sie geschehen.
Das Balkongitter wäre ein feiner Platz, um Duftwicken in hübschen Pastelltönen daran turnen zu lassen. Wer sich dagegen lieber etwas Dauerhaftes wünscht, dem würde ich ein Geißblatt empfehlen. In viele einzelne Töpfe und Schalen könnten Sie nun noch Lilien, Heliotrop, Ziertabak, Lavendel, Heiligenkraut und Oleander pflanzen (Weiteres auf Seite 160). Auch die faszinierende Wunderblume, die gleich mehrere Blütenkleider – in Gelb, Weiß, Rosa und Rot – zur Auswahl hat und manchmal alle gleichzeitig anzieht, wäre geeignet. Das nach Orange duftende »Wunder aus Peru« können Sie sogar überwintern – und zwar genauso wie die Dahlien.
Überhaupt sollten Sie sich – bevor das lebende Duft-Potpourri auf Ihrem Balkon Einzug hält – ein paar Gedanken zum Thema Überwinterung machen. Haben Sie nämlich keinen Platz, um wärmebedürftigen Kübelpflanzen den Winter über drinnen Asyl zu gewähren, dann wählen Sie am besten nur kurzlebige »Duftspender« und solche ausdauernde, denen die Kälte draußen auf dem Balkon nichts schadet. Ist der Winter einmal besonders grimmig, dann hilft vielfach – vor allem den etwas empfindlicheren Gewächsen – ein »Wikkel« aus Noppenfolie.

Duftende Wasserwelt im Faß

Haben Sie schon einmal daran gedacht, daß es auch unter den Wasserpflanzen wahre »Verführungskünstler« in Sachen Duft gibt? Nur haben wir herzlich wenig davon, wenn sie – weit entfernt von unseren schnuppernden Nasen – irgendwo im Gartenteich vor sich hin duften. Was aber, wenn wir einige der wasserliebenden »Duftkünstler« in einem Mini-Becken – zum Beispiel in Form eines größeren Eichenkübels – sammeln? Dann werden Sie sogar auf dem Balkon stolzer Teichbesitzer. Auch als dekorativer Mittelpunkt eines Duftgärtchens ist solch eine wohlriechende Wasserwelt im Faß eine Attraktion. Damit eine wirklich hübsche, vielseitige Wasserpflanzen-Komposition möglich wird, sollte das nasse Zuhause wenigstens eine Höhe von 45 cm haben. Dann könnte sogar eine kleine Duft-Seerose mit strahlend weißen Porzellan-Blüten auf dem Mini-Wasserspiegel schwimmen. Sie gibt sich nämlich auch schon mit einer solchen »Pfütze« zufrieden – wenn wir ihr einen Wasserstand von mindestens 30 cm über den Wurzeln bieten. Ähnliche Ansprüche stellt auch die duftende Wasserfeder mit ihren »Primelblüten«. Ein Problem gibt es

allerdings: Die Wurzelknollen beider Blumen dürfen nicht durchfrieren. Aber schließlich ist unser Mini-Wassergarten »handlich« genug, um ihn zu Winterbeginn ins Haus zu tragen.
Wenn Sie Ihren Balkon-Teich noch mehr mit duftenden Pflanzen bevölkern möchten, finden Sie in der Liste auf Seite 161 noch weitere Vorschläge.
Übrigens können Sie, was den Wasserstand betrifft, alle Sonderwünsche der duftenden Schönheiten leicht erfüllen. Geben Sie einfach jeder Pflanze einen eigenen Plastikkorb (im Fachhandel erhältlich) und bringen Sie ihn – mit Hilfe von daruntergelegten Steinen – auf die gewünschte Höhe. Bei den meisten der angegebenen Wasserpflanzen duften die Blüten. Nur Wasserminze und Kalmus machen eine Ausnahme. Hier müssen Sie die Blätter reiben, wenn Sie ihr Aroma kennenlernen möchten.

Schwelgen im Minzen-Aroma

Vielleicht würde es Ihnen Spaß machen, einen größeren Topf oder Kübel mit konzentriertem Minzen-Aroma zu füllen. Weil man allerdings die Blätter berühren muß, um den Duft auszulösen, sollten Sie Ihren Minzentopf möglichst in die Nähe des Sitzplatzes stellen. Dann können Sie ihn ganz bequem erreichen, wenn es Ihnen gerade mal nach einer Pfefferminz-Wolke ist. (Dafür verantwortlich ist übrigens *Mentha piperita* var. *piperita*). Aber das ist natürlich längst nicht alles, was die Minzen zu bieten haben. Wie wär's denn – um die Duftorgie noch zu erhöhen – mit einem Aroma von frisch geschnittenen Äpfeln *(M. suaveolens)*, Orange *(M. piperita* var. *citrata)* und Ananas *(M. rotundifolia* var. *Bowles)*. Sozusagen ein ganzer »Obstkorb« in Minzen-Form.
Vielleicht würden Sie auch lieber Kaugummi riechen, anstatt darauf herumzukauen? In diesem Fall möchte ich Ihnen eine Spearmint empfehlen *(M. spicata* var. *spicata)*. Und dann wären da auch noch Krause Minze *(M. spicata* var. *crispa)*, Poleiminze *(M. pulegium)* – ganz mild und ohne Schärfe – und die Gewürzminze *(M. rotundifolia* var. *variegata)*, deren hinreißende Düfte Sie auch unbedingt noch ergründen sollten. Letztere verfügt sogar über besonders hübsche, weißbunte Blätter. Mehr Farbe in den Minzen-Topf käme auch durch die Krause Minze mit der Sorte 'Aureovariegata', die sich mit gelbgrün panaschiertem Laub schmückt, und mit Hilfe der Pfefferminzsorte 'Black Variety' in purpurner Pracht. Und vergessen Sie nur nicht auch die entzückende kleine Polsterminze *(M. requienii)* zu pflanzen. Damit der Winzling mit dem herrlich erfrischenden Duft nicht von seinen viel größeren Verwandten erdrückt wird, sollten Sie ihm eine eigene Schale geben. Dann hätten Sie sogar ein Fleckchen »Duftrasen« auf dem Balkon.

Eine romantische Sinfonie in verhaltenen Farben. Ein so bepflanztes Beet strahlt Ruhe und Ausgeglichenheit aus.

Ein Garten für Farbenkünstler

Ist das nicht eigenartig? Da wagen wir uns gar nicht erst aus dem Haus, ehe wir nicht sämtliche Kleidungsstücke farblich auf das Sorgfältigste miteinander abgestimmt haben. Wir ruhen und rasten nicht, bis wir auch endlich den Vorhang gefunden haben, der mit dem Teppich und dem neuen Sofa im Wohnzimmer harmoniert. Und im Garten? So sehr uns das Thema Farbe im täglichen Leben beeinflußt, hier verschwenden wir kaum einen Gedanken daran. Völlig unbekümmert decken wir uns mit einem Sammelsurium an Sträuchern, Stauden und Sommerblumen ein, ohne Rücksicht darauf, ob sie nun eigentlich farblich miteinander harmonieren. So kann es geschehen, daß wir, anstatt einer heiteren Sommerszene, wie sie uns ursprünglich vorschwebte, nun plötzlich einen »Rummelplatz« in den schrillsten Farben vor unserer Haustüre liegen haben. Um dann der Farbenschlacht auf den Beeten zu entgehen, bleiben uns eigentlich nur zwei Möglichkeiten: Entweder wir schließen die Augen, so lange wir uns im Garten aufhalten – was ja nicht gerade eine befriedigende Lösung ist – oder, wir sorgen eben für eine harmonische Farbgestaltung.

Selbstverständlich hängt die Verwendung von Farben sehr vom persönlichen Geschmack ab und bleibt immer etwas Subjektives. Aber glücklicherweise gibt es doch einige Regeln, die sicheren Erfolg garantieren. Und es ist wirklich schier unglaublich, was man – mit Hilfe von Pflanzenfarben – alles im Garten zu erreichen vermag. Sie sind das »Werkzeug« um Gartenräume optisch zu vergrößern oder zu verkleinern, dunkle Ecken zum Leuchten zu bringen und uns selbst in die unterschiedlichsten Stimmungen zu versetzen – von Ruhe und Ausgeglichenheit, bis hin zu starken leidenschaftlichen und aufwühlenden Gefühlen.

Im »Grauen Garten« herrscht eine stille Harmonie. Pflanzen mit silbrig überpudertem Blattwerk, samtigen Strukturen und gedämpften Grüntönen sind hier versammelt.

Grundsätzlich werden Farben in »warm« und »kalt« eingestuft. Zu den »warmen« Farben zählen Gelbgrün, Gelb, Orange und Rot – so lange es, wie Zinoberrot – noch einen Hauch von Orange besitzt. Rot, das wie Purpurrot, schon eine Spur von Blau enthält, gehört – genau wie Violett, Blau und Grün – zu den »kalten« Farben. Beim Mischen von »kalten« und »warmen« Farbtönen muß man behutsam vorgehen, ganz besonders, was die Rottöne betrifft. Der Anblick einer purpurroten Kletterrose an einer Ziegelmauer in »warmem« Rot, jagt einem förmlich Kälteschauer über den Rücken.

Wir dürfen auch nicht vergessen die Farben des im Garten verwendeten Baumaterials in unsere Überlegungen miteinzubeziehen. Hauswände, Gartenmauern, Pflasterbeläge, ja sogar Pergolen, Sitzbänke und Gartenmöbel – all dies bildet den farblichen Rahmen, in den wir die Blüten- und Blattfarben hineinsticken. So schaffen zum Beispiel graulaubige, niedrige Stauden, wie der samtig behaarte Wollziest, *Artemisia stelleriana* – eine besonders zierliche und filigrane Gartenraute – und das aromatisch duftende Heiligenkraut einen gelungenen Übergang vom Blumenbeet zum Pflasterbelag. Denn Grau »beißt« sich mit keinem anderen Farbton.

Überhaupt ist Grau wohl die vielseitigste Farbe für die Gartengestaltung. Sie dämpft grelle Farbtöne, während blasse Pastellfarben in ihrer Begleitung lebhafter erscheinen und mehr Struktur erhalten. Obendrein hat Grau die wundebare Eigenschaft Farben, die sich untereinander nicht vertragen, zu neutralisieren und damit eine stille Harmonie auf den Beeten zu schaffen. Deshalb sind graulaubige Pflanzen im Garten von unschätzbarem Wert.

»Grau« erscheinen uns Gewächse, wenn sie kleine Auswüchse oder feine Härchen

auf den Blättern haben, die einfallende Lichtstrahlen ablenken. Ein genialer Trick, den vor allem jene Pflanzen anwenden, die in südlichen Ländern oder im Hochgebirge zu Hause sind und sich dort vor der heißen Sonne schützen müssen. Prompt zeigen sich die Blattflächen gleich viel glatter und grüner, siedelt man graue Pflanzen an eher schattigen Gartenplätzen an.
Ganz besonders attraktiv wirken graulaubige Gewächse im weichen Licht der untergehenden Sonne. Ob wie mit reinem Silber überpudert, oder mehr in stumpfen Tönen, ob pelzige oder samtige Strukturen – graue Pflanzen sind um diese Tageszeit wie verzaubert. Daß auffallende Blüten meist fehlen, stört uns nicht im geringsten. In der Tabelle auf Seite 162 habe ich einige dieser grauen Pflanzenschätze für Sie gehortet.
Natürlich ist auch Weiß beim Farbengärtnern eine wichtige Hilfe, um sanfte Übergänge zu schaffen und Farbenschlachten auf den Blumenrabatten zu verhindern. Aber dazu später noch mehr.
Bestimmt haben Sie schon einmal beobachtet, daß ein Gegenstand umso blasser wirkt, je weiter er entfernt ist. Denken Sie dabei nur einmal an eine Gebirgskette in der Ferne. Dieses Phänomen kann man im Garten ganz bewußt einsetzen und für den Hintergrund nur blasse Pflanzenfarben – zarte Blau- und Violett-Töne sowie Grau – wählen. Solche Farben vermischen sich leicht und verschmelzen mit zunehmender Entfernung. Die Strukturen der einzelnen Blüten und Blätter lösen sich auf und zerfließen zu einem nebelhaften Bild. Dadurch entsteht der Eindruck von Weite – also gerade das Richtige für kleine Gärten.
Die »warmen« Farben – Gelb, Orange und Rot – treten dagegen hervor. Und Rot »springt« einem schier in die Augen. Auch von weitem gesehen, behalten rote Blüten ihre feste Kontur und die leuchtende Farbe. Sie verschmelzen nicht mit der Umgebung. Dadurch scheinen sich die Entfernungen zu verkürzen. Einen kleinen Garten könnte man – durch zuviel rote Blüten – förmlich erdrücken. Andrerseits läßt sich eine große Fläche mit Hilfe von Rot auf ein optisch angenehmes Maß verringern. Grundsätzlich aber sollten leuchtende Farben wohlüberlegt und sparsam

plaziert werden. Sie eignen sich für den Bereich am Haus oder als leuchtender Akzent, als Blickfang im Garten. Man darf es damit nur nicht übertreiben, das wäre für Augen und Gemüt einfach zu anstrengend. Denken Sie daran, daß ein einzelner Tupfer Rot so viel optisches Gewicht besitzt, wie eine Menge violetter oder blauer Blüten. Hüten Sie sich also vor allzuviel leuchtenden, auffälligen Farben im Garten. In unserem gemäßigten Klima mit einem häufig wolkenverhangenen Himmel wirken besonders intensiv gefärbte Pflanzen einfach zu grell. Das ist auch der Grund, warum uns gerade exotische Blumen aus den Tropen und Subtropen mit ihren »knalligen« Farben oft so »schrill« und deplaziert vorkommen – besonders, wenn sie nicht in einen neutralisierenden Rahmen aus ruhigen Grau- und Grüntönen eingesponnen sind.

Im Licht der untergehenden Sonne verwandeln sich leuchtende Farben langsam in »satte« Töne, um mit zunehmender Dämmerung über Violett ins schwarze Nichts zu tauchen. Das ist dann die Stunde der blassen, zarten Pastellfarben, die wiederum im gleißenden Sonnenlicht – ohne Stabilisierung durch ein paar kräftigere, sattere Farbtupfer, zum Beispiel in tiefem, leuchtenden Rosa, beinahe ein wenig fade wirken. Im Zwielicht reflektieren sie so lange, bis wirklich das letzte bißchen Licht verschwunden ist. Deshalb sollten Sie sich auch Gedanken darüber machen, ob Sie Ihre Terrasse oder einen anderen Sitzplatz im Garten hauptsächlich tagsüber oder erst nach Feierabend benützen wollen. Davon hängt ab, welche Pflanzenfarbe Sie am besten wählen.
Selbstverständlich eignen sich helle Pflanzenfarben – in Weiß, Pastell oder Gelb –

Eine reizvolle Farbkomposition: Spornblumen in Himbeerrot und Weiß, zusammen mit den zarten Rosatönen des Diptam (oben).
Unten: Hier fügen sich Storchschnabel, Leinkraut, Apfelminze und Rose zu einem hübschen Bild zusammen.

auch sehr gut für schattige Bereiche, wo sie noch der feinste Lichtstrahl, der das Dunkel durchdringt, geheimnisvoll schimmern läßt.

Sicher haben auch Sie eine persönliche Lieblingsfarbe oder Sie bevorzugen gleich mehrere Farbtöne. Vielleicht möchten Sie vom Wohnzimmer aus am liebsten auf leuchtende, warme Farben blicken, die Sie heiter stimmen. Oder Sie bevorzugen mehr die Blumen in zarten Farbtönen, deren Anblick so beruhigend und friedlich auf Sie wirkt. Und tatsächlich täuschen Sie Ihre unterschwelligen Gefühle keineswegs. Wie Wissenschaftler herausgefunden haben, beeinflußen Farben tatsächlich Körper und Psyche von uns Menschen. In der Medizin gibt es eine bestimmte Heilmethode – die Chromotherapie (Farbbestrahlung) – die sich damit befaßt. Die drei Grundfarben – Gelb, Rot und Blau – zeigen dabei die stärkste Heilwirkung. Warmes Rot wirkt beherrschend, kraftvoll und anregend und signalisiert Begeisterung. Es erhitzt, erweitert die Gefäße und sorgt dadurch für eine bessere Durchblutung des Körpers. Mit roten Strahlen sucht man daher unter anderem Herzkrankheiten und Erkältungen zu kurieren. In etwas geringerem Maße sagt man auch den anderen »warmen« Farben eine ähnliche Wirkung nach.

Von Blau verspricht man sich dagegen eine kühlende und überaus beruhigende Wirkung – gerade das richtige bei nervösen Störungen, Angstzuständen, Unruhe und Schlaflosigkeit. Und weil es die Gefäße verengt, soll es auch schmerzstillend sein. Mit Hilfe von Blau werden in der Chromotherapie äußerlich rot »gefärbte« Krankheiten behandelt, wie Fieber, Schwellungen, Entzündungen und ebenso Bluthochdruck. Auch Grün besänftigt und bringt Entspannung und Erholung – weshalb man es gerne bei Kopfschmerzen einsetzt. Allerdings soll es nicht ganz so intensiv wirken wie Blau. Auch Violett, eine weitere »kalte« Farbe zeigt etwas weniger Wirkung.

Gelb stimmt heiter, vertreibt die Melancholie, belebt und bringt den Geist in Schwung – jedoch ohne die Aggressivität von Rot. Deshalb soll Gelb unsere Leistungsfähigkeit steigern und die Müdigkeit vertreiben. Das ruft natürlich geradezu nach gelb gestrichenen Arbeitszimmern. Farbtherapeuten behandeln mit gelbem Licht Magen- und Darmstörungen.

Der Gedanke liegt nahe, daß nicht nur die Bestrahlung mit einer bestimmten Farbe oder ein entsprechend bemalter Raum Psyche und Körper derartig beeinflussen, sondern daß auch Farbengärten eine entsprechende Wirkung zeigen könnten. Ob Heilwirkung oder nicht – vielleicht haben Sie einfach Lust, sich in Ihrer Lieblingsfarbe so richtig auszuleben.

Die »monochromen« Gärten, die hauptsächlich in einer ganz bestimmten Farbe blühen, sind eine Erfindung der Engländerin Gertrude Jekyll – der Hohenpriesterin der Farbenkünste im Garten. Mit dem Talent und den Fähigkeiten einer geschulten

Helles Gelb (*Digitalis lutea, Achillea* 'Moonshine' und eine Taglilie), Silbergrau *(Artemisia)* und das Weiß der Rose 'Schneewittchen' bilden eine Komposition in lichten Tönen.

Malerin begabt, entwickelte sie ihre Farbtheorien und setzte sie sogleich im eigenen Garten und im Auftrag anderer in die Tat um. Ihr Buch »Colour Schemes for the Flower Garden«, das 1908 erschien, gehört längst zu den Gartenbuch-Klassikern. Damit ein weißer, blauer oder gelber Garten jedoch nicht langweilig wird, empfiehlt sie uns den Begriff »monochrom« nicht gar zu verbissen zu sehen: »Es ist merkwürdig, daß manchmal ein Vorhaben um eines Wortes willen verdorben wird. Zum Beispiel kann ein blauer Garten zur Steigerung seiner Schönheit heftig nach einer Gruppe weißer Lilien oder nach hellstem Zitronengelb verlangen, doch dem wird nicht nachgegeben, weil er der »Blaue Garten« heißt und nur blaue Blumen darin stehen dürfen. Ich kann darin keinen Sinn sehen ... Überdies weiß jeder erfahrene Maler, daß Blautöne ausdrucksvoller werden, reiner blau, wenn man die Komplementärfarben danebenstellt.«

Verständlich wird uns die Sache mit der Komplementärfarbe, wenn wir uns ein kreisförmiges Farbschema vorstellen, das aus den drei Grundfarben Rot, Blau und Gelb und den drei Sekundärfarben Orange, Grün und Violett besteht. Natürlich ist das eine sehr vereinfachende Darstellung. Aber dieser Farbenkreis zeigt uns sehr anschaulich die Komplementärfarben, die – als Blau und Orange, Rot und Grün, Gelb und Violett – einander gegenüberliegen und sich ergänzen. Darum sollten in einem »monochromen« Garten einzelne Schlaglichter der Komplementärfarbe nicht fehlen, denn sie erhöhen die Leuchtkraft der Hauptfarbe.

Nun müssen Sie ja nicht gleich Ihren gesamten Garten ummodeln. Ein kleines Grundstück, das auf seiner ganzen Fläche in Weiß oder Gelb gestaltet wird, wäre sicher ziemlich monoton und langweilig. Aber wie wär's denn – falls Sie mehr Platz zur Verfügung haben – mit einem kleinen »Garten-Zimmer«, das Sie Ihrer Lieblingsfarbe widmen. Oder denken Sie doch einmal an ein »monochromes« Beet gleich im Anschluß an die Terrasse. Dann könnte doch endlich einmal etwas mit jener kahlen Stelle im Schatten der Bäume geschehen, die Ihnen schon so lange ein Dorn im Auge ist. Und schließlich wäre da auch noch der Beetstreifen längs der Hauswand, mit dem Sie bisher ohnehin nichts rechtes anzufangen wußten. Sie sehen, Möglichkeiten gibt es wirklich genug.

Wenn Sie das Gefühl haben, daß Ihnen ein Beet mit dem Hauptgewicht auf nur einer Farbe auf die Dauer doch zu wenig gibt, dann könnten Sie die Pflanzfläche auch zwei- oder dreifarbig gestalten. Hauptsache, die Farben sind untereinander glücklich verheiratet – wie zum Beispiel die geradezu klassische Kombination von Gelb,

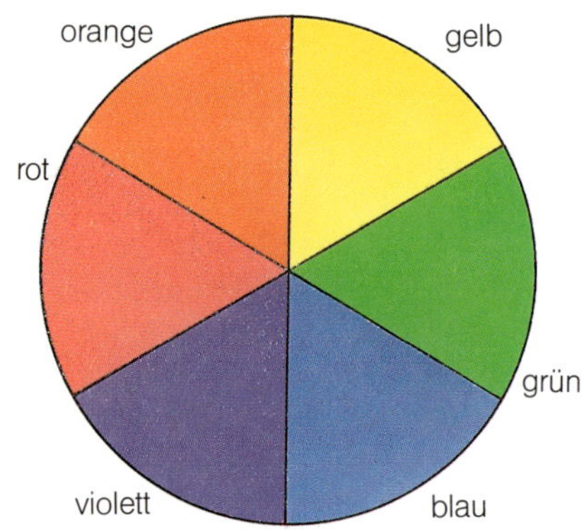

Liegen sich im Farbkreis gegenüber: Komplementärfarben

Blau und Violett oder Rosa und sanftes Violett mit Silbergrau und ein paar Spritzern Weiß, oder Gelb und Weiß – eingesponnen in einen Rahmen aus Silbergrau und sattem Grün. Bei einigem Nachdenken fallen Ihnen bestimmt noch ein paar aufregend schöne oder bezaubernd »stille« Farbkombinationen ein. Manchmal braucht man auch nur die Augen offenzuhalten, denn durch Zufall sind schon die reizvollsten Gartenbilder entstanden, an denen man mit Bedacht und Fingerspitzengefühl »weiterpuzzeln« kann. Vielleicht finden Sie auch einmal eine Pflanze, die wegen ihres besonderen Blattwerks wunderbar in Ihr Farbenbeet passen würde – nur die Blüten blühen leider in der falschen Farbe. Das macht nichts. Pflanzen Sie sie trotzdem und schneiden Sie die Blumen einfach für Sträuße.

Eine bedeutende Rolle spielt beim Farbengarten ein möglichst ruhiger Hintergrund. Das könnte zum Beispiel eine streng geschnittene Hecke aus schnellwachsendem Liguster, aus Buche oder Eibe sein, aber auch eine Gartenmauer, oder einfach die Hauswand. Bei einem unruhigen, bunten Hintergrund dagegen würde diese Gartenidee alle Faszination verlieren.

Noch ein Tip: Wenn Sie eine Blume aus einem anderen Teil Ihres Gartens in eine bestimmte Farbkombination integrieren möchten und sich nicht sicher sind, ob sie auch tatsächlich paßt, könnten Sie die Wirkung schon einmal mit Hilfe von ein paar abgeschnittenen, für die Vase bestimmten, Blütenstengeln ausprobieren. Die stecken Sie – stellvertretend für die gesamte Pflanze – zu den anderen ins Beet, treten etwas zurück und schon wissen Sie, ob Ihre Idee gut war oder nicht.

Eine reine Staudenrabatte, in harmonisch aufeinander abgestimmten Farben, in der es ohne Unterbrechung blüht, ist immer ausgesprochen wirkungsvoll. Aber die Arbeit! Deshalb sollte man, wenn man nicht jede freie Minute dort »herumpusseln« will, unbedingt noch Gehölze in die Planung miteinbeziehen. Und Kletterpflanzen natürlich auch, denn ihre unbekümmerte Art an allen möglichen Kletterhilfen herumzuturnen, lockert starre Formen wunderbar auf. Aber dann sollte das Beet wenigstens 2 Meter breit sein. Und seien Sie ganz streng mit sich, was die Auswahl der Pflanzenarten für die Rabatte betrifft. Begeisterte Gärtner wie Sie und ich neigen immer dazu, viel zu viele ihrer Lieblinge ins Beet hineinstopfen zu wollen. Aber mit dem Prinzip »ein Pflänzchen von diesem, ein Pflänzchen vom jenem« hat man am Ende höchstens eine Sammlung, aber keine attraktive Rabatte. Also begrenzen Sie lieber die Anzahl der Arten und pflanzen Sie dafür gleich größere Mengen davon. Das zeigt Wirkung! Und noch etwas: In einem Farbenbeet sollte natürlich möglichst immer etwas in den entsprechenden Farbtönen blühen – auch schon im zeitigen Frühjahr. Das riesige Angebot an Krokussen, Tulpen und Hyazinthen macht es uns wirklich leicht etwas Passendes zu finden. Und im Herbst, wenn das Gartenjahr schließlich seinem Ende zugeht und dekorative Blüten selten werden, hilft uns eine ungeahnte Fülle von Herbstastern in allen Farbschattierungen und bestimmt werden Sie auch bei den Dahlien noch fündig.

Sollte Ihr Beet unmittelbar an den Rasen angrenzen, wäre eine Einfassung aus Klinkern oder Granitpflastersteinen zu empfehlen. Das erleichtert das Mähen wesentlich und verhindert, daß vorwitzige Blümchen unter das Messer des Rasenmähers gelangen. Und jetzt sollten Sie sich einmal überlegen, welche Stimmung Sie sich am liebsten in Ihren Garten pflanzen möchten. Hier ein paar Vorschläge.

Sommernachtstraum in Weiß

Wenn Ihnen vor lauter Arbeit nur noch abends ein wenig Zeit bleibt, Ihren Garten zu genießen, dann sollten Sie es einmal mit einem Beet aus weißen Blumen – eingewoben in einen Teppich von fein strukturiertem grauem und grünem Blattwerk versuchen. Denn kräftige Farben – vor allem Rot – sind, wenn die Dämmerung beginnt, schnell im schwarzen Nichts verschwunden. Weiß dagegen bedeutet größtmögliche Helligkeit. Noch der feinste Mondstrahl und sogar ein kleines bißchen Kunstlicht lassen weiße Blüten im Dunkeln wunderbar schimmern und glänzen. Und gibt es wohl etwas Romantischeres als weiße Blumen in einer vom Mondlicht übergossenen Sommernacht? Aber auch tagsüber ist ein solches Beet äußerst anziehend. Es wirkt auf eine angenehme Weise »kühl« und friedvoll. Und an heißen Sommertagen suggeriert es Frische und Schwung – ganz ohne übertriebene Hektik. Reines Weiß sieht unser Auge übrigens, wenn alle Lichtstrahlen von einer Oberfläche reflektiert werden.

Klein aber fein: Es muß nicht gleich ein »Weißer Garten« sein – schon die kleine Treppe, umgeben von duftig-weißen Blütenwolken ergibt ein reizendes Bild.

Der berühmte »Weiße Garten« von Sissinghurst zieht Besucher in Scharen an. Falls Sie von einem eigenen weißen Beet träumen: Die Verwirklichung ist gar nicht so schwer, denn von beinahe jeder Gartenblume existiert auch eine weiße Form.

»Ich liebe Farbe und freue mich an ihr, aber Weiß entzückt mich immer«, schrieb Vita Sackville-West, die berühmte englische Schriftstellerin und Gartenexpertin. Sie setzte ihre Begeisterung für weiße Blumen kurzerhand in die Tat um und schuf den wohl berühmtesten Weißen Garten Englands auf ihrem Anwesen Sissinghurst Castle in der Grafschaft Kent. Er kann besichtigt werden und lockt jedes Jahr neue Scharen von Besuchern aus aller Welt an. Madonnenlilien und Phlox, Lupinen, Glockenblumen, Schwertlilien und schäumender Meerkohl sind in diesem formal geplanten Garten zu großzügigen Gruppen zusammengepflanzt und durchwirkt mit dekorativem grauen, silbernen und grünen Blattwerk. Unter Schneewittchen-Rosen blüht die Jungfer im Grünen und in einem schattigen Winkel wuchert Lungenkraut mit hübsch gefleckten Blättern, das sogar den Namen seines Standorts trägt, nämlich 'Sissinghurst White'. Im Hintergrund ziehen stattliche Disteln die Blicke auf sich und eine Weidenblättrige Birne *(Pyrus salicifolia)* bildet eine silberhelle Wolke, die die Statue einer Jungfrau umhüllt. Und im Mittelpunkt des Gartens ergießt sich eine *Rosa longicuspis* mit einer Flut glänzender Blätter und duftendem weißen Blütenschaum über eine zierliche Eisenpergola. Eine streng geschnittene grüne Hecke um den Garten und gleichmäßige Buchsbordüren als Beeteinfassung schaffen den festen Rahmen, der das zerfließende, nebelhafte Blumenbild in Weiß, Grau und Silber zusammenhält. Ein Traum von einem Garten!

Die Züchtung von immer noch bunteren Blumen ging häufig auf Kosten der Blütenform und des Duftes. Inzwischen aber sind wir der »krakelenden« Farben überdrüssig und es reizt uns, nach ruhigeren Stimmungen zu suchen. Und so entdecken wir plötzlich etwas wieder, das wir längst vergessen hatten, nämlich, daß das Auge in der Lage ist, die allerfeinsten Unterschiede auszumachen. Es gibt Weiß mit einem Hauch von Rosa; ein Weiß, das durchscheinend und zerbrechlich wirkt wie feinstes Porzellan und eines, das wie Perlmutt schimmert. Ein anderes erinnert uns an frischen Rahm, wirkt gedämpft wie Elfenbein oder wie knisterndes Seidenpapier. Die weißen Blüten des Fingerhuts sind purpurrot getüpfelt, Goldbandlilien zeigen zarte goldgelbe Streifen auf den Blütenblättern und weiße Schwertlilien besitzen einen gelben Schlund. Man muß sich diese Blüten eben nur genau ansehen, um die feinen Farbabstufungen zu erkennen und die weiße Wunderwelt so richtig zu entdecken.

Hätten Sie auch gerne einen Weißen Garten oder zumindest ein Beet? Diesen Wunsch könnten Sie sich leicht erfüllen, denn fast jede bekannte Gartenblume hat auch eine weiße Form. Eine kleine Auswahl aus der schier unerschöpflichen Fülle finden Sie in der Tabelle auf Seite 164. Und hier ist ein Vorschlag, wie Ihr Sommernachtstraum in Weiß aussehen könnte: Als Hintergrund wäre eine Hecke in gleichmäßigem Grün bestens geeignet. Falls das aus Platzgründen nicht in Frage kommt, könnten Sie einen ähnlichen Effekt mit Hilfe eines grüngestrichenen, hölzernen Rankgerüsts erreichen. Das wäre dann auch gleich der richtige Halt für die Blütenkaskaden der Climbing-Rose 'Schneewittchen' und einer großblütigen Clematis 'Miss Bateman'. Schneeweißer Rittersporn, zart duftender Phlox, ein Fingerstrauch – und zwar *Potentilla fruticosa* 'Abbotswood' mit schier unerschöpflicher Blütenpracht und feine Blumennebel des Schleierkrauts könnten – zusammen mit den zierlichen Blütendolden der Astrantie ein anmutiges Bündnis schließen.

Dazwischen würde ich noch einige Trompeten der Madonnenlilie hineintupfen und das Bild mit dichten Blütenwolken von *Campanula persicifolia* und wucherndem weißen Baldrian abrunden. Grau- und silberlaubige Pflanzen, wie Dochtblume, Heiligenkraut und – im Vordergrund – Wollziest sowie die fiederblättrige *Artemisia assoana* sorgen für mehr Struktur. Zierliche Ehrenpreisblütchen am Beetrand und die weißen Blüten von *Geranium renardii,* die so hübsch von zarten violetten Adern durchzogen sind, könnten einen anmutigen Abschluß des Themas bilden.

Ein zusätzlicher Blickfang wäre ein Holzzuber, der mit weißen, duftenden Wasserpflanzen, zum Beispiel Seerosen und Fieberklee, besetzt ist (Näheres auf Seite 161).

① 1 Climbing-Rose 'Schneewittchen'
② 1 *Clematis Hybride* 'Miss Bateman'
③ 4 *Valeriana officinalis*
④ 1 *Potentilla fruticosa* 'Abbotswood'
⑤ 6 *Campanula persicifolia* 'Grandiflora Alba'
⑥ 7 *Phlox paniculata* 'Sommerkleid'
⑦ 3 *Delphinium* Pacific-Gruppe 'Galahad'
⑧ 5 und 3 *Lilium candidum*
⑨ 1 *Gypsophila paniculata* 'Schneeflocke'
⑩ 5 *Ballota pseudodictamnus*
⑪ 7 *Astrantia major*
⑫ 4 *Santolina chamaecyparissus*
⑬ 5 *Geranium renardii*
⑭ 1 *Nymphea odorata* 'Alba'
⑮ 5 *Stachys lanata* 'Silver Carpet'
⑯ 7 *Veronica repens*
⑰ 3 *Artemisia assoana*

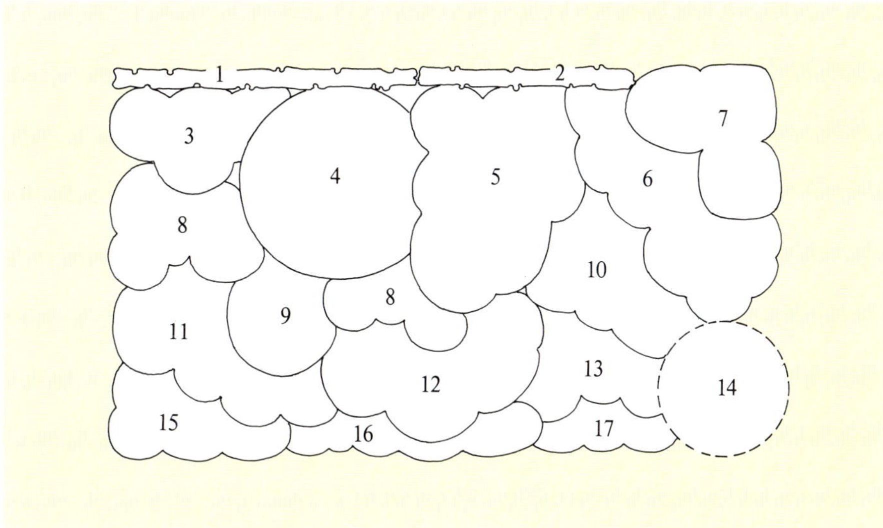

Die reine Freude verheißt dieses Beet in strahlendem Weiß. Frische und Eleganz legt es bei Sonnenlicht an den Tag und nach Einbruch der Dämmerung gehen die weißen »Blüten-Laternen« als allerletzte aus. Vielleicht haben Sie ein sonniges Plätzchen von 4,5 x 2,5 m dafür übrig?

Blumenpoesie in Blau

Blau, so sagen die Psychologen, wirkt beruhigend und friedlich. Vielleicht weil wir es mit den Farben des Himmels, der See und der fernen Landschaft verbinden. Leuchtendes, klares Blau bewahrt seine Heiterkeit sogar noch bei bedecktem Himmel und macht uns an besonders heißen Tagen den Aufenthalt im Garten viel angenehmer. Denn während uns sanfte Pastelltöne in der prallen Sonne grau und fade vorkommen, scheint uns der Anblick von Blau geradezu zu erfrischen. Es wirkt schon beinahe »durstlöschend«! Doch leider – reines, strahlendes Blau, so wie es uns die Ochsenzunge *(Anchusa azurea)* auf unvergleichliche Weise bietet, ist bei den Blumen selten. Sehr oft enthält die Farbe Purpur oder Violett – zumindest einen feinen Hauch davon. Doch auch diese »Molltöne« des Blau haben viel für sich. Besonders dann, wenn die Sonne untergeht, oder in den frühen Morgenstunden, scheinen sie im Gegenlicht geheimnisvoll zu leuchten und zu glühen und stehlen dann den reinen Blautönen komplett die Schau. In solchen Momenten können auch die Blumen mit einer Spur von Lila oder Purpur vollkommen Blau wirken. Deshalb gibt es wohl keine Farbe, die uns so verwirrend und verwickelt vorkommt und die wir – mit all den Schattierungen und Übergängen – so subjektiv empfinden wie Blau. Doch wie dem auch sei, all diese Blautöne zusammen auf einem Beet wirken immer friedlich und harmonisch – vom reinsten Blau über blasse und dunkle Schattierungen, vom hellen Lila bis hin zu tiefem Violett und den Purpurtönen. Es wird niemals Unstimmigkeiten geben. Eine solche Rabatte am Rande eines Gartens wirkt nebelhaft »verschwommen« und gibt uns ein Gefühl von Weite und Ferne. Ein wunderbarer Trick, um kleine Grundstücke optisch zu vergrößern.

Das Geheimnis, wie Sie blaue Farbtöne (Tabelle auf Seite 166) zum Leuchten bringen und dadurch noch intensiver blau erscheinen lassen, liegt in der Komplementärfarbe. Ein paar Spritzer von Zitronengelb zum Beispiel wirken Wunder. Auch wenn man einige Blüten in Elfenbeinweiß hinzufügt, erreicht man ähnliches.

Und so könnte Ihre blaue Rabatte aussehen: Ein blendend blauer Effekt entsteht durch eine Gruppe *Delphinium* im Hintergrund, die durch weißen Rittersporn und Bärenklau mit weißlich-rosa Blütenähren in der Nachbarschaft noch erheblich an Leuchtkraft gewinnt. Als Gegengewicht werden Bartblume mit graugrün beblätterten, aromatisch duftenden Zweigen und lavendelblauen Blütenbüscheln und Ochsenzunge in besonders strahlendem Blau auf die gegenüberliegende Seite gepflanzt. Pfirsichblättrige Glockenblume, Lein mit zierlich gebogenen Stielen, Lupine und die auffälligen Blütenköpfe der Edeldistel unterstreichen noch das blaue Thema. Und Salbei und Katzenminze fügen der Komposition Töne in tiefem Violett und hellem Lavendelblau hinzu. Für ein wenig zurückhaltende Vornehmheit sorgt eine silberblättrige *Artemisia*. Zum »nebelhaften« Aspekt des Beetes tragen kleine Polsternelken mit silberblauem Laub, ein Storchschnabel in hellem Rosa und die winzige Schafgarbe, *Achillea umbellata*, mit entzükkenden silberweißen Blättchen bei.

Nach soviel Harmonie ist natürlich auch ein wenig Spannung und Reiz angesagt – deshalb noch einige hellgelbe Farbtupfer in Gestalt einer Taglilie und ein paar weiße Blütenbällchen der niedlichen Schafgarbe *Achillea ptarmica* 'Schneeball'. Die unermüdliche Spornblume fügt mit ihren dekorativen Blütenrispen dem Bild einen himbeerroten Ton hinzu. Und im Vordergrund setzt sich schließlich noch ein Günsel mit hübschen blauen Blütenkerzen und purpurfarbenem Laub in Positur, um das blaue Thema auf anziehende Weise zu beenden.

Ein blauer Gartenteil ist ein echtes Erlebnis. Eingestreute gelbe und weiße Töne verstärken noch die Leuchtkraft.

(1) 3 *Delphinium cultorum* 'Abgesang'
1 *Delphinium pacific* 'Galahad'

(2) 3 *Acanthus longifolius*

(3) 2 × 1 *Anchusa azurea* 'Loddon Royalist'

(4) 1 *Caryopteris* × *clandonensis*

(5) 6 *Campanula persicifolia* 'Grandiflora Coerulea'

(6) 3 *Lupinus polyphyllus*-Hybride

(7) 1 *Hemerocallis*-Hybride 'Lemon Bells'

(8) 5 *Nepeta* × *faassenii* 'Six Hills Giant'

(9) 3 *Centranthus ruber* 'Coccineus'

(10) 1 *Artemisia pontica*

(11) 3 *Eryngium planum* 'Blauer Zwerg'

(12) 4 *Salvia nemorosa* 'Ostfriesland'

(13) 7 und 6 *Linum narbonense*

(14) 15 und 5 *Dianthus caesius* 'Blaureif'

(15) 5 *Geranium* × *oxoninense* 'Rose Clair'

(16) 3 *Achillea ptarmica* 'Schneeball'

(17) 7 *Aster dumosus* 'Mittelmeer'

(18) 9 *Ajuga reptans* 'Artropurpurea'

(19) 11 *Achillea umbellata*

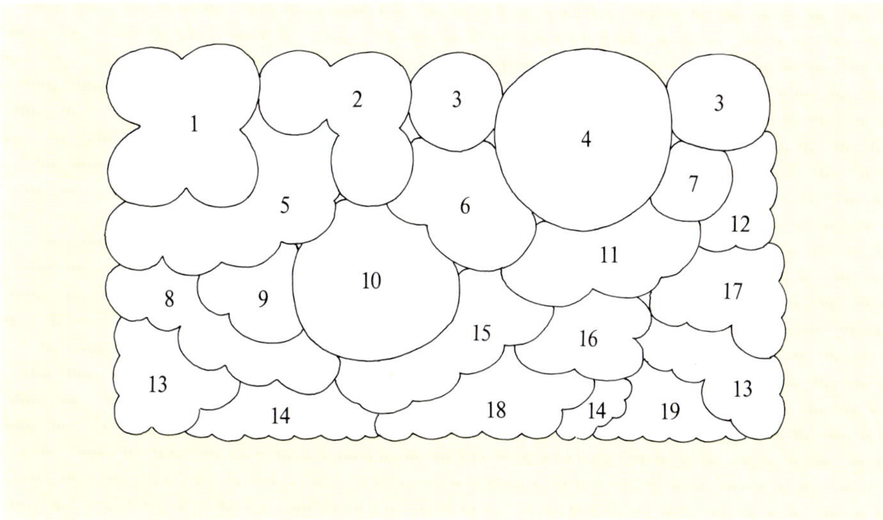

Möchten auch Sie gerne Ihr »blaues Wunder« erleben? Dann versuchen Sie es doch mal auf diese Weise. Mein Vorschlag ist für ein Beet von 2,5 × 4,5 m in sonniger Lage gedacht.

Romantischer Purpurglanz

Rote Blumen glühen im Garten wie kleine Signalfeuer – sogar noch aus größerer Entfernung. Wird Rot jedoch – wie zum Beispiel Purpur und Magenta – durch einen Anteil von Blau gedämpft und schattiert, dann wirken diese neu entstandenen Farbtöne gleich viel weniger beherrschend und isoliert. Im Gegenteil – sie erhalten Tiefe und Gewicht. Lebhaftere, grelle Farben werden durch ihre Gesellschaft gemildert und beruhigt. Aber dunkles Purpur und seine engeren Verwandten sind im Garten nicht nur sehr hilfreiche Farbtöne, sondern auch besonders reizvoll – vor allem für diejenigen unter uns, die einen Hang zum Romantischen haben. Denn Blumen in dunklen Rottönen wirken geheimnisumwoben und ein leiser Hauch von Melancholie scheint sie zu umschweben. Sie sind wie eine Erinnerung an längst vergangene Zeiten. Aber man muß sie mit Muße betrachten und ganz aus der Nähe – sollen sie ihre Geheimnisse preisgeben. Besieht man die Blumen nämlich einmal gegen das Licht, so geht eine aufregende Ver-

Geheimnisvolle Tiefe verbirgt sich in purpurfarbenen Blüten und Blättern. Hier drei Vorschläge wie Sie das romantisch gedämpfte Rot mit anderen Farben kombinieren können:
Mit altmodischen Charme – Purpur, Rosa und Silbergrau (4,5 × 1,2 m)
Aufregend – Purpur und Gelb (3,5 × 1,2 m)
Reizvolle Kühle – Purpur und Blau (5,5 × 2 m)

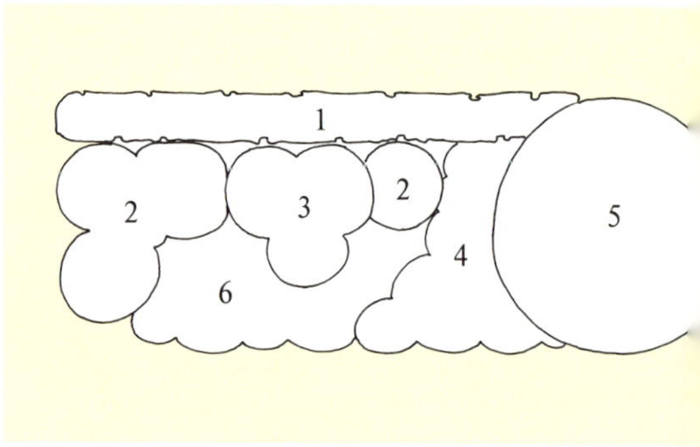

Romantischer Purpurglanz:
Purpur und Gelb

① 1 *Lathyrus odoratus* 'Beaujolais'

② 3 und 1 *Bergenia cordifolia* 'Purpurea'

③ 3 *Euphorbia cyparissias × waldsteinii* 'Betten'

④ 7 Geranium phaeum

⑤ 1 Rodgersia podophylla 'Rotlaub'

⑥ 8 Alchemilla mollis

Romantischer Purpurglanz:
Purpur und Blau

① 1 *Rosa gallica*-Hybride 'Tuscany'
② 3 *Astrantia major* 'Rosensymphonie'
③ 1 *Clematis* x *jackmanii*
④ 2 *Hosta sieboldiana* 'Elegans'
⑤ 1 *Berberis thunbergii* 'Atropurpurea'
⑥ 1 *Cotinus coggygria*
⑦ 15 *Adjuga reptans* 'Atropurpurea'
⑧ 8 *Geranium* x *magnificum*
⑨ 7 *Euphorbia myrsinites*
⑩ 1 *Rodgersia podophylla* 'Rotlaub'

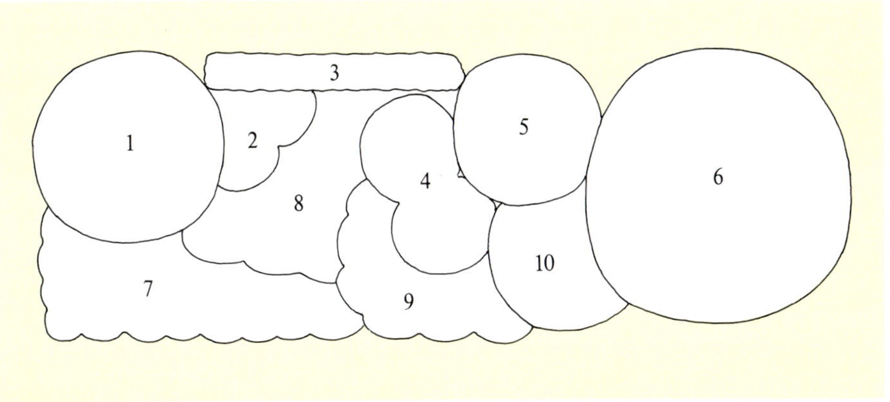

Romantischer Purpurglanz:
Purpur – Rosa – Silbergrau

① 1 *Cynara scolymus* 'Glauca'
② 6 *Althaea ficifolia*
③ 3 *Lupinus polyphyllus*
④ 1 *Salvia officinalis* 'Purpurascens'
⑤ 3 *Papaver orientale* 'Graue Witwe'
⑥ 3 *Artemisia schmidtiana* 'Nana'
⑦ 9 *Ajuga reptans* 'Atropurpurea'

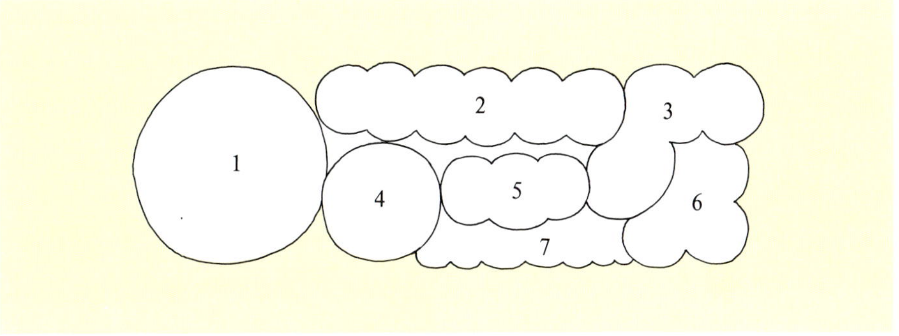

wandlung mit ihnen vor. Schienen sie soeben noch ein wenig matt oder düster, erglühen sie nun, im gefilterten Sonnenlicht, auf geheimnisvolle Weise. Und am sattesten wirkt dunkles Rot im Schein der untergehenden Sonne – dann, wenn ihre Strahlen am längsten sind. Auch rote Blätter sind – wenn man einmal vom Farben-Feuerwerk des Herbstes absieht – eher gedämpft und sorgen im Garten für Tiefe (Tabelle siehe Seite 168).

In vergangenen Zeiten waren diese verhaltenen Töne wohl besonders beliebt. Auf den niederländischen und dänischen Blumenbildern aus der Zeit des Biedermeier sind sie verewigt und üben auch heute noch ihren besonderen, altmodischen Zauber auf uns aus. Gefüllte Levkojen, die selbst auf den Bildern noch zu duften scheinen, schimmernde Schwertlilien, Blütenfackeln der Lupine in auffallendem Dunkelpurpur, die entzückend altmodische Gartenaurikel, fast schwarze Trichterwinden – purpurrot gestreift und mit leuchtend gelbem Schlund – und Stiefmütterchen mit reizenden kleinen Gesichtern bilden einen Blumenreigen in dunklen Rottönen.

Vielleicht haben Sie mittlerweile auch selbst Lust dazu bekommen, solch ein romantisches Blumenbild aus verhaltenen Farben in Ihrem eigenen Garten Wirklichkeit werden zu lassen. Das ist gar nicht so schwer, wie Sie vielleicht zunächst glauben. Auch heute gibt es eine ganze Anzahl von Pflanzen mit Blüten und Blättern in diesen dunklen Tönen, mit denen sich Ihr Beet füllen ließe. Es wäre nur noch zu bedenken mit welchen Farbtönen Sie Ihre monochrome Rabatte »würzen« könnten – damit nicht etwa Langeweile aufkommt. So wären zum Beispiel ein Hauch von Rosa und ein paar Tupfer Silbergrau wunderbar geeignet, um für Leben auf dem Beet zu sorgen und die Wirkung der verhaltenen Rottöne noch ganz erheblich zu steigern. Wenn auch der Hell-Dunkel-Gegensatz zwischen zartem Rosa und dunklem Purpur auffallend stark ist, so bleibt – durch das verbindende rote Pigment bei beiden – doch immer noch eine Verwandtschaft erkennbar. Und Silbergrau benötigen wir, um unsere Farbkomposition harmonisch abzurunden. Wirklich vornehm würde das tiefe Purpurrot der Lupinenblüten auf unserem Beet wirken – deren Rolle, später im Jahr, eine auffallende, beinahe schwarz gefärbte Stockrose übernehmen könnte. Im Vordergrund greift ein purpurblättriger Küchensalbei das Farbthema nochmals auf und findet Antwort in den Blättern des Kriechenden Günsels, über dem im Frühjahr kräftig blaue Blütenkerzen schweben. Für einen auffälligen Hell-Dunkel-Gegensatz zu den Purpurtönen sorgt Türkenmohn, mit zarten Blütenblättern, durchscheinend wie Seidenpapier (*Papaver orientale* 'Graue Witwe' mit einem ungewöhnlichen, weißlila Farbton und großen schwarzen Flecken, oder *P. orientale* 'Juliane' mit leicht gewellten Blütenblättern in zartestem Rosa). Ein silbergrauer Rahmen aus dekorativem Artischockenlaub und *Artemisia schmidtiana* 'Nana' – mit Blättern, fein wie Spitzentücher – bringt Rosa zum Leuchten und steigert gleichzeitig das Potpourri der purpurroten Töne.

Eine aufregende Farbkomposition erhalten Sie, wenn Sie unter dunkle Purpurtöne ein paar Spritzer helles Gelb mischen. Versu-

chen Sie es doch einmal so: In einem tiefen Purpurrot ranken duftende Wicken an einem Gitterspalier empor. Ist der Standort geschützt, würde auch das Rosenkleid – ein einjähriger Schlinger aus Mexiko – mit herrlich violettroten hängenden Glokkenblüten dazupassen. Und der in Europa heimische Braune Storchschnabel in seidigem, beinahe schwarzen Blütenkleid könnte im Schatten der großen, handförmigen Blätter des beeindruckend riesigen Schaublatts wuchern. Die Bergenie steuert unserem Farbenbeet noch rundliche, purpurn überhauchte Blätter bei. Für mehr Helligkeit sorgt die dazwischengestreute Zypressenwolfsmilch mit gelbgrünen Blättern und auffallend gelben Blüten. Schließlich könnten noch die Saure-Drops-farbenen Blütchen des Frauenmantels wie feiner Nebel über dem Farbenbeet schweben.

Gartenfreunde mit einer Vorliebe für Blau sollten es einmal probieren, violette und leuchtend blaue Töne unter purpurrotes Laub und Blüten zu mischen. Das Ergebnis wird Sie begeistern! Perückenstrauch, Berberitze und Schaublatt könnten ein herrliches Bündnis aus dunkelpurpurnem Laub schließen. *Rosa* 'Tuscany', eine der ältesten Gallica-Rosen, mit halbgefüllten, kastanienroten Samtblumen setzt einen blühenden Akzent dagegen. Funkien mit blaugrünem Laub und eine bläulich gefärbte Wolfsmilch sorgen für eine leichte »Kühle« auf dem Beet, die durch die tiefvioletten Blüten von *Clematis × jackmanii* und rosarote Blütenköpfchen der Sterndolde angenehm gemildert wird. Dazwischen sickern blaue Bäche aus Blüten des Kaukasus-Storchschnabels und des Kriechenden Günsels.

Und wenn Sie möchten, können Sie Ihren Schöpfungsdrang nun auch noch vom Blumenbeet in den Gemüsegarten verlegen und zum Beispiel Brokkoli 'Rosalind', Sommerzwiebeln 'Piroska', Blumenkohl 'Purple Cape' und Bohnen (Stangenbohne 'Purple Padded', Buschbohne 'Purple Teepee') zu ihren grünen Verwandten gesellen. Oder Sie schwelgen nach Herzenslust in einer Auswahl rotblättriger Salate – wie Zichoriensalat 'Roter von Verona', Kopfsalat 'Inka', Pflücksalat 'Lollo Rossa' und 'Red Salad Bowl', Eissalat 'Rosa' und rotblättrigem Romana-Salat. Und daß dann ab sofort auch mit purpurblättrigem Basilikum 'Opal' gewürzt wird, versteht sich beinahe schon von selbst.

Wie einem niederländischen Blumenbild entsprungen, so wirken diese kleinen Violen auf uns (oben).
Geheimnisvolle Tiefe und vornehme Zurückhaltung vermitteln die Purpurtöne auf diesem Beet (links).

Durch gelbe Blumen wirkt der Garten – selbst bei bedecktem Himmel – licht und heiter (links). Schon ab April erstrahlt das Steinkraut in leuchtendem Gelb (oben).

Gelbe Lichtblicke

Gelangt man überraschend und damit völlig ahnungslos in die Nähe einer gelben Pflanzfläche, dann erlebt man das überwältigende Gefühl, als bräche plötzlich die Sonne zwischen dunklen Wolken hervor. So ein gelbes Blütenmeer wirkt licht und heiter wie der Frühling höchst persönlich. Sogar bei grauem Himmel und in düsterem Schatten ziehen gelbe Blumen die Blicke auf sich, als wären sie von Scheinwerfern angestrahlt, und verbreiten damit Optimismus in angeschlagenen Gemütern.

Als hellste aller Farben wird Gelb auch am ehesten vom Auge wahrgenommen. Aber genauso, wie uns gleißendes Sonnenlicht blendet, verhindert das lichte und flüchtige Gelb eine klare Perspektive und läßt uns Einzelheiten nur schwer erkennen. Deshalb würde ich diese Farbe nur als wohlüberlegten Akzent in kleinerem Maßstab einsetzen und nicht für einen ganzen monochromen Garten. Auch so ist ihre Wirkung noch verblüffend. Am allerbesten aber kommt die Farbe zur Geltung, wenn man den »Überraschungseffekt« miteinplant. Deshalb sollte man Gelb dem direkten Blickfeld entziehen und zwischen grünem Blattwerk verbergen. Wird das Auge zunächst durch kühles Grün beruhigt und trifft dann unvermittelt auf die Sonnenfarbe, ist die Wirkung besonders großartig.

Gelbe »Lichtblicke« gibt es das ganze Gartenjahr hindurch. Noch in der kalten Jahreszeit breitet der Winterling seine Blütenteppiche aus. Und auch der Winterjasmin laßt sich von der Eiseskälte nicht schrekken und entfaltet tapfer seine zarten Blüten. Primeln und Narzissen künden einige Zeit später das Frühjahr an und dann gibt es kein Halten mehr. In allen Gelbnuancen bringen Blumen und Blätter dem Garten »Erleuchtung« – bis in den späten Herbst hinein (siehe Tabelle auf Seite 170).

Besonders rein, klar und frisch erscheinen uns gelbe Blüten vor einem weißen Rankgerüst oder einer ebenso getünchten Mauer und natürlich auch in Verbindung mit weißen Blumen. Und mischt man graues und silbernes Laub unter die gelbe Pracht, sehen wir die Pflanzung in einem ganz neuen Licht. Dann wirkt sie nämlich ausgesprochen vornehm.

Bildschön ist auch die Kombination von leuchtendem Gelb mit komplementärem Violett und stillem, beruhigenden Blau. Hier ein Beispiel: Im Vordergrund verweben sich gelblichgrüne Blütenschleier des Frauenmantels mit himmelblauen Hornveilchen, schwefelgelben Sonnenröschen – hübsch eingebettet in grauem Laub – und blauviolette Blütenglöckchen von *Campanula raddeana* zu einem üppigen, dichten Blumenteppich. Vielleicht sollte man auch noch das reizende Fingerkraut – *Potentilla recta* 'Warrenii' – als kanariengelben Akzent hinzugesellen. Und wie wär's dann mit duftendem Lavendel – zum Beispiel mit *Lavandula angustifolia* 'Hidcote Blue' –, einem Mädchenauge in lichtem Goldgelb über zierlichem Laubfiligran, einer zitronengelben, kleinblumigen Taglilie und dem anspruchslosen Salbei in tiefem Violettblau. Dazwischen könnte gelbe Schafgarbe ihre flachen Blütenteller erheben. Für die nötige Höhe im Beet würden gelbe duftende Nachtkerzen und die dekorative Königskerze sorgen. Zuletzt würde ich noch einen Schuß Weiß – in Form von *Achillea ptarmica* 'Schneeball' und ein paar Spritzer in leuchtendem Purpurrot, in Gestalt von *Centaurea dealbata* 'Steenbergii', daruntermischen.

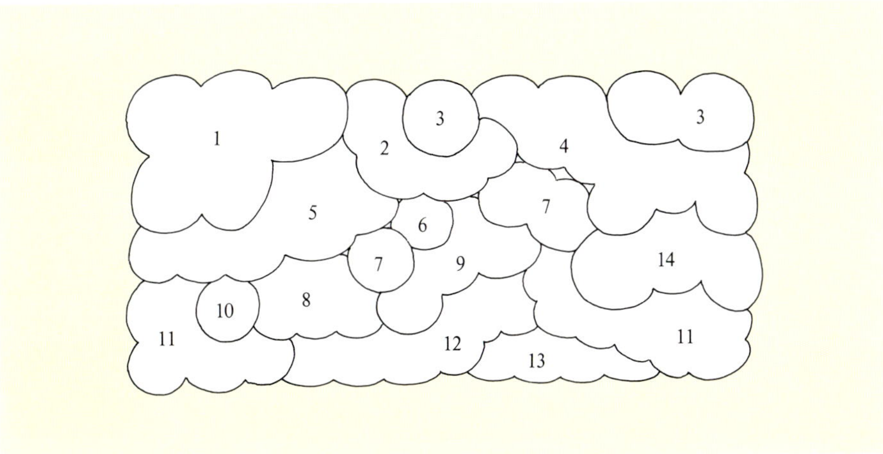

① 5 *Oenothera biennis*

② 4 *Coreopsis verticillata* 'Grandiflora'

③ 1 und 2 *Verbascum bombyciferum*

④ 8 *Achillea filipendulina* 'Parkers Varietät'

⑤ 7 *Salvia nemorosa* 'Mainacht'

⑥ 1 *Achillea ptarmica* 'Schneeball'

⑦ 2 und 1 *Hemerocallis*-Hybride 'Lemon Bells'

⑧ 5 *Helianthemum*-Hybride 'Wisley Primrose'

⑨ 4 *Potentilla recta* 'Warrenii'

⑩ 1 *Centaurea dealbata* 'Steenbergii'

⑪ 6 und 8 *Alchemilla mollis*

⑫ 10 *Campanula raddeana*

⑬ 15 *Viola cornuta*

⑭ 3 *Lavandula angustifolia* 'Hidcote blue'

Vielleicht haben Sie ein Fleckchen Erde in sonniger Lage, das noch auf Erleuchtung wartet? Mit diesem Beet (4 × 2 m) voll gelber Lichtblicke könnten Sie bei jedem Wetter Optimismus im Garten verbreiten.

Gartenträume in Rosa und zartem Violett

Wunderbar besänftigend und beruhigend wirkt ein Beet in Rosa und zartem Violett. So ein Anblick läßt in uns die Erinnerung an bezaubernd altmodische Gartenbilder wach werden. Es sind weiche Farbtöne – anmutig und vornehm, wie leicht verblichene Seide aus vergangenen Tagen

Solch leichte Pastelltöne gewinnen vor dem Hintergrund grauen Gesteins an Leuchtkraft. Und sie wirken »satter« und intensiver vor einer weiß getünchten Hauswand. Auch graue Blattstrukturen und dazwischengestreute weiße oder kräftig rosa gefärbte Blüten geben blassen Tönen mit verschmelzender und verschwimmender Wirkung mehr Kontur. Ohne ihre Unterstützung würde die Grenze zwischen dem Feinen und dem Langweiligen allzu leicht überschritten – besonders an

Untrennbar miteinander verbunden – Rosa und die Rosen. Oben im Bild: Die Gallica-Rose 'Gloire de France'. Für rosige Aussichten im Garten sorgen auch einige Vertreter des Storchschnabels. Foto links: *Geranium endressii.* Ebenfalls im rosaroten Gewand zeigt sich *Phuopsis stylosa,* der Scheinwaldmeister (Foto unten).

Tagen, an denen gleißendes Sonnenlicht zarte Pastellfarben müde und verwaschen wirken läßt. Einen angenehmen Kontrast zu fließenden Pastelltönen könnte auch eine dunkle Eibenhecke als Hintergrund bieten.
Als duftende Ouvertüre für einen Beetstreifen an der Hauswand stelle ich mir eine rosarote Kletterrose, wie 'May Queen' vor, um die, dicht gedrängt, malvenfarbener Storchschnabel und viele weiße Blütenrispen der Spornblume wuchern. Dazu wünsche ich mir – als Einjährige – die seltsam weiß und rosa überhauchten Blumen der Spinnenpflanze und ein paar weiße Blütensterne der Kapringelblume mit auffällig violett gefärbter Mitte. *Sedum populifolium,* eine Fetthenne, besticht durch ihre interessante Blattform und steuert zu allem Überfluß noch eine Vielzahl an blaßrosa gefärbten Blütchen bei und *Geranium endressii* sorgt für einen leuchtenden Akzent in kräftigem Rosarot. Als Übergang zum Pflaster wären die hellvioletten Lippenblütchen eines flachwachsenden Salbeis und eine reizende, kleine, rosarote Nelke mit silberblauem Laub – nämlich *Dianthus caesius* 'Blaureif' – besonders geeignet. Weitere Pflanzen in duftigen, leichten Pastelltönen finden Sie auf Seite 171.

① 1 Kletterrose 'May Queen'
② 5 *Cleome hassleriana*
③ 4 *Geranium × oxoniense* 'Claridge Druce'
④ 6 *Centranthus ruber* 'Albus'
⑤ 5 *Sedum populifolium*
⑥ 6 *Geranium endressii*
⑦ 5 *Dimorphoteca pluvialis* 'Tetra Nordstern'
⑧ 10 und 6 *Dianthus ceasius* 'Blaureif'
⑨ 8 *Salvia nevadensis*

»Rosige Aussichten« verheißt dieses Beet, das überwiegend in Rosa und zartes Violett getaucht ist. Ein Plätzchen von 1,5 x 3 m in sonniger Lage würde in diesem Fall schon genügen. Damit könnten die rosaroten Zeiten auch in Ihrem Garten anbrechen.

Garten der Blattkontraste

Es ist nicht immer ganz einfach, das einmal gewählte Farbthema vom Frühling bis zum ersten Frost durchzuhalten – besonders, wenn man bedenkt, wie verhältnismäßig kurz die Blütezeit der meisten Pflanzen doch ist. Gerade vier Wochen – und dann ist oft schon die ganze Pracht vorbei. Diese Schwierigkeiten könnten wir ganz einfach umgehen – mit einem »grünen« Garten nämlich, in dem in erster Linie die Blätter den Ton angeben und Blumen höchstens eine Nebenrolle spielen. Das wäre nur folgerichtig, wenn man bedenkt, daß es schließlich das Laub ist, das über den längsten Zeitraum hinweg den Charakter eines Gartens prägt.

Wie langweilig, werden Sie vielleicht sagen, denn irgendwie verbindet man das Wort »Farbe« sogleich mit leuchtenden Blüten oder wenigstens mit bunten Blättern oder Früchten, die der Herbst uns beschert. Daß »Grün« natürlich auch eine Farbe ist, das entgeht uns in der Regel. Dabei ist gerade sie es, nach der wir uns oft am stärksten sehnen. Denn Grün steht für Ruhe und Frieden und bringt nicht nur unseren Augen Entspannung, sondern auch der Seele. Denken Sie doch nur an unser

Oben: Zu imposanter Größe wächst das Mammutblatt heran. Im Vordergrund: *Hosta sieboldiana* 'Elegans'.

Unten: In diesem romantischen Gartenteil geben grüne Blätter den Ton an.

Entzücken wenn ein paar Sonnenstrahlen durch das »einfache« Grün eines dichten Blätterdachs dringen. Die verwickeltsten Farbmuster werden auf diese Weise hervorgerufen und wandeln sich ständig – zum einen durch das wandernde Licht und sogar schon beim kleinsten Lufthauch. Es ist aufregend, die schier unendliche Vielfalt von Schattierungen und Tönen der grünen Blätter zu beobachten – vom zarten, durchscheinenden Grün des ersten Frühlings bis hin zur satten Farbe des Sommers. Und das Grün ändert sich auch von Pflanze zu Pflanze – weiße, gelbe, bronze-, purpur- und scharlachfarbene Töne mischen sich in unendlicher Vielfalt. Andere Blätter wirken – durch eine Wachsschicht auf der Oberfläche – sogar deutlich bläulich gefärbt.

Genauso wie in der Farbe variieren Blätter auch in der Größe und Form. Manche Pflanzen wirken dadurch so dekorativ wie eine teure Gartenplastik. Den größten Effekt erreicht man, wenn man Pflanzen mit ganz unterschiedlichen, ausdrucksvollen Formen nebeneinander setzt: Die großen, runden Blattschirme der Tafelblattrodgersie *(Rodgersia tabularis* bzw. *Astilboides tabularis)* zu den handartig gelappten von *Rodgersia pinnata;* die kletternde Pfeifenwinde *(Aristolochia)* mit hübschem, herzförmigem Laub gegen eine Papyrus-Sonnenblume *(Helianthus salicifolius)* mit schmalen »Weidenblättern« und das imposante Mammutblatt *(Gunnera)* gegen spitzentuchfeine Farnwedel. Großartig wirkt auch die Blaublattfunkie (*Hosta sieboldiana* 'Elegans') mit stark geripptem, herzförmigem Laub oder der Zierrhabarber (*Rheum palmatum* 'Tanguticum'), dessen auffällige Blätter tief eingeschnitten sind. Nicht zu vergessen auch der Bärenklau *(Acanthus longifolius)* – sein interessant gegliedertes Laub war einst das Vorbild für die Kapitelle der griechischen Säulen. All diese eindrucksvollen Blattpflanzen wären geeignet, um in der Ecke einer gekiesten Hofeinfahrt interessante Akzente zu setzen. Sie könnten auch dem Platz vor der Haustüre den rechten Pfiff verleihen. Aber es gibt auch kleine grüne Kunstwerke für ganz wenig Raum, die sehr anziehend aussehen. Dazu gehören die kleinen Farne, die im Schatten wie bezaubernde Spitzendecken wirken, zierliche Blattschleier des Dills und das beim Austrieb anmutig gefältelte Laub des Frauenmantels, das morgens mit schimmerndem Perlenschmuck aus Tautropfen geschmückt ist. Weitere Anregungen finden Sie auf Seite 172.

Ein reizendes Bild für schattige Lagen ließe sich auch mit ganz wenig Mühe aus der *Bergenia*-Hybride 'Walter Kienli', Frauenmantel, einer spitzblättrigen Funkie mit hübschem weißen Rand (*Hosta undulata* 'Albomarginata') und bodendeckendem Beinwell zusammenpflanzen. Und dazwischen könnte silbergeflecktes Lungenkraut einen reizenden Akzent setzen.

Sehen Sie sich nur einmal ganz in Ruhe um. Es gibt noch so viele grüne Wunderwerke der Natur zu entdecken, deren Zauber auch Sie bestimmt nicht widerstehen können.

Die Blüten sind nur eine reizvolle Dreingabe. Denn die hier ausgewählten Pflanzen wissen auch durch Form und Farbe ihres Laubs besonders zu bestechen – und das viele Monate hindurch. In einem schattigen Eckchen von 1,2 × 2,0 m Größe könnten die kleinen grünen Wunderwerke Platz finden.

① 12 *Alchemilla mollis*
② 2 × 1 *Bergenia*-Hybride 'Walter Kienli'
③ 1 *Hosta undulata* 'Albomarginata'
④ 8 *Symphytum grandiflorum*
⑤ 3 *Pulmonaria saccharata* 'Mrs. Moon'

Geheimnisvoller Schattengarten

Jeder Garten hat auch seine Schattenseiten, im wahrsten Sinne des Wortes. Gebäude, Gartenmauern, dichte Hecken, Bäume und Sträucher sorgen dafür. Häufig weiß man dann mit solch dunklen Winkeln nichts rechtes anzufangen, überläßt sie sich selbst und ärgert sich dann endlos über die »Schlamperei«. Dabei gibt es erstaunlich viele Pflanzen, die sich im Schatten ausgesprochen wohl fühlen und die dafür sorgen könnten, daß sich dieser »Dorn« in unserem Gärtner-Auge schon in Kürze in ein reizvolles Schmuckstück verwandelt. Denn schattige Plätze haben auch ihre ganz besonderen Vorzüge. Gerade an heißen Sommertagen wirkt die dort herrschende Kühle einladend und verlockend. Das ruhige Dämmerlicht erzeugt in uns ein angenehmes Gefühl der Geborgenheit – besonders, wenn wir uns im Schutze eines dichten Blätterdachs aufhalten. Und seine klare Stetigkeit hebt die speziellen Eigenarten der Gewächse eindrucksvoll hervor. Pflanzenfarben erscheinen uns hier geheimnisvoll und subtil und nicht so »laut« wie auf den sonnenverwöhnten Rabatten. Anstatt uns also über die schattigen Plätze im Garten zu beklagen, sollten wir lieber dankbar dafür sein. Und sehen Sie es doch einmal so herum: Nur durch sie bietet sich uns die Möglichkeit einen herrlichen Schatz an Blumen und Sträuchern in unserem Garten zu beherbergen, die – weil sie ursprünglich in Wäldern zu Hause waren – nirgendwo anders gedeihen können, als an schattigen Stellen. Nur hier entfalten sie ihre ganze Schönheit. So wie die ungewöhnliche Christrose zum Beispiel, die schon zu einer Zeit den Garten ziert, in der andere Blumen noch tief im Winterschlaf versunken sind, oder die entzückende Elfenblume, die tatsächlich genauso hübsch ist, wie ihr Name vermuten läßt. Auch die eleganten Silberkerzen lieben das gebrochene Licht schattiger Plätze. Und ebenso das niedliche, kleine Gedenkemein, das sich als leuchtend blauer See noch in die dunkelsten Ecken ergießt. Und denken Sie nur an all die dekorativen Farne, mit deren Hilfe sich so stimmungsvolle Schattenecken zaubern lassen. Schließlich wäre da auch noch eine ganze Reihe von Blumen und Sträuchern, die eigentlich sonnige Lagen bevorzugen, aber sich erstaunlich rasch an ein »Schattendasein« gewöhnen und uns dann mit einer verlängerten Blütezeit belohnen – und mit leuchtenden Blumenfarben, die hier weniger schnell ausbleichen als im gleißenden Sonnenlicht. Daß zum Beispiel Rosen die Sonne lieben, ist für uns Gärtner längst eine Binsenweisheit. Aber das schließt noch lange nicht aus, daß viele von ihnen auch im Halbschatten noch gut gedeihen – solange sie nur nicht direkt im Tropfbereich unter Bäumen und Sträuchern stehen.

Es gibt natürlich viele Abstufungen, was den Schatten betrifft. Ideal für die meisten grünen Schattenbewohner ist ein gebrochenes Licht – also nicht gerade tiefstes Dämmer, aber doch immerhin so, daß die heißeste Sonne abgeschirmt wird. Eigentlich genau die Situation, wie sie sich bei lockerkronigen und – um Wurzelkonkurrenz zu vermeiden – tiefwurzelnden Bäumen ergibt. Solche Standorte – solange der Boden keinen Kalk enthält – sind auch wie geschaffen für die herrlichen Rhododendren und für den märchenhaft blauen Scheinmohn – der Traum eines jeden Gärtners. Aber glücklicherweise gibt es sogar ein ganze Reihe von Pflanzen – allen voran die Farne – die selbst gegen tiefen Schatten nichts einzuwenden haben. Eine Auswahl der verschiedenen grünen »Schatten-Experten« finden Sie in den Listen von Seite 174 bis 183. Bestimmt ist etwas Passendes dabei, um auch Ihre »dunklen« Pläne zu verwirklichen.

Schwierig wird's eigentlich erst dann, wenn Schatten mit Trockenheit kombiniert ist. Wenn zum Beispiel flachwurzelnde Bäume, wie die stets durstige Birke oder auch Fichten dem Boden große Mengen an Wasser und damit außerdem wichtige Nährstoffe entziehen. Und wenig glücklich sind die meisten grünen Experten für »Zwielichtiges« auch im Regenschatten von Gebäuden. Aber sogar für solch schwierige Plätze lassen sich einige »Lebenskünstler« finden. Recht erfolgreich sind hier zum Beispiel noch die Gräser, wie Japansegge und das riesenhafte Chinarohrgras mit bambusartigen Stengeln oder die unerschütterliche Waldmarbel, die sich sogar mit dem ausgesaugten Boden unter Birken zufrieden gibt. Aber auch der unermüdliche Gelbe Lerchensporn, die dauerblühende Antwort auf zahlreiche Garten-Probleme, Diptam, Bleiwurz mit Blumenschmuck in Enzianblau, Schattenhartheu und Waldsteinie und einige Storchschnabel – wie *Geranium macrorrhizum* 'Ingwersen' und 'Spessart' und *Geranium renardii* – bringen dieses kleine Wunder fertig. Soll es ein Strauch sein, empfiehlt sich Berberitze (z.B. *Berberis buxifolia* 'Nana' und *B. gagnepainii lanceifolia*), die verschiedenen *Cotoneaster*, die es alle eher trocken als feucht mögen, und

sämtliche Formen von *Euonymus fortunei,* dem aus Japan stammenden Spindelstrauch. Sie alle ertragen klaglos Schatten und Trockenheit.
Die Gestaltung eines schattigen Gartenwinkels sollte sich natürlich nicht nur in den »oberen Regionen« abspielen – erst mit flachwachsenden Bodendeckern erhält dieses Fleckchen Erde den richtigen Pfiff. Und je eher Sie dafür sorgen, daß Goldnessel, Gedenkemein, Schaumblüte, Steinbrech, Immergrün, Haselwurz und Waldsteinie ihre dichten, grünen Teppiche weben, desto schneller sind Sie auch die ungeliebte Aufgabe des Unkrautjätens los. Auch das wilde Buschwindröschen, Waldmeister und Bärlauch eignen sich ausgezeichnet dafür. Wenn man die Pflänzchen gleich von Anfang an verhältnismäßig dicht setzt – also etwa 15–20 Stück je Quadratmeter – ist es schon nach zwei bis drei Jahren soweit. Sonst dauert's eben entsprechend länger. Kann man sich wohl einen hübscheren Anblick vorstellen als wenn die anmutige Silberkerze und Geißbart mit rahmweißen Blütenrispen, bläulich bereifter Federmohn und ganze Gruppen des märchenhaften Fingerhuts aus den weißen, blauen und gelben Seen der Bodendecker emportauchen? Auch verschiedene Blumenzwiebeln, zum Beispiel von Hasenglöckchen *(Scilla nonscripta)* und Türkenbund, lassen sich wunderbar darin verstecken.

Glanzlichter im Schatten: Die Goldnessel – ein Bodendecker, der auch unter Bäumen nie versagt; dazu im Hintergrund ein weißbunter Hartriegel und eine zartrosa gefärbte Kletterrose (oben).

So werden die Schattenseiten eines Gartens zum Erlebnis: Fingerhüte bilden den wildromantischen Hintergrund. Davor setzen sich verschiedene Funkien in Positur. Mit weißen Blatträndern – *Hosta* 'Ground Master' (links).

Wie angenehm pflegeleicht eine solche Schattenecke tatsächlich ist, zeigt sich auch im Herbst, wenn das Laub von Bäumen und Sträuchern fällt. Lassen Sie es einfach dort liegen. Über den Winter bildet es eine warme Decke für die Pflanzen und allerlei nützliches Getier und »verschlüpft« sich im kommenden Frühjahr ohne unser Zutun unter dem neuen, frisch austreibenden Grün. Dort hält es die Feuchtigkeit fest und versorgt den Boden, während es langsam vermodert, mit Humus und wichtigen Nährstoffen. Braucht es noch mehr, um Sie von den Vorzügen eines Schattengartens zu überzeugen?

In düsteren Ecken sind weiße Blüten am auffälligsten. Hier: die Samthortensie mit schneeweißen Randblüten.

Gesellschaft von zierlichem Farn, den Blüten der weißen Variante unseres einheimischen Türkenbunds, der Schneefederfunkie mit hübsch gewellten Blatträndern und leicht violett überhauchtem Storchschnabel kommen sie gut zur Geltung. Was noch fehlt, sind duftige Nachtviolen und vielleicht die weiße Ausgabe der Dreimasterblume, die auf einen Rückschnitt, gleich nach der Blüte, mit neuen Blumen antwortet. Den krönenden Abschluß unserer Komposition bietet das Schaublatt – *Rodgersia aesculifolia* – mit seinen dekorativen Roßkastanienblättern, das sich sogar noch im tiefen Schatten wohlfühlt.

Helle Blüten bringen Licht ins Dunkel

Das Schöne an weißen Blumen ist ihre Vielseitigkeit. Eine ganze Reihe von ihnen gedeiht nämlich auch an schattigen Plätzen und verbreitet dort ein geheimnisvolles Leuchten. Pflanzt man nun mehrere von ihnen zu einer Gruppe zusammen, wirkt dies, als hätte jemand Licht ins Dunkel geschüttet. Das kommt daher, daß weiße Blumen auch noch den kleinsten Lichtstrahl reflektieren, der das Dämmer zu durchdringen vermag. Eine besonders charmante Methode, den Schatten zu überlisten.

Strahlender Glanz für dunkle Ecken

Vielleicht ging es Ihnen auch so: Erst pflanzt man eine Reihe kleiner Bäumchen und Büsche an die Grundstücksgrenze, um einen hübschen grünen Rahmen für den Garten zu bekommen, und ehe man sich's versieht, schießen sie ganz ungeheuer in die Höhe. Selbstverständlich hatte man mit ihrem Wachstum gerechnet – aber doch nicht gleich so schnell und so hoch. Jedenfalls ist es kein Wunder, daß die sonnenliebenden Stauden streiken, die wir ursprünglich so hübsch darumherum gepflanzt hatten und die sich jetzt plötzlich unter einem mehr oder weniger dichten Blätterdach wiederfinden. Warum also machen wir nicht einfach aus dieser Not eine Tugend und kreieren genau hier eine verwunschen wirkende Schattenpflanzung in lichten Tönen? Wie wäre es denn zuerst einmal mit einem hübschen, hellen Pflanzenteppich aus Blättern und Blüten von *Lamium maculatum* 'White Nancy', und der Schaumblüte *(Tiarella cordifolia* und *T. wherry)*? Aus dieser schäumenden Flut lassen wir weiße Astilben, die besonders schattenverträgliche Waldglockenblume und ganze Gruppen des romantischen Fingerhuts emporsteigen. In

Erleuchtung für schattige Ecken bringen weiße Blüten und Blätter. Diese Komposition ist für einen Platz im lichten Schatten gedacht (2,5 × 4,5 m).

1. 4 und 3 *Campanula latifolia* var. *macrantha* 'Alba'
2. 25 *Hesperis matronalis*
3. 15 *Digitalis purpurea* 'Alba'
4. 4 *Astilbe × arendsii* 'Brautschleier'
5. 1 *Rodgersia aesculifolia*
6. 2 × 1 und 2 *Hosta undulata* 'Undulata'
7. 2 und 1 *Polystichum setiferum* 'Proliferum'
8. 7 *Lilium martagon*
9. *Tiarella cordifolia* und *T. wherry* (ca. 15 pro m²)
10. 4 *Tradescantia × andersoniana* 'Gisela'
11. *Lamium maculatum* 'White Nancy' (ca. 15 pro m²)
12. 7 *Geranium renardii*

Garten der »Erleuchtung«

Manchmal ergibt sich die Möglichkeit, gleich ein ganzes Schattengärtchen anzulegen. So wie dies hier, das durch Gebäudemauern an drei Seiten und eine immergrüne Eibenhecke, in die ein rundbogiger Zugang geschnitten wurde, vom übrigen Garten getrennt liegt. So ist die Überraschung besonders groß, wenn man es nichtsahnend am Ende des Gartenrundganges betritt.

Dieses winzige Fleckchen Erde, nicht größer als 6 x 6 Quadratmeter, wurde von seiner Besitzerin – Patricia van Roosmalen – ganz bewußt in hellen Tönen gehalten. Feines, elegantes Weiß, zartes Creme und sonnenhelles Gelb in Gestalt unzähliger Blüten und Blätter gaukeln uns lichte Helligkeit in diesem von der Sonne so vernachlässigten Gartenteil vor. Einen herrlichen Kontrast dazu bildet das üppig wuchernde, dschungelhaft anmutende Grün, aus dem die hellen Töne wie kleine Laternen hervorleuchten. Mit den romantischen, lichten Pflanzenfarben, die das ruhige Dämmer erhellen, harmoniert die altmodische, klare Form dieses bezaubernden Gärtchens ganz besonders gut.

Ein kleines Rondell, mit einer Bordüre aus Buchsbaum gefaßt, bestimmt das Zentrum, in der eine Sonnenuhr auf einer Steinsäule die Blicke auf sich zieht. Ihr Fuß verbirgt sich in einem flirrenden Reigen aus silberhellem Laub von *Lamium maculatum* 'Shell Pink', das wiederum von einem Ring aus dekorativen Blättern des Frauenmantels umgeben ist. Jedes Jahr im Juni sorgt seine überaus zarte, grünlichgelbe Blütenfülle für eine zusätzliche wundervolle Überraschung. Liebenswert verspielt wirken die vier Buchspyramiden am Rande des kleinen Rondells – sie sind, als Antwort auf die Gestalt der Sonnenuhr, von kleinen Kugeln gekrönt. An dieses grüne Zentrum schließt sich ein schmaler, ringförmiger Weg an, der mit rötlichblauen Pflastersteinen belegt ist. Er trennt das Rondell und die von einem kleinen Mäuerchen erhöhten Beete am Rande des Gärtchens voneinander. Dort bereiten wintergrüne Schildfarne eine romantische, märchenhafte Stimmung. Bildschöne Bergenien und Funkien, darunter die unverwechselbare Blaublattfunkie – entfalten eine Fülle attraktiver Blätter. Dazwischen ein üppiges Gedrängel von verschiedenen Bodendeckern: Frauenmantel und Haselwurz und dazwischen immer wieder der zierliche Gelbe Lerchensporn, der sich sogar heldenmutig über die Backsteinmäuerchen nach unten stürzt. Aus altem asiatischen Blumenadel stammen die herrlichen Hortensien, zu denen auch eine besonders faszinierende Schönheit, die Samthortensie *(Hydrangea aspera sargentiana)* gehört. Die großen, mit feinen Härchen dicht überzogenen Blätter wären allein schon Anlaß genug, um dieser aparten Erscheinung einen bevorzugten Platz im Garten einzuräumen.

Alles in allem herrscht eine solche, beinahe tropische Üppigkeit in dem winzigen Gärtchen, daß es kein Fleckchen zu geben scheint, an dem es nicht heftig wuchert oder blüht. Und ein dichtes Geschlinge von Kletterpflanzen trägt den Garten auch noch nach oben. *Clematis* und Geißblatt hangeln sich an weiß gestrichenen Spalieren in die Höhe und die ungestüme Kletterhortensie, deren Blüten hübsch wie geklöppelte Spitze wirken, hält sich einfach an der Mauer fest. Eine Kletterrose, nämlich 'Paul's Lemon Pillar', schwingt sich aus dem dämmrigen Dunkel hinauf ans Licht und versüßt uns mit dem starken Duft ihrer Blüten den Aufenthalt im Gärtchen. Sogar an der alten, würdigen Sonnenuhr turnt noch eine vorwitzige Kletterpflanze, die *Clematis* 'Madame le Coultre'. Ihre Unverfrorenheit macht sie aber durch spektakuläre, große Porzellanblüten in strahlendem Weiß wieder wett. Sie erscheinen uns genauso zart und elegant wie das gesamte Gärtchen.

Daß dieses Gärtchen im tiefsten Schatten liegt, erkennt man nicht gleich auf den ersten Blick. Weiße Blüten – zum Beispiel von Kletterhortensie und Clematis – gaukeln uns lichte Helligkeit vor.

① *Kerria japonica*
② *Philadelphus microphyllus*
③ *Polygonatum multiflorum*
④ *Bergenia crassifolia* var. *orbicularis*
⑤ *Corydalis lutea*
⑥ *Polystichum aculeatum*
⑦ *Hosta undulata* 'Undulata'
⑧ *Kirengeshoma palmata*
⑨ *Hydrangea aspera sargentiana*
⑩ *Hosta sieboldiana* 'Elegans'
⑪ *Viburnum plicatum tomentosum*
⑫ *Euphorbia amygdaloides* var. *robbiae*
⑬ *Alchemilla mollis*
⑭ *Helleborus corsicus*
⑮ *Hydrangea petiolaris*
⑯ *Bergenia cordifolia*
⑰ *Sarcococca humilis*
⑱ *Skimmia reevesiana*
⑲ *Andromeda polifolia*
⑳ *Lonicera tellmanniana*
㉑ *Zantedeschia aethiopica*
㉒ *Schizophragma hydrangeoides*
㉓ Strauchrose 'Golden Wings'
㉔ *Buxus sempervirens* 'Arborescens'
㉕ *Buxus sempervirens* 'Suffruticosa'
㉖ Kletterrose 'Paul's Lemon Pillar'
㉗ *Polygonum weyrichi*
㉘ *Skimmia japonica* 'Rubella'
㉙ *Asarum europaeum*
㉚ *Lamium maculatum* 'Shell Pink'
㉛ *Clematis* 'Mme le Coultre'
㉜ *Viburnum plicatum tomentosum*
㉝ *Hydrangea paniculata* 'Grandiflora'

So kommt Farbe in dunkle Gartenteile: Mit Fingerhut in kräftigem Rosarot, weißem Geißbart, dauerblühendem Gelben Lerchensporn und Glockenblumen in violetten Tönen.

Bunte Blüten für dunkle Ecken

Selbstverständlich stehen auch ein paar fröhlich-bunte Farbtupfer einem schattigen Winkel bestens zu Gesicht. Und die Verwirklichung unserer Pläne ist auch nicht weiter schwierig, denn farbenprächtige »Spezialisten« für dunkle Ecken gibt es genug. Da bleiben keine Wünsche offen. Unübertroffen, was Farbigkeit und Leuchtkraft angeht, sind vor allem die Astilben – wobei aber die hellen Pastelltöne im Dämmerlicht der Schattenplätze mehr auffallen, als Blüten in dunklem Rot. Als sehr wirkungsvoll erweisen sich auch die Bergenien, mit reizenden Glöckchenblüten in leuchtendem Rot und allen nur vorstellbaren Rosatönen. Manche Sorten machen uns sogar noch ein zusätzliches Geschenk und tauchen, zu Beginn des Herbstes, ihre Blätter in auffällige Flammenfarben, die den ganzen Winter über halten. Bildschön sind auch die Akeleien in schier unendlichen Farbabstufungen, das prächtige gelbe Kreuzkraut und die vielgestaltigen Primeln, die uns allein schon ein ganzes Blütenfeuerwerk in den herrlichsten Tönen bieten. Von den dekorativen Blätterbüschen der Funkien in allen möglichen Grün-, Gelb- und Weißschattierungen kann man ohnehin nie genug haben. Sie gedeihen sogar noch an Stellen, wo kein Sonnenlicht hinfällt und zaubern obendrein hübsche Blüten in Lila oder strahlendem Weiß hervor. Und wie sieht's mit den Sträuchern aus? Natürlich fallen uns gleich als erstes die vielen prachtvollen Rhododendren mit ihrem fast unerschöpflichen Reichtum an Farben und Formen ein – die allerdings nur auf kalkfreien Böden wirklich gedeihen. Auch die charmanten Hortensien sind für schattige Lagen wie geschaffen. Daß gelbe Töne bezaubernde »Erleuchtung« für dunkle Ecken bedeuten, beweist der Ranunkelstrauch, wenn er sich im Frühling mit niedlichen »Röschen« schmückt, ebenso wie die unerschütterliche Zaubernuß, die sich selbst durch Eis und Schnee von ihren Blütenträumen nicht abbringen läßt. Noch mehr Anregungen zu diesem bunten Thema kann Ihnen die Liste auf Seite 178 geben.

Wenn Sie sonst noch nach Ideen für ein Plätzchen im lichten Schatten suchen, vielleicht unter einem schützenden Blätterdach lockerkroniger Bäume – wie wär's damit? Eine samthäutige Schöne, nämlich *Hydrangea aspera sargentiana,* könnte den vielbewunderten Mittelpunkt bilden. Mit ihren großen, ausdrucksvollen Blättern bereitet sie viele Monate lang eine Atmosphäre tropischer Üppigkeit in schattigen Ecken und setzt ihrer Erscheinung, im Juli und August, noch ganz besondere Glanzlichter auf: mit großen, flachen Blütentellern in hellem Violett, jeder einzelne hübsch garniert mit auffälligen, weißen Randblüten. Gleich daneben glühen die Blütenfackeln des Kreuzkrauts in leuchtendem Gelb gegen das ruhige Dämmerlicht an. Auch ihre hübschen, herzförmigen Blätter haben unbedingt unsere Beachtung verdient. Die entzückenden, blühenden »Federbüsche«, in Weiß und Rosatönen, über anmutig geneigten Stielen, gehören den Astilben, die – besonders auch wegen ihres üppigen, tief geschlitzten Laubes – der Pflanzung ein »duftiges«, etwas nebelhaftes Aussehen verleihen. Dafür dringen die klar gegliederten, formgebenden Funkienblätter in hellem Grün und mit cremeweißen Rand energisch auf Ordnung und stellen so das optische Gleichgewicht wieder her. Für uns ein Grund, gleich ein paar Exemplare des Frauenmantels darumherum zu pflanzen, der im Juni unsere Komposition mit unzähligen Blütensternchen romantisch »verschleiert«. Zu guter Letzt umgeben wir unser Pflanzenbild noch mit einem dauerhaften Rahmen aus Immergrün, aus dem von April bis Juni himmelblaue Blumen hervorleuchten.

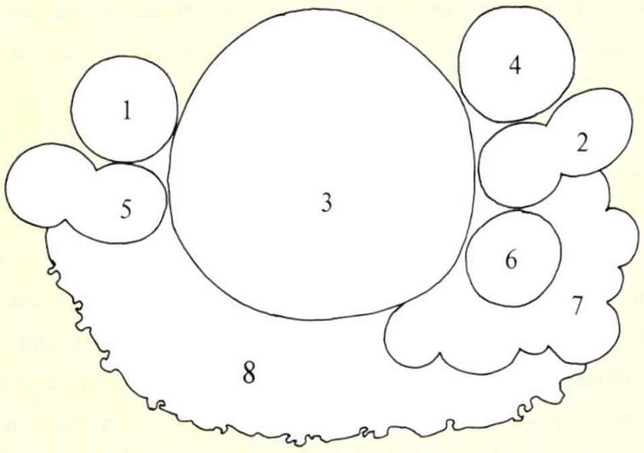

① 1 *Astilbe × arendsii* 'Hyazinth'

② 2 *Astilbe × arendsii* 'Brautschleier'

③ 1 *Hydrangea aspera sargentiana*

④ 1 *Ligularia stenocephala*

⑤ 2 *Astilbe simplicifolia* 'Atrorosea'

⑥ 1 *Hosta*-Hybride 'Shade Fanfare'

⑦ 2 *Alchemilla mollis*

⑧ 8 *Vinca minor* (ca. 15 pro m^2)

»Spezialisten« für dunkle Ecken geben ein farbenfrohes Fest. Für die Inszenierung ist eine Fläche von etwa 2 × 3 m vorgesehen.

Rosen aus Großmutters Garten

Nicht daß ich die modernen Rosen herabsetzen möchte: Sie blühen unermüdlich – vom Juni bis zum ersten Frost. Ihre Blüten besitzen eine erstaunliche Leuchtkraft und eine wirkt so makellos schön und perfekt geformt wie die andere. Aber denken wir an die »Königin der Blumen«, dann ist es eigentlich nicht sie, die »durchgestylte« moderne Züchtung, die uns als erstes in den Sinn kommt, sondern viel eher die »alte« Rose aus Großmutters Garten. Ich glaube, es liegt daran, daß sie all das verkörpert, was wir jemals über die Rose in Gedichten und romantischen Geschichten gelesen oder auf alten Gemälden bewundert haben. Sie ist Wirklichkeit gewordene Poesie. Und wie Poesie klingen auch ihre Namen: 'Souvenir de la Malmaison', 'Aimable Rouge', 'Assemblage des Beautés' und 'Belle Isis' ... Historische Rosen wirken so schön altmodisch, als wären sie soeben einem mittelalterlichen Tafelbildchen oder einem feinen Gobelin entsprungen. Und ihren köstlichen Duft – einmal in der Nase – wird man nie wieder vergessen. Wer dem bezaubernden Charme dieser Blumen erst einmal erlegen ist, der kann sich für die typischen modernen Rosen einfach nicht mehr erwärmen. So geht es wohl vielen von uns. Denn die »alten« Rosen feiern mittlerweile – nachdem sie so lange vergessen waren – ein unglaubliches Comeback, trotz einiger Tadel, die wir eigentlich doch gegen sie vorzubringen hätten. Aber es geht uns mit ihnen wie mit guten Freunden. Über ihre »Untugenden« – die kurze Blütezeit, den etwas schlampigen, unordentlichen Wuchs und ihr oft kratzbürstiges Wesen, tritt man ihnen einmal zu nahe, – sehen wir großzügig hinweg, gibt es doch andrerseits so vieles, was wir an ihnen lieben.

Die ganz besondere Anziehungskraft historischer Rosen erklärt sich wohl dadurch, daß sie – wie Gerda Nissen in ihrem Buch »Alte Rosen« so treffend feststellt, »zwei Dinge vereinen: den Sinnenreiz betörender Schönheit und den intellektuellen Reiz ihrer geschichtsträchtigen Vergangenheit.« Und ist es nicht wirklich faszinierend, wenn Sie heute noch genau diejenige Damaszener-Rose in Ihren Garten pflanzen können, über die schon vor 2000 Jahren Vergil berichtete? Vermutlich handelt es sich dabei sogar auch um jene Rose, die bereits im 5. Jahrhundert v. Chr. in den Gärten des Midas wuchs und von der Herodot sagte, daß sie süßer dufte als alle anderen. Heute hört die Schöne, von

Oben: Die passende Einstimmung für einen Rosengarten – Kletterrosen am Blumenbogen.

Ganz links: *Rosa gallica* 'Officinalis' ist seit mehr als 500 Jahren in Kultur. Links: Die Rose 'Raubritter' ist eine Züchtung, die »erst« 1936 entstand. Aber mit ihren kugeligen Blüten wirkt sie trotzdem wunderschön altmodisch.

der hier die Rede ist, auf den Namen 'Rose des Quatre Saisons blanc mousseux' und ist bei Kultivateuren historischer Rosen erhältlich. Vielleicht möchten Sie aber auch ein paar von jenen Rosen besitzen, die einst in Kaiserin Josephines berühmtem Garten in Malmaison blühten? Der geniale Rosenmaler Pierre Joseph Redouté hat sie auf seinen Bildern detailgetreu verewigt und über 190 der einstigen 250 Sorten wurden inzwischen wiedergefunden. So wie zum Beispiel die Gallica-Rose 'Assemblage des Beautés', deren Blüten anfangs leuchtend karminrot sind und schließlich in einem spektakulären Purpurton verglühen und die unsterbliche 'Great Maiden's Blush' – eine Alba-Rose mit sanftem zartrosa Hauch.

Wer sich den unglaublichen Reichtum an Blütenformen »alter« Rosen einmal näher betrachtet, dem spricht Christian Morgenstern bestimmt aus der Seele: »Oh wer um alle (Rosen) wüßte, müßte wie im Rausch durchs Leben gehen.«

Da wären zuerst einmal die einfachen Blumenschalen mit der ganzen ungezähmten Schönheit der Wildrosen, dann die lockeren, halbgefüllten Rosetten, die den Blick auf leuchtend gelbe Staubgefäße freigeben und immer ein bißchen wirken wie eine sanft zerknitterte Rüsche aus Großmutters Schublade. Und schließlich stehen auch noch die gefüllten Rosenblüten mit ihren zahllosen »Unterröcken«, schimmernd wie Samt und Seide, zur Wahl. Es gibt sie kugelförmig geschlossen oder auch weit zur Pomponform geöffnet. Manchmal warten sie auch mit lebhaften Drehungen und Wirbeln auf. Diese Vielgestaltigkeit kommt natürlich nicht von ungefähr. Denn es handelt sich ja nicht etwa um eine einheitliche Gruppe, wenn man von den »alten« Rosen spricht, sondern um sehr unterschiedliche Pflanzen – üblicherweise in sechs Klassen eingeteilt, dazu noch einige Wildrosen.

Zu den am längsten bekannten gehört *Rosa gallica,* die Essigrose, die einst im ganzen römischen Reich verbreitet war und die Damaszener Rose, die ursprünglich ihren Weg über Griechenland nach Rom fand und heute noch auf pompejanischen Fresken zu bewundern ist. Seit Jahrtausenden beliebt ist auch die Weiße Rose – *Rosa alba* – über die Plinius vermerkte, daß England, seines großen Reichtums dieser Blumen wegen sogar »Albion« genannt wurde. Auch die Zentifolie zählt zu den ehrwürdigen »alten« Rosen. Von Herodot erwähnt und von Theophrastus erstmalig näher beschrieben, weiß die Geschichte lange Zeit nichts mehr über sie zu berichten, bis sie im 16. Jahrhundert überraschend aus der Versenkung auftaucht. Im Nu gewann sie viele Freunde und stieg zur Hauptattraktion der holländischen und dänischen Blumenbilder auf.

Plinius kannte immerhin schon insgesamt 14 Rosensorten, die bei den Festlichkeiten im alten Rom eine unglaublich wichtige Rolle spielten. Man schwelgte damals geradezu in Rosen. Kein Wunder, daß die frühen Christen dann mit diesem »heidnischen« extravaganten Geschöpf, dem der Ruch dekadenter römischer Festivitäten anhaftete, nichts zu tun haben wollten. Aber es dauerte nur ein paar Generationen, dann war die »Königin der Blumen« schon wieder in Amt und Würden.

Diesmal gab sie sich nicht als Luxusgeschöpf, sondern machte sich nützlich. So sehr, daß sie bald als wirksamstes Heilmittel überhaupt galt und auch in den Apothekergärtlein der Mönche liebevoll gehegt und gepflegt wurde. Für beinahe jede Krankheit gab es damals auch eine Rosenmedizin. Und fast jede dritte Arznei bestand aus Rosen oder wurde wenigstens damit gemischt. Aber die Rosenzüchter waren immer noch nicht weiter. Auch Linné konnte erst von 14 Rosensorten berichten und in einem französischen Rosenkatalog, der gegen Ende des 18. Jahrhunderts erschien, waren es nicht mehr als 25.

Etwa 30 Jahre später allerdings kennt man plötzlich – sage und schreibe – über 2500 Sorten! Zu dieser »Explosion« trug vor allem die Rosenleidenschaft der französischen Kaiserin Josephine bei, die Tausende von Neuzüchtungen veranlaßte und dafür schwindelerregende Schuldenberge auftürmte. Ein besonderer Glücksfall war natürlich, daß gerade zu jener Zeit neue, in der westlichen Welt völlig unbekannte, Rosen aus China und Japan bei uns eingeführt wurden. Sie zeigten sich zwar um einiges empfindlicher als die bisher bekannten, aber dafür blühten sie unermüdlich den ganzen Sommer hindurch. Das hatte es bisher noch nicht gegeben. Auch die intensive Färbung der Blüten – ein leuchtendes Gelb und ein klares Rot, ohne jeden Blaustich – betrachtete man damals als Sensation. Eine Flut von Neuzüchtungen war natürlich prompt die Folge, so daß man insgesamt bald etwa 5000 bis 6000 Rosensorten kannte. Dann schlug im Jahre 1887 die Geburtsstunde der ersten »modernen« Rose, der Teehybride 'La France' und schlagartig verlor man an den alten Sorten jegliches Interesse. Sie verschwanden in der Versenkung. Daß es sie heute überhaupt wieder zu kaufen gibt, verdanken wir der Begeisterung einiger weniger Liebhaber alter Sorten, die, in hartnäckiger Detektivarbeit, einige hundert von ihnen wieder aufspürten – oft in alten Bauerngärten oder auf Dorffriedhöfen und manchmal auch unbeachtet und verwahrlost irgendwo in der »Wildnis«. Daß die Rosen dort, ohne die geringste Pflege, aber mit sichtlichem Erfolg, so lange Zeit überdauern konnten, zeugt von ihrer Unkompliziertheit und der überschäumenden Lebenskraft, die in ihnen steckt. »Biologischer Pflanzenschutz« durch Marienkäfer & Co. war ihre einzige Hilfe. Deshalb können Sie getrost auch im Garten auf all die Pulver und Säfte verzichten, die viele Rosenliebhaber ständig über ihre wesentlich empfindlicheren modernen Gartenrosen ausschütten, um sie am Leben zu erhalten. »Alte« Rosen dagegen scheinen schon allein durch wohlwollende Vernachlässigung bestens zu gedeihen, so gesund und pflegeleicht wie sie sind. Bei historischen Rosen gibt es auch kein jährliches Zurückschneiden auf ein paar wenige Augen, wie dies etwa bei Polyantha- und Floribundarosen üblich ist, die danach eine lange Zeit im Jahr stakelig und plump wirken. Eine solche Behandlung würde sich bei den »alten« Rosen sogar bitter rächen. Außer eine Menge grünen Laubs bekämen wir auf diese »Untat« hin im folgenden Jahr nichts zu sehen. Blühen können »alte« Rosen nämlich erst am mehrjährigen Holz. Lassen Sie sie also einfach gewähren und erlauben Sie ihnen, sich zu meter- bis mannshohen Büschen auszuwachsen, ohne daß Sie ihnen dazwischenfunken. Lediglich das abgestorbene Holz wird im Frühjahr entfernt und alle paar Jahre die überalterten Triebe herausgeschnitten. Leicht gesagt, aber in Wirklichkeit ein recht dornenvolles Vorhaben! Doch sämtliche Schrammen und Kratzer werden schließlich belohnt – durch neue, kräftige Jungtriebe.

Natürlich haben auch die »alten« Rosen gegen eine ordentliche Portion Dünger nichts einzuwenden, aber sie sind lange nicht so darauf angewiesen, wie die modernen Züchtungen, die dadurch, daß ständig an ihnen herumgeschnippelt wird, viel an Substanz verlieren, die sie immer wieder ersetzen müssen.

Gar nicht genug loben kann man historische Rosen für ihre absolute Winterhärte. Vor allem die Einmalblühenden – das sind ohnehin die meisten – zeichnen sich durch diese Eigenschaft aus. Dann ist nämlich das Holz bis zum Ende des Gartenjahres gut ausgereift und die Winterkälte kann ihm nichts mehr anhaben. Das bedeutet für uns: Kein Anhäufeln mit Erde mehr und ein warmer Mantel aus Fichtenreisig ist auch ganz und gar unnötig.

Ob Sie verwelkte Blütenstände entfernen möchten, liegt ganz bei Ihnen. Manche Rosenliebhaber sind der Meinung, daß die traurigen Reste von Verblühtem die glänzende Gesamtwirkung einer Rose beeinträchtigen und schneiden sie lieber ab. Andere wiederum finden, daß Rosenblüten auch im Vergehen noch einen eigenen – vielleicht ein wenig wehmütigen – Reiz besitzen. Wie dem auch sei – auf den zukünftigen Blütenreichtum hat es keinerlei Einfluß ob nun Verblühtes entfernt wird oder nicht, aber natürlich auf den Fruchtschmuck im Herbst. Viele historische Rosen und auch Wildrosen sind dann nämlich übersät mit unzähligen dekorativen Hagebutten. Wenn Sie darauf Wert legen, lassen Sie den Rundgang mit der Rosenschere eben einfach ausfallen.

Diese schöne, duftende Rose namens 'William Lobb' gehört zu den Moosrosen, denn Stiel und Knospe sind stark bemoost. Die zunächst purpurroten Blüten verblassen im Verblühen in ein faszinierendes Graulila.

1 *Rosa lutea* 'Stanwell Perpetual'

2 Terrakottatopf mit Schmucklilien *(Agapanthus)*

3 *R. damascena* 'Mme. Hardy'

4 *R.*-Hybrida *bifera* 'Baron Girod de l'Ain'

5 *R. gallica* 'Tricolore de Flandre'

6 *Paeonia suffruticosa*

7 *R.* 'Raubritter'

8 *R. rubrifolia (= R. glauca)*

9 *R. gallica* 'Panachée Double'

10 *R. gallica* 'Jenny Duval'

11 Bourbonrose 'Honorine de Brabant'

12 *R. gallica officinalis*

13 *R. gallica* 'Charles de Mills'

14 *R. damascena* 'Marie Luise'

15 *R. gallica* 'Tuscany'

16 Bourbonrose 'Commandant Beaurepaire'

17 *R. gallica* 'Empress Josephine'

18 *R. centifolia muscosa* 'William Lobb'

19 *R. centifolia* 'Fantin Latour'

20 *R. centifolia muscosa* 'Nuits de Young'

21 Bourbonrose 'Mme Isaac Pereire'

22 *R. centifolia* 'Tour de Malakoff'

23 *R. damascera* 'Leda'

24 *R. gallica* 'Cardinal de Richelieu'

25 *R. alba* 'Königin von Dänemark'

26 *R. gallica* 'Versicolor' *(= Rosa mundi)*

27 *R.*-Hybrida *bifera* 'Reine des Violettes'

28 Teehybride 'Sweetheart'

29 *Rosa alba* 'Felicité Permentier'

30 Bourbonrose 'Variegata di Bologna'

31 *R. damascena* 'Isphahan'

32 Portland-Rose 'Comte de Chambord'

33 *R. gallica* 'Belle de Crécy'

34 kegelförmiger Buchs mit Kugel als Abschluß

35 würfelförmig zugeschnittener Buchs

36 Ziegelpflaster

37 ganzes Beet mit Beetrose 'Schneewittchen' Beeteinfassung mit *Lavandula angustifolia* 'Hidcote Blue'

38 ganzes Beet mit Beetrose 'Katharine Zeimet'

39 ganzes Beet mit Beetrose 'Gruß an Aachen'

40 ganzes Beet mit Floribunda Rose 'White Wings'

Das »andere« Rosengärtchen

41 ganzes Beet mit Bourbonrose 'Souvenir de la Malmaison'

42 ganzes Beet mit Floribunda-Grandiflora 'Dainty Bess'
Beeteinfassung mit *Geranium renardii*

43 ganzes Beet mit Floribunda-Rose 'Lynbaan'
Beeteinfassung mit *Teucrium chamaedrys*

44 2 Blumenbogen überkreuzt aufgestellt mit Kletterrose 'Alice Garnier' und *Clematis* 'Lasurstern'

45 2 Blumenbogen überkreuzt aufgestellt mit *Clematis vitalba* 'Minuet' und *Clematis vitalba* 'Kermesina'

46 Hainbuchen-Hecke

47 Rosenpyramide (4-beinig) aus Schmiedeeisen (schwarz) mit verschiedenen Kleinwüchsigeren *Clematis*

48 Sissinghurst Bank in Taubenblau

Das »andere« Rosengärtchen

»Alte« Rosen sind sehr eigenwillig. Sie geben sich nicht einfach so mit jedem ab – und schon gar nicht mit ihrer modernen Verwandtschaft. Versucht man es trotzdem und pflanzt sie zusammen, wird man garantiert sein blaues Wunder erleben. Schmollend steht sie dann da, unsere »alte« Rose, schlampig und zerzaust wie Aschenputtel persönlich. All ihr Charme ist dahin. Aber zum Glück doch nicht unwiederbringlich, denn kaum geben wir ihr andere Gesellschaft – eine, die ihr offensichtlich behagt, schon ordnet sie die Zweige, glättet ihr Blütenkleid und erstrahlt in altgewohnter Anmut und Eleganz – durch und durch die »Königin der Blumen«.

Die holländischen und dänischen Blumenmaler aus der Zeit des Biedermeier scheinen um diese Vorlieben gewußt zu haben. Warum wohl sonst wurde Ihre königliche Hoheit, die Zentifolie, und all ihre noblen Schwestern am liebsten zusammen mit einem grünen »Hofstaat« verewigt? Zarte Porzellanblüten der Winde, Marienglokkenblumen in üppiger Pracht, tiefblaue Lupinen, die Jungfer im Grünen mit zierlicher, feinblättriger »Halskrause« unter den hübschen Sternenblüten, Moschusmalven in Rosarot, anmutige Levkojen mit vielen kleinen duftenden »Röschen« und, nicht zu vergessen, das dekorative Erdbeerlaub, durchwirkt mit weißen Blütchen – bezaubernder »Rosenkavaliere« kann man sich gar nicht vorstellen. Und wenn sie alle zusammen schon auf den Bildern so wunderbar harmonieren – warum dann nicht auch im Garten?

Natürlich müßten die erwählten Rosenbegleiter genauso schön altmodisch wirken wie die historischen Rosen selbst. Nur ja keine schrillen Farben! Aber wenn Sie sich mal ein bißchen umsehen, werden Sie bestimmt eine ganze Reihe geeigneter Blumen entdecken – die zierliche Sterndolde zum Beispiel, oder das Leinkraut mit zahl-

Bourbonrose 'Honorine de Brabant' mit einem bezaubernden »Rosenkavalier« – dem Scheinwaldmeister.

losen winzigen Löwenmaulblütchen. Was meiner Meinung nach sonst noch in Frage käme, finden Sie in der Liste auf Seite 184 zusammengestellt. Natürlich kann es sich dabei nur um eine kleine Auswahl handeln, die Sie leicht selbst durch eigene Experimente ergänzen können.

Wie nun diese Gartenidee in natura wirkt, zeigt uns das abgebildete Rosengärtchen (Seite 141), das auf so herzerfrischende Weise »anders« wirkt. Kein Vergleich mit jenen, sonst üblichen Beeten, wo Rosen in unmöglichen Farben steif zusammenstehen, mit dazwischen nichts als blankem Boden. Hier dagegen bestimmen nur die Rosen mit zarten, weichen Tönen das Bild und ziehen unsere Aufmerksamkeit auf sich, ohne sich jedoch in den Vordergrund zu drängen. Die meisten gehören zu den »alten« Rosen, aber auch Neuzüchtungen sind darunter, die so schön altmodisch wirken, als kämen sie geradewegs aus Großmutters Garten – nur mit dem Vorteil, daß sie den ganzen Sommer über blühen. Nirgendwo stören unruhige, elektrisierende Farben – weder glühendes Orange, noch leuchtendes Gelb oder flammendes Rot sind zu entdecken.

Rosen wirken, wie man weiß, am schönsten vor einem dunklen, gleichmäßig strukturierten Hintergrund – weil er die Blüten am besten zur Geltung bringt. Darum ist auch dieses Gärtchen von einer dichten Hainbuchenhecke umgeben, die gerade noch zwei schmale Durchgänge freiläßt, durch die man in die duftende Zauberwelt hineinschlüpfen kann.

Wie bei den meisten Rosengärten wurde auch hier ein geometrischer Grundriß bevorzugt. So ergeben sich selbst dann noch hübsche Muster, wenn das Blütenfeuerwerk der Rosen schon verklungen ist. Acht kleine quadratische Beete sind es, die sich um den Mittelpunkt, in Form eines exakt geschnittenen Buchskegels, gruppieren. Hier gedeihen Rosen mit niedrigem, ausgebreitetem Wuchs, wobei immer einer bestimmten Sorte ein ganzes Beet gewidmet ist. Nur lichte Töne herrschen vor, wie zum Beispiel das strahlende Weiß der Beetrose 'Schneewittchen'. Von den anderen Quartieren leuchtet es außerdem noch zartrosa oder rahmgelb herüber.

Das umlaufende Beet am Gartenrand ist den Rosen vorbehalten, die sich zu eindrucksvollen Persönlichkeiten auswachsen und daher mehr Platz benötigen – wie 'Madame Hardy' zum Beispiel, deren weiße Blüten mit der auffälligen grünen Mitte ein so zarter Hauch in Rosarot streift, daß man sich nie ganz sicher sein kann: Gibt es ihn nun wirklich oder ist alles pure Einbildung? Auch 'Tuscany' blüht hier – eine geheimnisvolle Schöne mit leuchtend hellgelben Staubgefäßen, die in wunderbarem Kontrast zum schwärzlichen Rot der Blütenblätter stehen. Und auch die vielbewunderte *Rosa gallica* 'Versicolor' fehlt nicht. Mit ihren karminrosa und weiß gestreiften Blüten, ist sie ein »Muntermacher« erster Güte, deren fröhlichem Wesen sich so leicht keiner entzieht. Zu den Lieblingen der Besitzerin gehört auch 'Stanwell Perpetual', eine gleich mehrmals blühende Pimpinelle-Rose, die eine wunderhübsche Holzbank in Taubenblau zu beiden Seiten flankiert. Von einzigartiger wilder Schönheit ist *Rosa rubrifolia.* Ihr Charme liegt wohl ebenso sehr im auffallend purpurroten Blattwerk, wie in den Blüten.

Daß der Rosengarten auch vor und nach dem aufsehenerregenden, aber kurzlebigen Brillantfeuerwerk der einmal blühenden Rosen noch attraktiv wirkt, dafür sorgen die vielen charmanten Rosenbegleiter in harmonischen Farben. Hier ist es ein dekorativer Rahmen aus duftendem Lavendel, dort die fröhlich wuchernde Katzenminze oder zierliche Erdbeerblätter. Dazwischen schäumen Storchschnabel und Scheinwaldmeister in rosigen Tönen wie kleine Wolken bei Sonnenuntergang. Auch das anmutige Leinkraut, das ein Blumenfreund als »das schönste Unkraut der Welt« bezeichnete, Fingerhut und Frauenmantel haben genug Energie, um sich gegen die Rosentriebe durchzusetzen. Wo man auch hinblickt, überall wuchert und blüht es – von den Frühlingsblumen angefangen, bis in den Herbst hinein. Und das nicht nur auf dem Boden. Mit eleganter Leichtigkeit schwingen sich Kletterrosen und verschiedene *Clematis* auch nach oben und lassen ihre Blütenfülle auf die Besucher herabregnen. Schmiedeeiserne Blumenpyramiden stehen dafür als Stützen bereit. Und besonders bezaubernd wirken die beiden von Blüten und Blättern umsponnenen »Pavillons«, die aus jeweils zwei kreuzförmig aufgestellten Rosenbögen bestehen. Insgesamt ist dieses kleine Gärtchen wohl die hübscheste Ovation an die »Königin der Blumen«, die man sich vorstellen kann.

Rosen in zarten, weichen Tönen bestimmen das Bild im geometrisch gegliederten Rosengärtchen.

Rosen-Spielereien

Es gibt wohl keine vielseitigere Blütenpflanze als die Rose. Denn ganz gleich um welche Aufgabe im Garten es sich auch handelt, sie vermag unsere Wünsche zu erfüllen. Die »Königin der Blumen« ziert Rabatten, bedeckt als blühender Teppich kahle Böschungen, bildet duftende, undurchdringliche Hecken und gedeiht – wenn es sein muß – sogar noch im Topf. Aber die Rank- und Kletterrosen sind bestimmt die beliebtesten von allen, denn ihre Vielseitigkeit scheint wirklich unerschöpflich. Sie ergießen sich bereitwillig über grüne Hecken und stürzen sich in farbenprächtigen Kaskaden über Pergolen, Lauben und Pavillons oder klimmen eifrig an Gartenwänden und Spalieren. Sie verstehen es, langweilige Zäune in Schmuckstücke zu verwandeln, begrüßen, am Blumenbogen rankend, die Besucher am Garteneingang und setzen, indem sie sich an einer Rosenpyramide anklammern, hübsche vertikale Akzente. Mutig balancieren sie an gespannten Seilen und Drähten und ein unscheinbares Haus erhält durch sie ein ganz neues, attraktives Gesicht.

Bäume mit Doppelleben

Zu den originellsten Verwendungsmöglichkeiten gehört es, Rosen in alte Bäume hinaufklettern zu lassen. In Vita Sackville-Wests Garten in Sissinghurst führen die Obstbäume solch ein faszinierendes Doppelleben: Erst kommt die Obstblüte, dann öffnen sich die Rosenknospen. Kein Wunder, daß diese faszinierende Gartenidee schon viele begeisterte Nachahmer gefunden hat. Denn geeignete Kletterrosen, die so hoch hinauswollen, daß sie sich sogar bis in die Baumkronen vorwagen, gibt es glücklicherweise genug. Der wohl wildeste Wucherer unter ihnen ist 'Filipes Kiftsgate', die pro Jahr unglaubliche 600 cm zulegen kann und – wenn man sie nur ließe – ganze Häuser mit ihren zahllosen, ungefüllten Blütchen in Cremeweiß überschütten würde. Mit weißen, einfachen, aber sehr attraktiven Rosen wartet auch 'Bobby James' auf, ebenso 'Seagull' und 'Rambling Rector'. Wer's dagegen lieber mit gefüllten Blüten hält, der sollte sich für 'Long John Silver' oder 'Polstjärnan' entscheiden. Ein zartes »Erröten« versteckt sich in der weißen Blüte von 'Mme. Alfred Carrière' – einer dauerblühenden Kletterrose, die sich nicht einmal von einem Platz auf der Nordseite schrecken läßt und in den nach Primeln duftenden halbgefüllten Rosetten von 'Adelaide d'Orléans'. Deutlich rosa sind dagegen schon 'François Juranville' und 'American Pillar' mit glänzend dunkelgrünem, ledrigem Laub. Einen Hauch von Gelb verspricht uns schließlich 'Paul's Lemon Pillar', das sich

Birnbaum mit Doppelleben: Erst kommt die Obstblüte, dann öffnet die Kletterrose ihre duftenden Blüten.

auf den auffällig großen, stark gefüllten Blüten verteilt und auch die kleinen duftenden Blumen der Kletterrose 'Fräulein Octavia Hesse' verfügen über einen zartgelben Schmelz – ebenso wie 'Lykkefund', die besonders üppig blüht und das Sprichwort »keine Rose ohne Dornen« (richtiger wäre natürlich: Stacheln) Lügen straft. Und falls Sie sich für keinen der beschriebenen Farbtöne entscheiden können? Dann wählen Sie eben alle auf einmal – mit der Kletterrose 'Wedding Day', die zuerst in einem rahmgelben Ton erblüht, dann fast weiß wird und sich schließlich noch mit einem Hauch von Zartrosa überzieht. Was will man mehr!

Eine einladende Bank unter einem duftenden Rosenbaldachin – dies gehört mit zum besten, was ein Garten zu bieten hat.

Rosenlauben

Aber mit das allerschönste, das sich mit Hilfe von Rosen zaubern läßt, ist eine Rosenlaube. Dabei ist sie gar nicht schwer zu erstellen. Sie benötigen lediglich einen gebogenen Eisenrahmen, den Sie am besten gleich vor einer Ziegel- oder Steinmauer plazieren. Denn mit etwas »Rückendekkung« von hinten ist das Sitzen einfach um vieles gemütlicher. Genauso gut könnten Sie auch einige Hainbuchen oder Eiben als schützenden Hintergrund zusammenpflanzen, die dann aber regelmäßig geschnitten werden sollten.

Besonders beliebt um solch lauschige Plätzchen zu schaffen, ist die Rose 'Constance Spry'. Sie gehört als »Englische Rose« zu den Neuzüchtungen, aber mit ihren päonienartigen Blüten in kräftigem, klarem Rosa, besitzt sie den Charme und den betörenden Duft der »alten« Rosen.

Ganz gleich welche Rosensorte Sie letztendlich wählen, pflanzen sie immer zwei Exemplare – eine links, die andere rechts, an ihre Laube.

Hier – unter dem blühenden, duftenden Rosenbaldachin ein paar Minuten der Muße zu genießen, gehört mit zum besten, was ein Garten zu bieten hat. Darum – vergessen Sie bei der Gestaltung Ihres grünen Glücks nie, Rosen zu pflanzen. Davon kann man gar nicht genug haben. Denken Sie nur an den hübschen japanischen Spruch: »Die Jahre vergehen, das Alter häuft sich. Doch der Anblick von Rosen befreit mich von allen Sorgen.«

»Willst Du im Leben glücklich sein, dann werde Gärtner«, rät ein chinesisches Sprichwort. Das deutsche Pendant dazu habe ich in einem Garten in Stein graviert gefunden. »Hier altert nie mein fröhlich Herz«, stand darauf geschrieben. Und dies alles hat sicher nichts mit der Größe jenes Fleckchens Erde zu tun, das uns zur Pflege anvertraut ist.

Gärtnern, das ist vielmehr eine ständige Übung im Optimismus und eine Investition in eine hoffnungsvolle Zukunft. Wenn das soeben gepflanzte Bäumchen erst einmal den erhofften Schatten spenden wird, sich die winzigen Blumen zu einer prachtvollen Staudenrabatte zusammengewachsen haben und die armlangen Triebe der neuen Kletterrose schließlich das Hausdach erreichen . . . Das wunderbare an den Träumen von Gärtnern ist, daß sie schon vom ersten Augenblick an, in dem man kleine Wurzeln in die Erde senkt, im Begriff stehen, Wirklichkeit zu werden. Wie soll man da nicht glücklich sein!

Ein gelungener, schöner Garten, das ist fast wie ein »Hintertürchen« zum Paradies. Nun wünsche ich Ihnen und mir, daß Sie mit diesem Buch den richtigen Wegweiser dorthin gefunden haben.

Pflanzen-Listen

Ob Sie nun ein duftendes Kräutergärtchen anlegen möchten, die Terrassentreppe nach mehr Leben verlangt oder ein dunkler Winkel Aufmunterung nötig hat – es ist gar nicht so leicht unter der ungeheuren Fülle diejenigen Pflanzen herauszusuchen, die für das spezielle Vorhaben geeignet sind. Deshalb habe ich, als »Nachschlagewerk«, die folgenden Pflanzenlisten für Sie zusammengestellt. Dabei wird auf jedes im Buch angesprochene Teilthema eingegangen. Natürlich kann es sich immer nur um eine kleine Auswahl an Pflanzen handeln. Aber die bringt sie immerhin schon auf den richtigen Weg und gibt wertvolle Anregungen für eigene Experimente.

Damit die Namen der hier angeführten Pflanzen nicht nur »Schall und Rauch« für Sie bleiben, habe ich – in Tabellenform – ein Kurzportrait jedes einzelnen hier genannten Gewächses zusammengestellt. Fragen, die uns Gärtner beschäftigen – wie etwa Lebensdauer und Lichtbedarf werden damit beantwortet. Natürlich sind diese Angaben lediglich als Anhaltspunkte zu verstehen. Denn wie sich eine Pflanze letztendlich entwickelt, beispielsweise wie hoch sie wächst oder wann sie blüht, hängt von vielen verschiedenen Faktoren ab – wie etwa vom Standort, den Düngergaben oder sogar von der Beeinflussung durch die grünen Nachbarn. Manchmal kommt es auch vor, daß Pflanzen ihren »eigenen Kopf« beweisen. Auch wenn eine in sämtlichen Fachbüchern als typisches Schattengewächs abgestempelt wird, plötzlich samt sich so ein vorwitziges Ding in der prallen Sonne aus und gedeiht sogar noch. Oder wir stellen überrascht fest, daß sich ein Sonnenanbeter im lichten Schatten auch ganz wohl fühlt. So ist eben im Garten immer wieder für Überraschung gesorgt und wir lernen niemals aus.

Im übrigen habe ich mich bemüht, nur Pflanzen auszuwählen, die wirklich zu empfehlen sind und sich durch Robustheit und die bei uns nötige Winterhärte auszeichnen – sieht man einmal von ganz extremen Lagern ab, die natürlich manchen Pflanzen Schwierigkeiten bereiten können.

Treppenpflänzchen

Name: lateinisch deutsch	Lebensdauer	Wuchshöhe (cm)	Blütezeit (Monat)	Blütenfarbe	Lichtbedarf
Ajuga Günsel	a		4-6		○ - ●
A. reptans 'Atropurpurea'		15		blau	
A. r. 'Palisander'		15		rot	
Alchemilla erythropoda Frauenmantel	a	10	6	grün-gelb	○ - ●
Anaphalis triplinervis 'Sommerschnee' Staudenimmortelle	a	25	7-9		○
Antennaria Katzenpfötchen	a		5-6		○
A. dioica 'Nyewoods Variety'		10		zartrosa	
Anthemis biebersteiniana Bergkamille	a	25	5-6	gold-gelb	○
Arabis caucasica Gänsekresse	a	10-20	4-5	verschieden	○
Campanula Glockenblume	a				○
C. carpatica Karpatenglockenblume		20-25	6-7	blau, weiß violett	
C. portenschlagiana Teppichglockenblume		15	5-6	violett	
C. pusilla Zwergglockenblume		10	6-7	blau	
Corydalis lutea Lerchensporn	a	30	4-10	gelb	○ - ●
Draba Hungerblümchen	a		3-4		○
D. aizoides		5		goldgelb	
D. suendermannii		3		weiß	
Dryas Silberwurz	a		5-6		○
D. octopetala		15		weiß	
D. × suendermannii		15		elfenbein	
Eschscholtzia californica Goldmohn	⊙	20-40	6-10	meist gelb u. orange	○

Treppenpflänzchen

Name: lateinisch deutsch	Lebensdauer	Wuchshöhe (cm)	Blütezeit (Monat)	Blütenfarbe	Lichtbedarf
Fragaria Erdbeere	a	10	5-6	weiß	◑
F. vesca Walderdbeere					
F. v. var. *semperflorens* Monatserdbeere		20	5-10	weiß	○
Globularia cordifolia Kugelblume	a	10	6-7	blau	○ - ◑
Helianthemum Sonnenröschen	a		6-8		○
H. alpestre 'Serpyllifolium'		5		goldgelb	
H. lunulatum		10		goldgelb	
H. scardicum		5		goldgelb	
Hieracium pilosella Habichtskraut	a	15	6-8	hellgelb	○
Hypericum polyphyllum Johanniskraut	a	15	5-6	gelb	○ - ●
Lamium Taubnessel	a		5-6		○
L. maculatum 'Red Nancy'		20		rot	
L. m. 'White Nancy'		20		weiß	
Lobularia maritima Duftsteinrich	⊙	10-20	6-10	verschieden	○ - ◑
Nepeta × faassenii Katzenminze	a	30	5-9	lavendelblau	○
Phlox Flammenblume	a		4-5		○
P. douglasii-Sorten		5-10		verschieden	
P. subulata-Sorten		10-15		verschieden	
Phuopsis stylosa Scheinwaldmeister	a	25	6-8	rosa	○ - ◑
Saponaria Seifenkraut	a				○
S. ocymoides		20	5-6	rosa	
S. × olivana		5	6-7	rosa	
Saxifraga aizon Rosettensteinbrech	a		5-6		○
S. a. 'Atropurpurea'		20		rosa	
S. a. ssp. *brevifolia*		20		weiß	
S. a. 'White Hills'		20		weiß	
Scutellaria scordifolia Helmkraut	a	20	5-8	stahlblau	○

Treppenpflänzchen

Name: lateinisch deutsch	Lebensdauer	Wuchshöhe (cm)	Blütezeit (Monat)	Blütenfarbe	Lichtbedarf
Silene Leimkraut	a				○
S. maritima 'Rosea'		15	6–8	hellrosa	
S. schafta 'Splendens'		10	8–9	tiefrosa	
Stachys Ziest	a				○
S. byzantinus		15	6–7	lila	
S. lanata 'Silver Carpet'		20			
Thymus Thymian	a	3–25	5–10	weiß, rot lila, rosa	○
Veronica Ehrenpreis	a				○
V. armena		10	5–6	blau	
V. repens		5	4–5	weiß	
Waldsteinia geoides Waldsteinie	a	25	3–5	gelb	◑ – ●
Farne					
Adiantum 'Imbricatum' Venushaar	a	15			◑ – ●
Asplenium trichomanes Streifenfarn	a	15			○ – ◑

Zeichenerklärung: a ausdauernd; ⊙ einjährig; ⊙ zweijährig; ○ sonnig; ◑ halbschattig; ● schattig

Taubnessel *(Lamium maculatum)*

Hecken, die geschnitten werden können

Name lateinisch deutsch	Pflanzen-pro Meter	Licht-bedarf	Besonderes
Niedrig (15–50 cm) – als Beeteinfassung geeignet			
Berberis Berberitze		○ – ◑	
B. buxifolia 'Nana'	5–6		rötlichgrünes Laub, ×
B. thunbergii 'Atropurpurea Nana' 'Kobold'	5–6		purpurbraunes Laub dunkelgrünes Laub
Buxus sempervirens 'Suffruticosa' Einfassungsbuchs	5–8	○ – ●	bleibt besonders niedrig, ×
Lavandula angustifolia Lavendel 'Hidcote Blue' 'Rosea'	5–8	○	Rückschnitt nach der Blüte, × tiefviolette Blüten rosa Blüten
Ligustrum vulgare 'Lodense' Zwergliguster	4–5	○ – ◑	graugrünes Laub
Lonicera pileata Heckenkirsche	4–5	○ – ●	blaßgelbe Blüten, ×
Potentilla fruticosa Fingerkraut 'Arbuscula' 'Farreri Prostrata' 'Goldteppich' 'Klondike'	5–6	○	Rückschnitt im Frühjahr gelbe Blüten tiefgelbe Blüten goldgelbe Blüten tiefgelbe Blüten
Santolina chamaecyparissus Heiligenkraut	5–6	○	silbergraues Laub, gelbe Blüten, ×
Spirea bullata Zwergspiere	4–5	○ – ◑	dunkelrosa Blüten Rückschnitt im Frühjahr
Teucrium Gamander	5–6	○	Rückschnitt im Frühjahr
T. chamaedrys			rosalila Blüten, ×
T. scorodonium 'Crispum'			grünlich-gelbe Blüten, ×
Mittelhoch (100–175 cm)			
Berberis Berberitze		○ – ◑	
B. candidula	4–5		gleichmäßiger Wuchs, ×
B. rubrostilla 'Barbarossa'	4–5		dunkelroter, Fruchtbehang, (×)
B. stenophylla	3		rotbraunes Laub, ×
B. thunbergii 'Atropurpurea'	3–4		rotes Laub
B. wilsoniae	4–5		korallenrote Früchte

Hecken, die geschnitten werden können

Name lateinisch deutsch	Pflanzen- pro Meter	Licht- bedarf	Besonderes
Buxus Buchsbaum		○ - ●	Schnitt erst nach Mitte Mai
B. sempervirens var. *arborescens*	3-4		rauch- u. rußfest, ×
B. sempervirens 'Handsworthiensis'	4-5		sehr anspruchslos, ×
Euonymus alata Geflügelter Spindelstrauch	3	◑ - ●	schöne Herbstfärbung
Ilex crenata 'Convexa' Stechpalme	4-5	○ - ●	sehr frosthart, ×
Lonicera Heckenkirsche		○ - ●	
L. tatarica	3		hellrote Früchte
L. xylosteum	3-4		bes. für trockene Böden, (×)

Buchsbaum *(Buxus sempervirens)*

Hecken, die geschnitten werden können

Name lateinisch deutsch	Pflanzen- pro Meter	Licht- bedarf	Besonderes
Prunus laurocerasus 'Otto Luyken' Lorbeerkirsche	2-3	◑ - ●	sehr winterhart, ×
Pyracantha-Arten Feuerdorn	2-3	○ - ●	Fruchtschmuck, ×
Ribes Johannisbeere		○ - ●	
R. alpinum 'Schmidt' Alpenjohannisbeere	4		schattenverträglich
R. aureum Goldjohannisbeere	3-4		rote Herbstfärbung
R. sanguineum Blutjohannisbeere	3		Blütenschmuck
Salix purpurea 'Nana' Zwerg-Purpurweide	2-3	○ - ◑	schwachwachsend, zierliches Laubwerk
Hoch (200-300 cm)			
Acer campestre Feldahorn	2-3	○ - ●	Vogelschutzgehölz
Carpinus betulus Hainbuche	3-4	○ - ●	verwelktes Laub bis zum Frühjahr haftend
Cornus mas Kornelkirsche	2-3	○ - ◑	verwertbare Früchte
Crataegus monogyna Weißdorn	3-4	○ - ◑	Fruchtschmuck, Vogelschutzgehölz
Fagus sylvatica Rotbuche	3-4	◑ - ●	verwelktes Laub bis zum Frühjahr haftend
Ilex aquifolium Stechpalme	3-4	○ - ●	Fruchtschmuck, ×
Ligustrum Liguster		○ - ◑	
L. ovalifolium	4-5		schwarze Früchte, (×)
L. vulgare	4-5		später Laubfall
Prunus spinosa Schlehdorn	3	○	verwertbare Früchte
Taxus Eibe		◑ - ●	Nadelgehölz
T. baccata	2-3		verträgt jeden Schnitt, ×
T. media 'Hicksii'	4-5		Säulenform, ×
Tilia cordata Winterlinde	3-4	○ - ◑	Vogelschutzgehölz

Zeichenerklärung: ○ sonnig ● schattig ◑ halbschattig × immergrün

Hecken, die ohne Schnitt auskommen

Namen lateinisch deutsch	Pflanzen pro Meter	Blüte-zeit	Licht-bedarf	Blüten-farbe	Besonderes
Niedrig (bis 100 cm)					
Caryopteris × clandonensis Bartblume	2–3	8–9	○	blau	Bienenfutterpflanze
Deutzia gracilis Deutzie	3–4	5–6	○ – ◑	weiß	Bienenfutterpflanze
Ligustrum vulgare 'Lodense' Liguster	4–5	6–7	○ – ●	weiß	graugrünes Laub
Mahonia aquifolium Mahonie	4–5	4–5	○ – ●	gelb	immergrün
Potentilla fruticosa Fingerstrauch, aufrechte Sorten	4	6–9	○	gelb bis weiß	große Blütenfülle
Spirea albiflora Spierstrauch	3–4	6–9	○ – ◑	weiß	reichblühend
Mittelhoch (100–200 cm)					
Berberis Berberitze			○ – ◑		
B. canadensis	2–3	5–6		gelb	Herbstfärbung
B. gagnepainii	2–3	5–6		gelb	immergrün
B. julianae	2	5–6		gelb	immergrün
Chaenomeles-Hybriden Zierquitte	2	3–5	○ – ◑	weiß bis rot	Früchte eßbar
Cotoneaster franchettii Zwergmispel	2	5–6	○ – ◑	weiß, rosa	orangerote Früchte
Deutzia Sternchenstrauch			○		
D. kalmiiflora	2–3	6		hellrosa	sehr reichblühend
D. 'Mont Rose'	2–3	6		rosa	auffallender Blütenstrauch
Forsythia ovata Forsythie	2–3	3–4	○	gelb	anspruchslos
Hibiscus syriacus-Hybriden Roseneibisch	3	6–9	○	verschieden	für warme Lagen
Kerria japonica Ranunkelstrauch	3–4	4–5	○ – ◑	gelb	anspruchslos
Kolkwitzia amabilis Kolkwitzie	2–3	5–6	○ – ◑	rosa	reiche Blüte

Bartblume *(Caryopteris × clandonensis)*

Hecken, die ohne Schnitt auskommen

Namen lateinisch deutsch	Pflanzen pro Meter	Blüte-zeit	Licht-bedarf	Blüten-farbe	Besonderes
Lonicera Geißblatt			○ – ●		Vogelschutzgehölze
L. ledebourii	2–3	6–7		gelbrot	schwarze Früchte
L. morrowii	2–3	5–6		weiß	rote Früchte
Philadelphus-Hybriden Pfeifenstrauch	2–3	6	○	weiß	stark duftend
Prunus laurocerasus Kirschlorbeer			○ – ●		
'Herbergii'	2–3	5		weiß	immergrün
'Otto Luyken'	1–2	5–9		weiß	immergrün
Ribes sanguineum 'Atrorubens' Blutjohannisbeere	2–3	4–5	○ – ◑	dunkelrot	anspruchslos
Rosa rugosa Apfelrose	3	6–10	○ – ◑	karminrot, rotviolett, weiß	verwertbare Früchte
Spirea × arguta Spierstrauch	2–3	4–5	○ – ◑	weiß	reichblühend

Zeichenerklärung: ○ sonnig ◑ halbschattig ● schattig

Mehrjährige Kletterpflanzen

Name lateinisch deutsch	Wuchs- höhe (m)	Licht- bedarf	Wuchs	Kletter- hilfe	Blüte- zeit (Monat)	Blüten- farben	Besonderes
Actinidia arguta Strahlengriffel	4–5	○ - ◑	schnell	×	6	weiß	Blütenduft, Frucht eßbar
Akebia quinata Akebie	3–9	○ - ●	schnell	×	5–6	tiefviolett	Blütenduft, eiförmige Früchte
Ampelopsis aconitifolia Scheinrebe	3–8	○ - ◑	mittel	×	6–7	unbedeutend	zierende Früchte
Aristolochia macrophylla Pfeifenwinde	6–10	○ - ◑	schnell	×	5–6	unbedeutend	auffällige Blätter
Campsis radicans Trompetenblume	4–10	○	mittel	(×)	7–9	rot-orange	für geschützte Lagen
Celastreus orbiculatus Baumwürger	6–12	○ - ◑	schnell	×	6	unbedeutend	rotgelbe Früchte, zweihäusig
Clematis-Hybriden Waldrebe	2–6	○ - ◑	mittel	×	5–10	verschieden	beschattete Wurzelscheibe
Clematis-Wildarten Waldrebe	2–12	○ - ◑	schnell	×	5–9	weiß,rosa, violett, blau	beschattete Wurzelscheibe
Hedera helix-Sorten Efeu	3–25	○ - ●	langsam	–	9–10	gelb	immergrün
Euonymus fortunei-Sorten Kletterspindelstrauch	2–3	○ - ●	langsam	(×)	5	unbedeutend	immergrün
Humulus lupulus Hopfen	4–8	○ - ◑	schnell	×	7–8	unbedeutend	zweihäusig
Hydrangea petiolaris Kletterhortensie	5–10	○ - ●	mittel	–	6–7	weiß	Blütenduft
Jasminum nudiflorum Winterjasmin	2–4	○	langsam	× ×	1–3	gelb	für geschützte Lagen
Lathyrus latifolius Wicke	-2	○	mittel	×	7–9	rosa,weiß	nicht duftend
Lonicera-Arten Geißblatt	2–6	○ - ◑	mittel	×	5–9	gelblichweiß, gelb, rot	Blüten duftend bis stark duftend
Parthenocissus Wilder Wein							
P. quinquefolia	8–12	○ - ◑	schnell	(×)	6–7	unbedeutend	Herbstfärbung
P. tricuspidata 'Veitchii'	12–15	○ - ◑	schnell	–	7–8	unbedeutend	Herbstfärbung
Polygonum (Fallopia) aubertii Kletterknöterich	8–15	○ - ◑	schnell	×	7–9	weiß	bis 5 m/Jahr wachsend
Rosa-Arten Kletterrose	2–10	○	mittel	× ×	6–9	verschieden	einmal- und öfter-blühende Sorten
Rubus henryi Kletterbrombeere	3–6	◑ - ●	schnell	× ×	6–7	lilarosa	fast immergrün eßbare Früchte
Vitis coignetiae Wilde Rebe	8–12	○	schnell	×	7	cremefarben	große Blätter
Vitis vinifera Weinrebe	3–10	○	mittel	×	6	grünlich	Frucht eßbar
Wisteria-Arten Blauregen	6–10	○	schnell	×	4–6	blauviolett, weiß, blaßrosa	für geschützte Lagen

Einjährige Kletterpflanzen

Name lateinisch deutsch	Wuchshöhe (m)	Lichtbedarf	Wuchs	Kletterhilfe	Blütezeit	Blütenfarben	Anzucht
Cobaea scandens Glockenrebe	3-5	○ - ◑	schnell	×	7-9	violett	Vorkultur
Cucurbita pepo *Lagenaria* siceraria Zierkürbis	3-5	○	schnell	×	7-9	gelb	Vorkultur
Humulus scandens Japanhopfen	3-4	○ - ●	schnell	×	8-9	unbedeutend	Vorkultur, Direktaussaat
Ipomoea tricolor Trichterwinde	2-3	○	schnell	×	7-9	verschieden	Vorkultur, Direktaussaat
Lathyrus odoratus Duftwicke	-2	○	mittel	×	6-10	verschieden	Direktaussaat
Phaseolus coccineus Feuerbohne	2-4	○ - ◑	schnell	×	6-9	leuchtendrot, weiß, rotweiß	Direktaussaat
Thunbergia alata Schwarzäugige Susanne	-2	○ - ◑	mittel	×	6-10	gelb, orangegelb	Vorkultur
Tropaeolum peregrinum Kapuzinerkresse	-3	○ - ◑	mittel	×	7-9	gelb	Vorkultur, Direktaussaat
Quamoclit lobata Sternwinde	-3	○	mittel	×	7-10	rot	Vorkultur

Zeichenerklärung: – ohne Kletterhilfe
× mit Kletterhilfe
× × mit Kletterhilfe und Anbinden
○ sonnig
◑ halbschattig
● schattig

Efeu *(Hedera colchica)*

Clematis-Hybriden: Purpur . . .

. . . . und rosa

»Blumenriesen« für die gepflanzte »Gartenwand«

Name lateinisch deutsch	Lebensdauer	Wuchshöhe (cm)	Blütezeit (Monat)	Blütenfarbe	Lichtbedarf
Aconitum Eisenhut	a				○ - ●
A. carmichaelii var. *wilsonii*		150	9–10	mittelblau	
A. napellus		120	7–8	stumpfes Blau	
Agastache foeniculum Agastache	a	100	7–8	violett	○ - ◑
Althaea					○
A. ficifolia Stockrose	a	200	7–9	verschieden	
A. rosea Stockrose	⊙	200	7–9	verschieden	
A. officinalis Eibisch	a	125	7–9	weißlich	
Anchusa azurea Ochsenzunge	a	100	5–7	leuchtendblau	○
Aruncus dioicus Geißbart	a	200	6–7	rahmweiß	○ - ●
Asclepias syriaca Seidenpflanze	a	130	8	rosaweiß	○
Aster	a		9–10		○
A. cordifolius 'Ideal' Schleieraster		120		lavendelblau	
A. novae-angliae Rauhblattaster		110–150		verschieden	
Boltonia latisquama Scheinaster	a	180	9–10	weiß	○
Chrysanthemum					○
C. serotinum Oktobermargarite	a	150	9–10	weiß	
C. balsamita Marienblatt	a	150	8–9	gelb	
Cimicifuga Silberkerze	a				
C. cordifolia		200	8–10	gelblichweiß	○ - ●
C. ramosa		200	9–10	cremeweiß	◑ - ●
Coreopsis tripteris Mädchenauge	a	180	7–10	hellgelb	○
Crambe juncea Riesenschleierkraut	a	160	7–8	weiß	○
Cynara scolymus Artischocke	⊙	150	8–10	blau	○

»Blumenriesen« für die gepflanzte »Gartenwand«

Name lateinisch deutsch	Lebensdauer	Wuchshöhe (cm)	Blütezeit (Monat)	Blütenfarbe	Lichtbedarf
Delphinium cultorum-Hybriden Rittersporn	a	130-200	6–7 + 9–10	Blau-und Violettöne, weiß	○
Digitalis Fingerhut	⊙				◑ - ●
D. ferruginea 'Gigantea'		180	6–7	mattgelb	
D. purpurea 'Excelsior-Hybriden'		120	6–7	weiß,rosa, rot	
Echinops ritro Kugeldistel	a	120	7–8	stahlblau	○
Eupatorium purpureum 'Atropurpureum' Wasserdost	a	180	7–8	weinrot	○ - ◑
Foeniculum vulgare 'Atropurpureum' Fenchel	⊙ - a	150	9	gelb	○
Helenium × hybridum	a		7–9		○
'Goldrausch'		150		goldgelb	
'Sonnenwunder'		150		hellgelb	
Helianthus	a				○
H. atrorubens 'Monarch' Staudensonnenblume		180	8–9	goldgelb	
H. microcephalus		170	9–10	gelb	
H. tuberosus Topinambur		300	7–10	gelb	
Heliopsis scabra-Sorten Sonnenauge	a	100–150	7–9	gelb bis orange	○
Inula magnifica Alant	a	200	7–8	goldgelb	○
Lavatera thuringiaca Buschmalve	a	150	6–9	rosa	○ - ◑
Lysimachia vulgaris Gilbweiderich	a	150	6–8	gelb	○ - ◑
Oenothera biennis Nachtkerze	⊙	200	7–9	gelb	○
Perovskia abrotanoides Perovskie	a	120	6–9	lavendelblau	○
Phlomis samia Goldquirl	a	120	6–7	gelb	○
Phytolacca americana Kermesbeere	a	200	7–8	weiß	○ - ◑

»Blumenriesen« für die gepflanzte »Gartenwand«

Name lateinisch deutsch	Lebensdauer	Wuchshöhe (cm)	Blütezeit (Monat)	Blütenfarbe	Lichtbedarf
Rudbeckia Sonnenhut	a				○
R. maxima		200	8–9	gelb	
R. nitida 'Herbstsonne'		200	7–9	gelb	
R. subtumentosa		130	8–9	gelb	
Salvia argentea Salbei	⊙	120	7	weiß	○
Thalictrum glaucum Wiesenraute	a	200	6–7	schwefelgelb	○ - ◑
Verbascum Königskerze	⊙				○
V. bombyciferum		170	7–8	schwefelgelb	
V. olympicum		200	6–7	gelb	

Zeichenerklärung: a ausdauernd, ⊙ einjährig, ⊙ zweijährig; ○ sonnig, ◑ halbschattig, ● schattig

Fingerhut *(Digitalis purpurea)*

Gewürz-, Heil- und Färbepflanzen

Name lateinisch deutsch	Lebensdauer	Wuchshöhe (in cm)	Blütezeit (Monat)	Blütenfarbe	Lichtbedarf
Allium schoenoprasum Schnittlauch	a	20–30	6–8	rötlich-lila	○ - ◑
Althaea officinalis Eibisch	a	125	7–9	weißlich	○
Anethum graveolens Dill	⊙	50–125	6–8	gelb	○
Angelica archangelica Engelwurz	a	250	7–8	grünlich-weiß	○
Anthriscus cerefolium Kerbel	⊙	30–60	5–8	weiß	◑
Artemisia					
A. abrotanum Eberraute	a	100	7–10	gelblich	○
A. absinthium Wermut	a	150	7–9	gelb	○
A. dracunculus Estragon					
Russischer Estragon	a	180	8–10	gelbgrün	○
Aromatischer Estragon	a	60			○
A. vulgaris Beifuß	a	200	7–9	gelblich	○ - ◑
Asperula tinctoria Färbermeister	a	60	6–7	weiß	○ - ◑
Borago officinalis Boretsch	⊙	80	5–8	blau	○
Calendula officinalis Ringelblume	⊙	50	6–10	gelb, orange	○
Carum carvi Kümmel	⊙	100	6–7	weiß	○
Coriandrum sativum Koriander	⊙	80	6–8	weiß, rosa	○
Cynara scolymus Artischocke	⊙	150	8–10	blau	○
Foeniculum vulgare Fenchel	a	200	7–10	gelb	○
Galium odoratum Waldmeister	a	20	4–5	weiß	◑ - ●
Genista tinctoria Färberginster	a	80	6–8	gelb	○
Hypericum perforatum Johanniskraut	a	60	7–9	gelb	○

Gewürz-, Heil- und Färbepflanzen

Name lateinisch deutsch	Lebens-dauer	Wuchs-höhe (in cm)	Blüte-zeit (Monat)	Blüten-farbe	Licht-bedarf
Hyssopus officinalis Ysop	a	45	7–9	blau	○
Inula helenium Alant	a	200	7–9	gelb	○
Isatis tinctoria Färberwaid	⚇	150	6	gelb	○
Lavandula angustifolia Lavendel	a	30–60	6–8	lila	○
Lepidium sativum Kresse	⊙	30–50	6–7	weiß	○
Levisticum officinalis Liebstöckel	a	200	7–8	gelb	○
Matricaria chamomilla Kamille	⊙	20–50	5–8	weiß	○
Melissa officinalis Zitronenmelisse	a	100	7–8	weiß	○
Mentha					
M. piperita Pfefferminze	a	60	6–8	lila	○ - ◑
M. pulegium Poleiminze	a	40	7–9	lila	○ - ◑
Monarda didyma Monarde	a	80	7–10	rot	○
Myrrhis odorata Süßdolde	a	120	5–6	weiß	○ - ●
Ocimum basilicum Basilikum	⊙	20–60	6–8	weiß	○
Origanum					
O. majorana Majoran	⊙	50	6–9	weiß, lila	○
O. vulgare Origano	a	50	7–9	rosa, weiß	○
Petroselinum crispum Petersilie	⚇	100	6–7	weiß	○
Phytolacca americana Kermesbeere	a	200	7–8	weiß	○ - ◑
Pimpinella anisum Anis	⊙	30–50	7–8	weiß	○
Portulaca sativa Portulak	⊙	15–30	6–9	gelb	○
Reseda luteola Färber-Wau	⚇	150	6–9	gelbgrün	○

Gewürz-, Heil- und Färbepflanzen

Name lateinisch deutsch	Lebens-dauer	Wuchs-höhe (in cm)	Blüte-zeit (Monat)	Blüten-farbe	Licht-bedarf
Rosmarinus officinalis Rosmarin (Topfpflanze!)	a	150	3–7	wasser-blau	○
Rubia tinctorium Färberkrapp	a	80	6–7	gelb	○
Rumex acetosa Sauerampfer	a	80	5–7	weißrosa	○
Ruta graveolens Weinraute	a	50–100	6–7	gelb	○
Salvia officinalis Salbei	a	50–80	6–8	blau, violett	○
Sanguisorba minor Pimpinelle	a	60	5–6	gelb	○
Satureja					
S. hortensis Bohnenkraut	⊙	30–40	7–10	lilarosa	○
S. montana Winterbohnenkraut	a	50	8	weißrosa	○
Sedum reflexum Tripmadam	a	30	6–8	gelb	○
Sempervivum tectorum Dachwurz	a	20–40	6–8	rosa	○
Sinapis alba Senf	⊙	120	6–7	gelb	○
Symphytum officinale Beinwell	a	100–200	5–8	lilarosa	○
Thymus					
T. serpyllum Quendel	a	25	7–8	rosa	○
T. vulgaris Gartenthymian	a	30	6–10	rosa	○
Trigonella coerulea Brotklee	⊙	60	6–7	blau	○
Valeriana officinalis Baldrian	a	100–150	7–8	weißrosa	○ - ◑
Verbascum densiflorum Großblütige Königskerze	⚇	200	7–8	gelb	○

Zeichenerklärung: a ausdauernd; ⊙ einjährig; ⚇ zweijährig; ○ sonnig; ◑ halbschattig; ● schattig

Duftende Blumen

Name lateinisch deutsch	Lebens-dauer	Wuchs-höhe (cm)	Blüte-zeit (Monat)	Blüten-farbe	Licht-bedarf	Duft-spen-der
Achillea						
A. millefolium Schafgarbe	a	60	6–10	weiß	○	B
A. ptarmica Bertrams-garbe	a	60	6–9	weiß	○	B
Allium moly Goldlauch	a	30	5–6	gelb	○	B
Anemone sylvestris Großes Windröschen	a	40	4–6	weiß	○ - ◑	B
Angelica archangelica Engelwurz	⊙̈	250	7–8	grün-lichweiß	○	B
Anthemis						
A. nobilis Römische Kamille	a	30	6–8	weiß	○	L
A.n.'Plena'	a	30	6–8	weiß	○	L
A.n.'Treneague'	a	15	–	–	○	L
Anthericum liliago Graslilie	a	60	5–6	weiß	●	B
Anthriscus cerefolium Kerbel	⊙	60	5–6	weiß	○ - ◑	L
Aristolochia clematis Osterluzei	a	100	5–7	gelb	○	B
Asclepias syriaca Seidenpflanze	a	150	7–8	rosa	○	B
Borago officinalis Boretsch	⊙	80	5–8	blau	○	L, B
Calendula officinalis Ringelblume	⊙	50	6–10	gelb, orange	○	L
Centaurea macrocephala Flockenblume	a	120	6–9	gelb	○	B
Cheiranthus cheiri Goldlack	⊙̈	40	4–6	gelb, orange, bräunlich	○	B
Chrysanthemum						
C. balsamita Marienblatt	a	150	8–9	gelb	○	L
C. parthenium Mutterkraut	a	50	6–8	weiß	○	L

Duftende Blumen

Name lateinisch deutsch	Lebens-dauer	Wuchs-höhe (cm)	Blüte-zeit (Monat)	Blüten-farbe	Licht-bedarf	Duft-spen-der
Convallaria majalis Maiglöckchen	a	20	5	weiß	◑ - ●	B
Corydalis						
C. cava Hohler Lerchensporn	a	20	3–5	lila, weiß	◑ - ●	B
C. lutea Gelber Lerchensporn	a	30	5–9	gelb	○ - ●	B
Datura stramonium Gemeiner Stechapfel	⊙	80	6–8	weiß	○	B
Dianthus						
D. barbatus Bartnelke	a	25–50		weiß, rosa, rot	○	B
D. caryophyllus Gartennelke	⊙	35–60	7–10	verschieden	○	B
D. carthusianorum Karthäusernelke	a	60	6–9	rot	○	B
D. gratianopolitanus Pfingstnelke	a	10–20	5–7	rosarot	○	B
D. plumarius Federnelke	a	30	5–6	weiß, rosa, rot	○	B
Filipendula ulmaria Mädesüß	a	100	6–9	weiß	○ - ◑	B
Foeniculum vulgare Fenchel	a	200	7–9	gelb	○	L
Galium odoratum Waldmeister	a	20	4–5	weiß	◑ - ●	L
Hemerocallis flava Taglilie	a	60	7–8	gelb	○ - ◑	B
Hesperis matronalis Nachtviole	⊙̈	70	5–6	lila, weiß	○ - ◑	B
Hyacinthus orientalis Hyazinthe	a	25–30	4–5	verschieden	○	B
Iberis amara Bittere Schleifenblume	⊙	40	5–8	weiß	○	B

Zeichenerklärung: a ausdauernd, ⊙ einjährig, ⊙̈ zweijährig; ○ sonnig, ◑ halbschattig, ● schattig; B = Blüte, L = Laub

Duftende Blumen

Name lateinisch deutsch	Lebens-dauer	Wuchs-höhe (cm)	Blüte-zeit (Monat)	Blüten-farbe	Licht-bedarf	Duft-spender
Impatiens balsamina Gartenbalsamine	⊙	60–70	6–9	weiß, rosa, rot	○ – ◑	B
Iris graminea Pflaumeniris	a	40	5–6	violett	○	B
Lilium						
L. candidum Madonnenlilie	a	150	6–7	weiß	○	B
L. martagon Türkenbund	a	80	6–7	bräunlichrosa, dunkelkarmin	◑	B
L. regale Königslilie	a	100–150	6–7	weiß	○	B
Lobularia maritima Duftsteinrich	⊙	10–15	5–10	weiß, rosa, lila	○	B
Matthiola incana Levkoje	⊙	40–80	6–9	verschieden	○	B
Melissa officinalis Zitronenmelisse	a	80	6–8	weiß	○	L
Melittis melissophyllum Immenblatt	a	60	5–6	weiß, rosa	◑	B
Mentha						
M. piperita Pfefferminze	a	60	6–8	lila	○ – ◑	L
M. piperita var. *citrata* Orangenminze	a	50	6–8	lila	○ – ◑	L
M. pulegium Poleiminze	a	40	7–9	lila	○ – ◑	L
M. rotundifolia Apfelminze	a	60	7–9	weiß	○ – ◑	L
M. requienii Korsische Minze	a	2	7	bläulich	○ – ◑	L
M. spicata var. *crispa* Krause Minze	a	50	6–9	lila	○ – ◑	L
Mirabilis jalapa Wunderblume	⊙	80	6–10	verschieden	○	B
Myrrhis odorata Süßdolde	a	120	5–6	weiß	◑ – ●	L
Narcissus						
N. poeticus Dichternarzisse	a	40	5	weiß	○ – ◑	B
N. pseudonarcissus Trompetennarzisse	a	45	4–5	gelb	○ – ◑	B

Duftende Blumen

Name lateinisch deutsch	Lebens-dauer	Wuchs-höhe (cm)	Blüte-zeit (Monat)	Blüten-farbe	Licht-bedarf	Duft-spender
Nicotiana alata Ziertabak	⊙	40–100	6–9	weiß – rot	○	B
Oenothera						
O. biennis Nachtkerze	⊙ (zweijährig)	200	7–9	gelb	○	B
O. odorata Duft-Nachtkerze	a	70	6–10	hellgelb	○	B
Ocimum basilicum Basilikum	⊙	40	6–8	weiß	○	L
Origanum vulgare Origano	a	60	7–9	purpur	○	B, L
Paeonia officinalis Pfingstrose	a	80	5–6	weiß – rot	○	B
Phlox paniculata Stauden-Phlox	a	70–120	6–9	verschieden	○	B
Pimpinella anisum Anis	⊙	30–50	7–8	weiß	○	B
Primula veris Schlüsselblume	a	25	4–5	gelb	○ – ◑	B
Reseda odorata Duftresede	⊙	40	7–8	gelb	○	B
Salvia sclarea Muskatellersalbei	⊙ (zweijährig)	120	6–7	lila	○	L
Saponaria officinalis Seifenkraut	a	70	8–9	rosa	○	B
Tagetes tenuifolia Studentenblume	⊙	15–20	7–9	gelb, orange, bräunlich	○	L
Thymus						
T. × citriodorus Zitronenthym.	a	25	6–7	rosa	○	L
T. pulegioides Quendel	a	10	5–10	rosa	○	L
T. serpyllum Feldthymian	a	25	7–9	rosa	○	L
Tulipa sylvestris Wilde Tulpe	a	40	5	gelbgrün	○	B
Viola odorata Duftveilchen	a	15	3–4	violett	○ – ◑	B

Zeichenerklärung: a ausdauernd, ⊙ einjährig, ⊙ (mit Doppelpunkt) zweijährig; ○ sonnig, ◑ halbschattig, ● schattig; B = Blüte, L = Laub

Duftende Kletterpflanzen

Name lateinisch deutsch	Lebensdauer	Wuchshöhe (cm)	Blütezeit (Monat)	Blütenfarbe	Lichtbedarf	Duftspender
Clematis Waldrebe						
C. flammula	a	4–5	8–10	weiß	○ - ◑	B
C. montana	a	–9	5–6	weiß, rosa	○ - ◑	B
Humulus lupulus Hopfen	a	6	7–8	grün	○ - ◑	B, L
Lathyrus odoratus Duftwicke	⊙	1,5	6–9	verschieden	○	B
Lonicera Geißblatt						
L. caprifolium Jelängerjelieber	a	3–5	5–6	gelblichweiß	○ - ◑	B
L. × heckrottii	a	3–4	6–9	gelbrot	○ - ◑	B
L. periclymenum Waldgeißblatt	a	3–4	6–8	gelblichweiß	○ - ◑	B
Wisteria sinensis Glyzine	a	10	4–5	weiß, blauviolett	○	B

Duftende Sträucher und Halbsträucher

Name lateinisch deutsch	Wuchshöhe (cm)	Blütezeit (Monat)	Blütenfarbe	Lichtbedarf	Duftspender
Aloysioa triphylla Zitronenstrauch	160	7–9	lila	○	L
Artemisia					
A. abrotanum Eberraute	100	7–10	gelblich	○	L
A. absinthium Wermut	180	7–9	gelbgrün	○	L
Buddleia davidii Sommerflieder	300	8–9	weiß, rot, blau	○	B
Calycanthus floridus Erdbeergewürzstrauch	200	6–7	rötlichbraun	○ - ◑	B
Caryopteris × clandonensis Bartblume	100	8–9	hellblau	○	L
Daphne mezereum Seidelbast	125	3–4	lila	◑	B
Dictamnus albus Diptam	100	5–6	rosa	◑	B, L
Hamamelis mollis Zaubernuß	300	1–3	gelb	○ - ◑	B

Duftende Sträucher und Halbsträucher

Name lateinisch deutsch	Wuchshöhe (cm)	Blütezeit (Monat)	Blütenfarbe	Lichtbedarf	Duftspender
Hyssopus officinalis Ysop	45	6–9	blau	○	L
Lavandula angustifolia Lavendel	80	6–7	lila	○	B, L
Mahonia aquifolium Mahonie	150	4–5	gelb	○	B
Paeonia suffruticosa Baumpaeonie	100–200	5–6	verschieden	○ - ◑	B
Perovskia abrotanoides Perovskie	120	6–9	lavendelblau	○	L
Philadelphus coronarius Pfeifenstrauch	300–400	5–6	weiß	○ - ◑	B
Rosa Rose					
R. alba Weiße Rose	–200	6	weiß, zartrosa	○	B
R. centifolia Zentifolie	–200	6–8	weiß – rot	○	B
R. gallica Essigrose	–200	6	rosa, rot, violett	○	B
R. rubiginosa Schottische Zaunrose	–300	6	rosa	○	B, L
R. rugosa Apfelrose	–200	6–8	weiß, rosa	○	B
Ruta graveolens Weinraute	100	6–7	gelb	○	L
Salvia officinalis Gartensalbei	80	6–7	blau, lila	○	L
Santolina chamaecyparissus Heiligenkraut	50	7–8	gelb	○	L
Syringa vulgaris Flieder	300–600	5–6	verschieden	○ - ◑	B
Teucrium chamaedrys Edelgamander	30	7–8	karmin	○	L
Viburnum Schneeball					
V. calesii	200	4–5	weißrosa	○ - ◑	B
V. fragrans Duftschneeball	300–400	2–4	weißrosa	○ - ◑	B

Zeichenerklärung: a ausdauernd, ⊙ einjährig, ⊙ zweijährig, ○ sonnig, ◑ halbschattig, ● schattig

Abend- bzw. nachtduftende Pflanzen

Name lateinisch deutsch	Lebensdauer	Wuchshöhe (cm)	Blütezeit (Monat)	Blütenfarbe	Lichtbedarf	Besonderes
Datura						
D. stramonium Stechapfel	⊙	80	6–8	weiß	○	
D. suaveolens Engelstrompete	a	120–300	versch.	versch.	○	Topfpflanze
Hemerocallis flava Taglilie	a	120	7–8	rotbraun	○	
Hesperis matronalis Nachtviole	⊙	70	5–6	lila, weiß	○ – ◑	
Lonicera						
L. caprifolium Jelängerjelieber	a	300–500	5–6	gelblich-weiß	○ – ◑	Kletterpflanze
L. periclymenum Waldgeißblatt	a	300–400	6–8	gelblich-weiß	○ – ◑	Kletterpflanze
Matthiola						
M. incana Levkoje	⊙	40–80	6–9	verschieden	○	
M. bicornis Gemshorn	⊙	40	6–10	zartrosa	○	
Mirabilis jalapa Wunderblume	⊙	80	6–10	versch.	○	
Nicotiana alata Ziertabak	⊙	40–100	6–9	weiß – rot	○	
Oenothera						
O. biennis Nachtkerze	⊙	200	7–9	gelb	○	
O. odorata Duft-Nachtkerze	a	70	6–10	gelb	○	
O. tetragona 'Hohes Licht'	a	60	6–10	gelb	○	
Phlox paniculata Phlox	a	70–120	6–9	versch.	○	
Reseda odorata Duftresede	⊙	50	7–8	gelb	○	
Saponaria officinalis Seifenkraut	a	70	8–9	rosa	○	

Zeichenerklärung: a ausdauernd, ⊙ einjährig, ⊙ zweijährig, ○ sonnig, ◑ halbschattig, ● schattig

Duftende Kübel- und Balkonpflanzen

Name lateinisch deutsch	Lebensdauer	Wuchshöhe (cm)	Blütezeit (Monat)	Blütenfarbe	Lichtbedarf	Besonderes
Acacia retinodes Mimose	a	–150	versch.	gelb	○	×
Cheiranthus cheiri Goldlack	⊙	40	4–6	gelb, orange bräunlich	○	
Datura suaveolens Engelstrompete	a	120–300	versch.	versch.	○	×
Eucalyptus globulus Eucalyptus	a	–300	–	–	○	×
Heliotropium arborescens Heliotrop	a	30	5–9	violett	○	×
Hesperis matronalis Nachtviole	⊙	70	5–6	lila, weiß	○ – ◑	
Lathyrus odoratus Duftwicke	⊙	150	6–9	verschieden	○	
Lavandula angustifolia Lavendel 'Hidcote Blue'	a	50	7–8	tiefviolett	○	
Lilium regale Königslilie	a	100–150	6–7	weiß	○	

Nachtviole *(Hesperis matronalis)*

Duftende Kübel- und Balkonpflanzen

Name lateinisch deutsch	Lebensdauer	Wuchshöhe (cm)	Blütezeit (Monat)	Blütenfarbe	Lichtbedarf	Besonderes
Matthiola incana Levkoje	⊙	40–80	6–9	verschieden	○	
Mirabilis jalapa Wunderblume	a	80	6–10	verschieden	○	×
Myrtus communis Echte Myrte	a	100	5–10	weiß	◑	×
Nerium oleander Oleander	a	–200	6–9	weiß – rot, gelb	○	×
Nicotiana alata Ziertabak	⊙	40–100	6–9	weiß – rot	○	
Pelargonium						
P. crispum (Zitronenduft)	a	40	7–8	violett	○	×
P. denticulatum (Moschusduft)	a	60	6–8	weiß	○	×
P. × fragans (Fichtennadel- und Muskatduft)	a	30	7–8	weiß mit rot	○	×
P. graveolens Rosenpelargonie	a	60	6–8	rosa	○	×
P. odoratissimum Zitronenpelargonie	a	30	7–8	rosa	○	×
P. tomentosum Minzenpelargonie	a	40	6–8	weiß	○	×
Reseda odorata Duftresede	⊙	40	7–8	gelb	○	
Rosmarinus officinalis Rosmarin	a	150	3–7	wasserblau	○	×
Santolina chamaecyparissus Heiligenkraut	a	50	7–8	gelb	○	
Tropaeolum majus Kapuzinerkresse	⊙	40	7–10	gelb, orange	○	

Zeichenerklärung: a ausdauernd, ⊙ einjährig, ⊙ zweijährig; ○ sonnig, ◑ halbschattig, ● schattig; × frostfreie Überwinterung nötig

Duftpotpourri aus lebenden Kräutern

Duftende Wasserpflanzen – für niedrigen Wasserstand geeignet

Name lateinisch deutsch	Blütezeit	Blütenfarbe	Wasserstand* (cm)	Wuchshöhe** (cm)	Lichtbedarf
Aponogeton distachyus Wasserähre	6–11	weiß	20–60		○
Acorus calamus Kalmus	6–7	grünlichweiß	0–30	50–100	○ – ◑
Hottonia palustris Wasserfeder	5–6	hellrosa	10–60		○ – ◑
Mentha aquatica Wasserminze	7–8	bläulich	0–40	30–50	○ – ◑
Menyanthes trifoliata Fieberklee	5–6	weißrosa	10–30	–30	○ – ◑
Nymphea odorata 'Alba' Seerose	6–9	weiß	30–50		○

Zeichenerklärung: ○ sonnig, ◑ halbschattig, ● schattig

* Über den Wurzeln
**Über dem Wasserspiegel

Graulaubige Pflanzen

Name lateinisch deutsch	Lebens- dauer	Wuchs- höhe (cm)	Blüte- zeit (Monat)	Blüten- farbe	Licht- bedarf
Blumen					
Acaena buchananii Stachelnüßchen	a	5	6–7	unschein- bar	○
Achillea Hybride 'Moonshine' Schafgarbe	a	60	6–9	gelb	○
Anaphalis Staudenimortelle					
A. margaritacea	a	50	7–9	weiß	○
A. triplinervis 'Sommerschnee'	a	25	7–9	weiß	○
Androsace Mannsschild					
A. languinosa var. *leichtlinii*	a	10	5–6	rosa	○ - ◑
A. sarmentosa	a	15	5–6	rosa	○ - ◑
Antennaria Katzenpfötchen					
A. dioica 'Nye- woods Variety'	a	10	5–6	rosa	○
A. dioica 'Rubra'	a	10	5–6	rot	○
Anthemis *marschalliana* Kamille	a	25	5–6	gelb	○
Antirrhinum *glutinosum* Löwenmäulchen	a	15	5–10	weiß- gelb	○
Artemisia Edelraute					
A. assoana	a	5	6–8	gelb	○
A. latiloba	a	75	6–8	gelb	○
A. ludoviciana 'Silver Queen'	a	70	6–8	gelb	○
A. stelleriana 'Mori'	a	20	6–8	gelb	○
Astragalus *angustifolius* Tragant	a	30	5–6	creme- weiß	○
Ballotia *pseudodictamnus* Dochtblume	a	50	6–8	weiß	○
Campanula *sarmatica* Glockenblume	a	50	6–7	hellblau	○
Catananche *coerulea* Rasselblume	a	60	6–9	blau	○
Cerastium *tomentosum* Hornkraut	a	10	5–6	weiß	○

Graulaubige Pflanzen

Name lateinisch deutsch	Lebens- dauer	Wuchs- höhe (cm)	Blüte- zeit (Monat)	Blüten- farbe	Licht- bedarf
Chrysanthemum *ptarmiciflorum* Chrysantheme	a	50	6	gelb	○
Cynara Artischocke					
C. cardunculus	a	150	8–10	blau	○
C. scolymus 'Glauca'	⊙	150	8–10	blau	○
Dianthus *plumarius* 'Maggi' Federnelke	a	30	5–6	rosa	○
Dicentra oregona 'Langtrees' Herzblume	a	30	5–7	weiß	○ - ◑
Dorycnium *hirsutum*	a	70	6–9	weiß	○
Eriophyllum *lanatum* Wüstengoldaster	a	25	7–8	gelb	○
Helianthemum Sonnenröschen					
H. Hybride 'Fire Dragon'	a	20	6–8	rot	○
H. Hybride 'Wisley Primrose'	a	30	6–8	gelb	○
Helichrysum *splendidum* Strohblume	a	50	7	gelb	○
Hieracium pilosella 'Niveum' Habichtskraut	a	15	6–8	gelb	○
Lavandula *angustifolia* Lavendel	a	50	7–8	lila	○
Linaria purpurea 'Canon Want' Leinkraut	a	80	7–9	rosa	○
Lychnis coronaria Lichtnelke	a	50	6–7	rot	○
Lysimachia *ephemerum* Felberich	a	80	7–9	weiß	○
Macleaya cordata Federmohn	a	300	7–8	beige	○
Nepeta × faassenii Katzenminze	a	30	5–9	lila	○
Oenothera *missouriensis* 'Greencourt Lemon' Nachtkerze	a	20	6–10	gelb	○

Graulaubige Pflanzen

Name lateinisch deutsch	Lebensdauer	Wuchshöhe (cm)	Blütezeit (Monat)	Blütenfarbe	Lichtbedarf
Onopordum acanthium Eselsdistel	⊙	200	7–8	rot	○
Origanum laevigatum Dost	a	40	7–9	rosa	○ - ◑
Perovskia × *superba* Perovskie	a	120	6–9	lila	○
Potentilla argantea var. *calabra* Fingerkraut	a	15	5–8	gelb	○
Ptilotrichum spinosum Felssträuchlein	a	20	5–6	weiß-rosa	○
Raoulia australis Silberkissen	a	2	7–8	gelb	○
Rudbeckia maxima Sonnenhut	a	200	8–9	gelb	○
Salvia argentea Salbei	a	120	7	weiß	○
Santolina Heiligenkraut					
S. chamaecyparissus	a	30	7–8	gelb	○
S. serratifolia	a	40	7–8	gelb	○
Scutellaria Helmkraut					
S. incana	a	60	8–9	hellblau	○
S. orientalis	a	10	8–9	gelb	○
Senecio vulgaris Kreuzkraut	⊙	30	3–10	gelb	○
Stachys Ziest					
S. lanata	a	30	6–7	lila	○
S. lanata 'Silver Carpet'	a	20	–	–	○
Thymus Thymian					
T. ciliatus 'Pubescens'	a	10	6	lila	○
T. × *citriodorus* 'Silver King'	a	15	8–9	lila	○
Veronica incana Ehrenpreis	a	30	6–8	blau	○
Yucca glauca Palmlilie	a	160	8–9	weiß	○
Zauschneria cana Kolibritrompete	a	45	8–9	rot	○

Graulaubige Pflanzen

Name lateinisch deutsch	Wuchshöhe (cm)	Blütezeit (Monat)	Blütenfarbe	Lichtbedarf
Bäume und Sträucher				
Eleagnus Ölweide				
E. angustifolia	-500	5–6	gelb	○
E. commutata	-400	5–7	gelb	○
Hippophae rhamnoides Sanddorn	-300	3–4	bräunlich	○
Tamarix pentandra Sommertamariske	-400	6–8	rosa	○

Zeichenerklärung: a ausdauernd; ⊙ einjährig; ⊙ zweijährig; ○ sonnig; ◑ halbschattig; ● schattig

Artischocke (*Cynara scolymus* 'Glauca')

Weiße Blüten und Blätter für den Farbengarten

Name lateinisch deutsch	Lebens- dauer	Wuchs- höhe (cm)	Blüte- zeit (Monat)	Weiß	Licht- bedarf
Blumen					
Achillea ptarmica 'Schneeball' Schafgarbe	a	40	6-8	B	○
Ajuga reptans 'Riesmöve' Günsel	a	15	4-6	B	○ - ●
Althea rosea Stockrose	⊙	150	7-9	B	○
Anaphalis margaritacea Staudenimortelle	a	50	7-9	B	○
Anemone					
A. japonica 'Honorine Jobert' Herbstanemone	a	80	8-10	B	○ - ◑
A. sylvestris Frühlings- anemone	a	30	5-6	B	○ - ◑
Anthericum ramosum Graslilie	a	60	6-7	B	○
Aquilegia × cultorum 'Kristall' Akelei	a	70	5-6	B	○ - ◑
Arabis caucasica 'Plena' Gänsekresse	a	20	4-5	B	○
Armeria maritima 'Alba' Grasnelke	a	20	5-7	B	○
Aruncus dioicus Geißbart	a	200	6-7	B	○ - ●
Aster					
A. divaricatus Herbstaster	a	60	9-10	B	○
A. dumosus 'Kristina' Kissenaster	a	30	9-10	B	○
A. ericoides 'Schneegitter' Erikaaster	a	100	9-10	B	○
A. novi-belgii 'Bonningdale White' Glattblattaster	a	100	8-9	B	○
Astilbe × arendsii 'Brautschleier' Astilbe	a	70	6-8	B	◑ - ●

Weiße Blüten und Blätter für den Farbengarten

Name lateinisch deutsch	Lebens- dauer	Wuchs- höhe (cm)	Blüte- zeit (Monat)	Weiß	Licht- bedarf
Astrantia major Sterndolde	a	60	7-9	B	○ - ◑
Bergenia-Hybride 'Silberlicht' Bergenie	a	40	3-5	B	○ - ●
Campanula Glockenblume					
C. carpatica 'Weiße Clips' Karpaten- glockenblume	a	20	6-7	B	○
C. persicifolia 'Grandiflora Alba' Pfirsichblättrige Glockenblume	a	80	5-6	B	○ - ◑
Centranthus ruber 'Albus' Spornblume	a	75	6-9	B	○
Chrysanthemum Indicum-Hybride 'Schneewolke' Chrysantheme	a	60	9-10	B	○
Cimicifuga ramosa Silberkerze	a	200	9-10	B	◑ - ●
Delphinium Rittersporn					
D. × belladonna 'Casa Blanca'	a	100	6-7 +9	B	○
D. × pacific 'Galahad'	a	180	6-7 +9	B	○
Digitalis purpurea 'Alba' Fingerhut	⊙	120	6-7	B	◑ - ●
Eryngium variifolium Edeldistel	a	40	7-8	L	○
Fragaria vesca 'Variegata' Walderdbeere	a	20	5-6	L	○
Galium odoratum Waldmeister	a	15	5-7	B	◑ - ●
Geranium Storchschnabel					
G. clarkei 'Kashmir White'	a	30	7-8	B	○ - ◑
G. sanguineum 'Album'	a	30	5-9	B	○ - ◑
G. renardii	a	30	6-8	B	○ - ◑
Gypsophila paniculata Schleierkraut	a	80	7-8	B	○

Weiße Blüten und Blätter für den Farbengarten

Name lateinisch deutsch	Lebens- dauer	Wuchs- höhe (cm)	Blüte- zeit (Monat)	Weiß	Licht- bedarf
Heuchera × brizoides 'Schneewittchen' Purpurglöckchen	a	50	5–7	B	○ - ◑
Hosta-Hybride 'Ground Master' Funkie	a	50	6–7	L	◑ - ●
Iris Schwertlilie					
I. pseudacorus 'Alba'	a	90	5–6	B	○
I. sibirica 'Fourfold White'	a	70	5–6	B	○
Lavatera trimestris Bechermalve	⊙	100	7–9	B	○
Lamium maculatum 'White Nancy' Goldnessel	a	20	5–6	L, B	◑ - ●
Lilium Lilie					
L. candidum Madonnenlilie	a	120	6–7	B	○
L. regale Königslilie	a	150	6–7	B	○
Linum perenne 'Album' Lein	a	40	6–8	B	○
Lobularia maritima 'Schneeteppich' Steinkraut	⊙	15	5–10	B	○
Lysimachia clethroides Felberich	a	80	7–9	B	○ - ◑
Malva moschata 'Alba' Moschusmalve	a	60	6–9	B	○
Monarda-Hybride 'Schneewittchen' Monarde	a	100	6–8	B	○ - ◑
Nicotiana alata 'Grandiflora' Ziertabak	⊙	80	7–9	B	○
Ornithogalum nutans Milchstern	a	30	5–6	B	○
Paeonia lactiflora Pfingstrose 'Duchesse de Nemours'	a	100	5	B	○
'Krinkled White'	a	100	6	B	○

Weiße Blüten und Blätter für den Farbengarten

Name lateinisch deutsch	Lebens- dauer	Wuchs- höhe (cm)	Blüte- zeit (Monat)	Weiß	Licht- bedarf
Papaver orientale 'Fatima' Türkenmohn	a	70	5–6	B	○
Phlox Flammenblume					
P. subulata 'Schnee' Teppichphlox	a	15	4–5	B	○
P. paniculata 'Hochgesang'	a	120	6–7	B	○
P. p. 'Sommerkleid'	a	90	6–7	B	○
Physostegia virginiana 'Summer Snow' Gelenkblume	a	80	7–9	B	○
Polemonium caeruleum 'Album' Jakobsleiter	a	30	6–7	B	○ - ◑
Primula denticulata 'Alba' Kugelprimel	a	30	3–4	B	◑ - ●
Pulmonaria off. 'Sissinghurst White' Lungenkraut	a	25	3–4	B	◑ - ●
Salvia argentea Salbei	a	120	7	B	○
Silybum marianum Mariendistel	⊙	200	6–9	L	○
Thymus serpyllum 'Albus' Thymian	a	5	7	B	○
Tiarella cordifolia Schaumblüte	a	20	4–5	B	◑ - ●
Tradescantia virginiana 'Gisela' Dreimasterblume	a	40	6–9	B	○ - ◑
Valeriana officinalis Baldrian	a	160	5–9	B	○ - ◑
Verbascum chaixii 'Album' Königskerze	a	150	7–8	B	○
Veronica Ehrenpreis					
V. longifolia 'Schneeriesin'	a	80	7–8	B	○
V. repens	a	5	4–5	B	○
Vinca minor 'Alba' Immergrün	a	15	4–6	B	◑ - ●

Weiße Blüten und Blätter für den Farbengarten

Name lateinisch deutsch	Lebensdauer	Wuchshöhe (cm)	Blütezeit (Monat)	Weiß	Lichtbedarf
Kletterpflanzen					
Actinidia arguta Strahlengriffel	a	300	6	B	○ - ◑
Clematis Waldrebe					
C. Hybride 'Huldine'	a	500	7-9	B	○ - ◑
C. Hybride 'Miss Bateman'	a	-250	5-6+9	B	○ - ◑
Polygonum aubertii Kletterknöterich	a	-2000	7-9	B	○ - ◑
Wisteria sinensis 'Alba' Glyzine	a	1000	4-5	B	○
Gehölze					
Amelanchier canadensis Felsenbirne	a	-300	4-5	B	○ - ◑
Cornus alba 'Elegantissima' Hartriegel	a	-300	5	L	○
Deutzia gracilis Deutzie	a	-100	5-6	B	○ - ◑
Hydrangea arborescens Hortensie	a	-150	7-8	B	○ - ◑
Philadelphus coronarius Pfeifenstrauch	a	-300	5-6	B	○ - ◑
Potentilla fruticosa 'Abbotswood' Fünffingerstrauch	a	-100	6-10	B	○
Viburnum × burkwoodii Schneeball	a	-200	4-5	B	○ - ◑

Zeichenerklärung: a ausdauernd, ⊙ einjährig, ⊙ zweijährig; ○ sonnig, ◑ halbschattig, ● schattig; B = Blüte, L = Laub

Blaue Blüten und Blätter für den Farbengarten

Name lateinisch deutsch	Lebensdauer	Wuchshöhe (cm)	Blütezeit (Monat)	Blau	Lichtbedarf
Blumen					
Aconitum carmichaeli var. *wilsonii* Eisenhut	a	150	9-10	B	○ - ●
Agapanthus 'Headbourne Hybride' Schmucklilie	a	80	7-9	B	○
Ajuga reptans 'Atropurpurea' Günsel	a	15	4-6	B	○ - ●
Anchusa italica 'Loddon Royalist' Ochsenzunge	a	100	5-7	B	○
Aquilegia alpina hort. 'Superba' Akelei	a	40	5-6	B	◑
Aster					
A. natalensis	a	20	6-7	B	○
A. dumosus 'Lady in Blue' Kissenaster	a	35	9-10	B	○
A.d. 'Mittelmeer' Kissenaster	a	25	9-10	B	○
A. novi-belgii 'Octoberdawn' Glattblattaster	a	110	8-9	B	○
Aubrietia-Hybride 'Blaumeise' Blaukissen	a	10	4-5	B	○
Baptista australis Indigolupine	a	100	6-8	B	○
Borago laxiflora Boretsch	a	30	6-10	B	○
Brunnera macrophylla Kaukasusvergißmeinnicht	a	50	4-5	B	○ - ●
Campanula Glockenblume					
C. grandis	a	80	5-6	B	○
C. persicifolia ‚Grandiflora Coerulea' Pfirsichblättrige Glockenblume	a	80	5-6	B	○ - ◑
C. poscharskyana 'Blauranke'	a	20	5-6	B	○
C. sarmatica	a	50	6-7	B	○
C. medium Marienglockenblume	⊙	80	6-8	B	○

Blaue Blüten und Blätter für den Farbengarten

Name lateinisch deutsch	Lebens- dauer	Wuchs- höhe (cm)	Blüte- zeit (Monat)	Blau	Licht- bedarf
Catananche coerulea Rasselblume	a	60	6–10	B	○
Centaurea					
C. montana 'Grandiflora' Flockenblume	a	40	5–7	B	○
C. cyanus Kornblume	⊙	70	6–7	B	○
Ceratostigma plumbaginoides Bleiwurz	a	25	8–10	B	○ - ◑
Convolvulus tricolor Buschwinde	⊙	25	6–9	B	○
Cynoglossum nervosum Hundszunge	a	40	5–6	B	○ - ◑
Delphinium Rittersporn					
D. × belladonna 'Connecticut Yankee'	a	100	6–7 +9	B	○
D. × cultorum 'Abgesang'	a	180	6–7 +9	B	○
D. × pacific 'Blue Bird'	a	180	6–7 +9	B	○
Echinops ritro 'Veitchs Blue' Kugeldistel	a	120	7–8	B	○
Echium vulgare Natternkopf	⊙	100	6–8	B	○
Eryngium planum 'Blauer Zwerg' Edeldistel	a	60	6–9	B	○
Euphorbia myrsinites Walzenwolfsmilch	a	25	5–6	L	○
Gentiana Enzian					
G. acaulis Stengelloser Alpenenzian	a	10	5–6	B	○
G. asclepiadea Schwalben-schwanzenzian	a	50	8	B	○
Geranium × magnificum Kaukasusgeranium	a	60	6–7	B	○ - ◑
Globularia cordifolia Kugelblümchen	a	10	6–7	B	○ - ◑

Blaue Blüten und Blätter für den Farbengarten

Name lateinisch deutsch	Lebens- dauer	Wuchs- höhe (cm)	Blüte- zeit (Monat)	Blau	Licht- bedarf
Hepatica nobilis Leberblümchen	a	15	2–4	B	◑ - ●
Hosta sieboldiana 'Elegans' Blaublattfunkie	a	60	6–7	L	◑ - ●
Iris Schwertlilie					
I. sibirica 'Blue Mere'	a	90	5–6	B	○
I. s. 'Swank'	a	70	5–6	B	○
Jasione perennis 'Blaulicht' Sandglöckchen	a	40	7–8	B	○ - ◑
Lavandula angustifolia 'Grappenhall' Lavendel	a	60	7–8	B	○
Linum Lein					
L. narbonense	a	50	6–8	B	○
L. usitatissimum	⊙	150	6–7	B	○
Lobelia Lobelie					
L. erinus	⊙	10	5–9	B	○
L. siphilitica	a	60	7–9	B	○
Meconopsis betonicifolia Scheinmohn	a	80	6–8	B	○ - ◑
Muscari armeniacum Traubenhyazinthe	a	20	4–5	B	○
Nepeta sibirica Katzenminze	a	90	7–9	B	○
Nigella damascena Jungfer im Grünen	⊙	45	6–9	B	○
Omphalodes verna Gedenkemein	a	15	2–4	B	◑ - ●
Penstemon × hybridus 'Blue Spring' Bartfaden	a	30	5–6	B	○
Platycodon grandiflorum 'Mariesii' Ballonblume	a	60	7–9	B	○
Polemonium reptans 'Königsee' Jakobsleiter	a	40	4–5	B	○ - ◑

Blaue Blüten und Blätter für den Farbengarten

Name lateinisch deutsch	Lebensdauer	Wuchshöhe (cm)	Blütezeit (Monat)	Blau	Lichtbedarf
Pulmonaria angustifolia 'Azurea' Lungenkraut	a	25	3-4	B	◑ - ●
Ruta graveolens Weinraute	a	100	6-7	L	○
Salvia nemorosa 'Rügen' Salbei	a	40	5-6 +9	B	○
Scilla sibirica Blaustern	a	15	3-4	B	○ - ◑
Symphytum azureum Beinwell	a	30	4-5	B	◑ - ●
Tradescantia × andersoniana 'Blue Stone' Dreimasterblume	a	40	6-9	B	○ - ◑
Veronica Ehrenpreis					
V. incana	a	30	6-8	B	○
V. longifolia 'Blauriesin'	a	80	7-8	B	○
Vinca minor Immergrün	a	15	4-6	B	◑ - ●
Viola sororia Veilchen	a	20	6-7	B	○ - ◑
Kletterpflanzen					
Clematis Waldrebe					
C. ascotiensis	a	300	7-9	B	○
C. Hybride 'Mrs. P.B. Truax'	a	350	5-6 +9	B	○
C. Hybride 'Perle d'Azur'	a	450	6-10	B	○
Ipomoea purpurea 'Clark's Heavenly Blue' Prunkwinde	⊙	400	7-9	B	○
Gehölze					
Caryopteris × clandonensis Bartblume	a	120	8-9	B	○

Zeichenerklärung: a ausdauernd, ⊙ einjährig, ⊙ zweijährig; ○ sonnig, ◑ halbschattig, ● schattig; B = Blüte, L = Laub

Purpurrote Blätter und Blüten für den Farbengarten

Name lateinisch deutsch	Lebensdauer	Wuchshöhe (cm)	Blütezeit (Monat)	Purpurrot	Lichtbedarf
Blumen					
Ajuga reptans 'Atropurpurea' Günsel	a	15	4-6	L	○ - ●
Althaea ficifolia 'Nigra' Stockrose	a	200	7-9	B	○
Bergenia cordifolia Bergenie	a	40	3-5	L	○ - ●
Cirsium japonicum 'Leuchtkarmin' Kratzdistel	a	70	6-8	B	○
Foeniculum vulgare 'Purpureum' Fenchel	a	200	7-9	L	○
Fuchsia magellanica 'Mrs. Popple' Fuchsie	a	80	7-10	B	◑ - ●
Geranium Storchschnabel					
G. phaeum Brauner Storchschnabel	a	60	6-7	B	◑ - ●
G. sanguineum Blutroter Storchschnabel	a	30	5-9	B	○
Helleborus atrorubens Christrose	a	50	2-4	B	◑
Iris graminea Pflaumeniris	a	40	5-6	B	○
Lathyrus vernus Wicke	a	30	4-5	B	◑ - ●
Ligularia clivorum 'Desdemona' Kreuzkraut	a	160	8-9	L	◑ - ●
Lunaria annua Judassilberling	⊙	60	5-6	B	○ - ◑
Lythrum salicaria 'Zigeunerblut' Weiderich	a	120	7-9	B	○
Origanum laevigatum Dost	a	40	7-9	B	○ - ◑
Penstemon cardwellii Bartfaden	a	15	6-9	B	○

Purpurrote Blätter und Blüten für den Farbengarten

Name lateinisch deutsch	Lebens-dauer	Wuchs-höhe (cm)	Blüte-zeit (Monat)	Purpur-rot	Licht-bedarf
Petunia grandiflora 'Burgundy' Petunie	⊙	30	5–9	B	○
Phlox paniculata 'Look Again' Flammenblume	a	80	7–8	B	○
Primula japonica Etagenprimel	a	60	5–6	B	◑ – ●
Pulsatilla vulgaris 'Rubra' Küchenschelle	a	25	3–5	B	○
Rheum palmatum 'Atrosanguineum' Zierrhabarber	a	200	5–7	L	○ – ◑
Ricinus communis Wunderbaum	⊙	200	7–9	L	○
Rodgersia podophylla 'Rotlaub' Schaublatt	a	150	5–7	L	◑ – ●
Salvia officinalis 'Purpurascens' Küchensalbei	a	50	6–7	L	○
Sedum telephium 'Herbstfreude' Fetthenne	a	50	9–10	B	○
Tellima grandiflora 'Purpurea' Falsche Alraunwurzel	a	40	5–6	L	◑ – ●
Tricyrtis hirta Krötenlilie	a	50	7–9	B	◑ – ●
Vinca minor *'Rubra'* Immergrün	a	15	4–6	B	◑ – ●
Viola labradorica Veilchen	a	15	3–4	B	○
Kletterpflanzen					
Clematis Waldrebe					
C. Hybride 'Niobe'	a	-350	5–6,8–9	B	○ – ◑
C. Hybride 'Star of India'	a	-500	6–9	B	○ – ◑
C. viticella 'Rubra'	a	-350	7–9	B	○ – ◑
Lathyrus odoratus 'Beaujolais' Duftwicke	⊙	150	6–9	B	○

Purpurrote Blätter und Blüten für den Farbengarten

Name lateinisch deutsch	Lebens-dauer	Wuchs-höhe (cm)	Blüte-zeit (Monat)	Purpur-rot	Licht-bedarf
Rhodochiton atrosanguineum Rosenkleid	⊙	-300	7–9	B,L	○ (Vor-kultur!)
Vitis vinifera 'Purpurea' Weinrebe	a	-1000	6	L	○
Bäume und Sträucher					
Acer palmatum 'Atropurpureum' Japanischer Fächerahorn	a	-300	4–5	L	◑
Berberis thunbergii 'Atropurpurea' Berberitze	a	-150	5–6	L	○ – ◑
Buddleia davidii 'Royal Red' Sommerflieder	a	-400	7–10	B	○
Chaenomeles × superba 'Crimson and Gold' Scheinquitte	a	60	3–4	B	○
Corylus maxima 'Purpurea' Bluthasel	a	-300	2–3	L	○ – ◑
Cotinus coggygria 'Royal Purple' Perückenstrauch	a	-300	6–7	L	○
Malus purpurea 'Eleyi' Zierapfel	a	-400	5	B, L, F	○
Prunus cerasifera 'Nigra' Blutpflaume	a	-500	4–5	L	○
Rosa gallica 'Tuscany' Essigrose	a	-130	6	B	○
Syringa vulgaris 'Andenken an L. Späth' Flieder	a	-400	5	B	○

Zeichenerklärung: a ausdauernd; ⊙ einjährig; ⊙ zweijährig; ○ sonnig; ◑ halbschattig; ● schattig; B = Blüte; L = Laub; F = Früchte

Gelbe Blüten und Blätter

Name lateinisch deutsch	Lebens- dauer	Wuchs- höhe (cm)	Blüte- zeit (Monat)	Gelb	Licht- bedarf
Blumen					
Achillea Schafgarbe					
A. filipendulina 'Coronation Gold'	a	80	6-9	B	○
A. filipendulina 'Parkers Varietät'	a	120	7-10	B	○
Alchemilla mollis Frauenmantel	a	40	6	B	○ - ●
Cheiranthus cheiri Goldlack	⊙	40	4-6	B	○
Coreopsis verticillata 'Grandiflora' Mädchenauge	a	60	5 9	B	○
Eranthis hyemalis Winterling	a	10	2-3	B	◑
Euphorbia Wolfsmilch					
E. polychroma Goldwolfsmilch	a	40	4-5	B	○
E. characias ssp. *wulfenii*	a	120	5-6	B	○
Fritillaria imperialis Kaiserkrone	a	60	3-5	B	○
Helenium × hybridum 'Kanaria' Sonnenbraut	a	120	8-9	B	○
Helianthemum Sonnenröschen					
H. Hybride 'Wisley Primrose'	a	30	6-8	B	○
H. lunulatum	a	10	6-7	B	○
Helianthus Sonnenblume					
H. annuus	⊙	200	7-10	B	○
H. atrorubens 'Monarch'	a	180	8-9	B	○
H. decapetalus 'Capenoch Star'	a	130	8-9	B	○
Hemerocallis Taglilie					
H. flava	a	60	7-8	B	○ - ◑
H. Hybride 'Lemon Bells'	a	70	7-8	B	○ - ◑
Hosta Funkie					
H. fortunei 'Aureomarginata'	a	50	8	L	◑ - ●

Gelbe Blüten und Blätter

Name lateinisch deutsch	Lebens- dauer	Wuchs- höhe (cm)	Blüte- zeit (Monat)	Gelb	Licht- bedarf
H. Hybride 'Frances William'	a	60	7-8	L	◑ - ●
H. sieboldiana 'Semperaurea'	a	60	7-8	L	◑ - ●
Hypericum calycinum Johanniskraut	a	30	7-8	B	○ - ●
Ligularia × palmatiloba Kreuzkraut	a	150	7-8	B	○ - ◑
Oenothera Nachtkerze					
O. biennis	⊙	200	7-9	B	○
O. tetragona 'Hohes Licht'	a	60	6-10	B	○
Potentilla Fingerkraut					
P. aurea 'Goldklumpen'	a	15	6-7	B	○
P. recta 'Warrenii'	a	40	6-8	B	○
P. verna 'Goldrausch'	a	5	4-6	B	○
Primula auricula Alpenaurikel	a	25	4-6	B	○
Rudbeckia Sonnenhut					
R. fulgida 'Goldsturm'	a	60	6-9	B	○
R. maxima	a	200	8-9	B	○
Sedum acre Mauerpfeffer	a	5	6-7	B	○

Frauenmantel *(Alchemilla mollis)*

Gelbe Blüten und Blätter

Name lateinisch deutsch	Lebens- dauer	Wuchs- höhe (cm)	Blüte- zeit (Monat)	Gelb	Licht- bedarf
Solidago-Hybride 'Goldwedel' Goldrute	a	60	6–8	B	○
Tagetes erecta Studentenblume	⊙	40	7–9	B	○
Thalictrum glaucum Wiesenraute	a	200	6–7	B	○ – ◑
Thymus citriodorus 'E.B. Anderson' Thymian	a	15	7–8	L	○
Verbascum Königskerze					
V. bombyciferum	⊚	170	7–8	B	○
V. olympicum	⊚	200	6–7	B	○
Kletterpflanzen					
Clematis tangutica Waldrebe	a	-500	6 + 8–9	B	○ – ◑
Hedera helix 'Goldherz' Efeu	a	-500	9–10	L	○ – ◑
Humulus lupulus 'Aureus' Goldhopfen	a	-600	7–8	L	○
Jasminum nudiflorum Echter Jasmin	a	-300	1–4	B	○
Bäume und Sträucher					
Cornus alba 'Spaethii' Hartriegel	a	–300	5	L	○
Hamamelis mollis Zaubernuß	a	–300	2	B	○ – ◑
Laburnum × *watereri* 'Vossii' Goldregen	a	–700	5–6	B	○ – ◑
Ligustrum ovalifolium 'Aureum' Liguster	a	–300	6–7	L	○ – ◑
Mahonia aquifolia Mahonie	a	–150	4–5	B	○

Zeichenerklärung: a ausdauernd; ⊙ einjährig; ⊚ zweijährig; ○ sonnig; ◑ halbschattig; ● schattig; B = Blüte; L = Laub

Blüten in Rosa und zartem Violett

Name lateinisch deutsch	Lebens- dauer	Wuchs- höhe (cm)	Blüte- zeit (Monat)	Blüten- farbe	Licht- bedarf
Blumen					
Allium Zierlauch					
A. aflatunense	a	80	5–6	rosalila	○
A. oreophilum	a	20	6–7	rosa	○
Androsace sarmentosa Mannsschild	a	15	5–6	rosa	○ – ◑
Astilbe × *arendsii* 'Hyazinth' Astilbe	a	70	6–8	rosalila	◑ – ●
Bergenia cordifolia Bergenie	a	40	3–5	rosa	○ – ●
Campanula latifolia 'Loddon Anne' Glockenblume	a	90	6–8	rosalila	○
Centaurea bella Flockenblume	a	30	5–8	rosa	○
Cleome hassleriana Spinnenpflanze	⊙	90	7–8	rosa	○
Dictamus albus Diptam	a	80	5–6	hellrosa	○ – ◑
Dianthus caesius 'Blaureif' Nelke	a	15	5–6	rosa	○
Erigeron-Hybride 'Mrs. E. M. Beale' Feinstrahlaster	a	40	6–7, 9–10	lila	○
Filipendula rubra 'Venusta Magnifica' Spierstaude	a	180	6–7	rosa	○ – ◑
Geranium Storchschnabel					
G. cinereum 'Ballerina'	a	15	6–9	rosalila	○ – ◑
G. endressii	a	30	6–8	rosa	○ – ◑
G. × *oxonianum* 'Rose Clair'	a	50	6–7	hellrosa	○ – ◑
Helianthemum-Hybride 'Rosakönigin' Sonnenröschen	a	25	6–8	rosa	○
Hesperis matronalis Nachtviole	⊚	70	5–6	lila	○
Lavatera trimestris Bechermalve	⊙	80	7–10	rosa	○
Lythrum virgatum 'Rose Queen' Weiderich	a	60	7–9	rosa	○

Blüten in Rosa und zartem Violett

Name lateinisch deutsch	Lebensdauer	Wuchshöhe (cm)	Blütezeit (Monat)	Blütenfarbe	Lichtbedarf
Peltiphyllum peltatum Schildblatt	a	80	4-5	rosa	◑ - ●
Penstemon hirsutus Bartfaden	a	50	5-6	lila	○
Phlox Flammenblume					
P. paniculata 'Dorffreude'	a	120	8-9	rosalila	○
P. borealis	a	5	5	rosarot	○
Polygonum campanulatum Knöterich	a	80	8-10	rosa	○ - ◑
Saponaria ocymoides Polster-Seifenkraut	a	20	5-6	rosa	○
Saxifraga umbrosa Steinbrech	a	30	5-6	hellrosa	◑ - ●
Sedum populifolium Mauerpfeffer	a	30	8	rosa	○
Thalictrum aquilegifolium Wiesenraute	a	100	5-6	lila	○ - ◑
Thymus serpyllum 'August Moon'	a	5	7	lila	○
Kletterpflanzen					
Clematis Waldrebe					
C. Hybride 'Twilight'	a	-350	6-10	rosa	○ - ◑
C. Hybride 'Nelly Moser'	a	-300	5-6 +8-9	rosalila	○ - ◑
C. montana 'Rubens'	a	-900	5-6	violett-rosa	○ - ◑
Bäume und Sträucher					
Daphne mezereum Seidelbast	a	125	3-4	lila	◑
Kolkwitzia amabilis Kolkwitzie	a	-200	5-6	rosa	○
Malus floribunda Zierapfel	a	-1000	5	rosa	○
Weigelia florida Weigelie	a	-200	5-7	dunkel-rosa	○ - ◑

Zeichenerklärung: a ausdauernd; ⊙ einjährig; ⊙ zweijährig; ○ sonnig; ◑ halbschattig; ● schattig

Dekorative Blätter für den grünen Garten

Name lateinisch deutsch	Lebensdauer	Wuchshöhe (cm)	Blütezeit (Monat)	Blütenfarbe	Lichtbedarf
Blumen					
Acanthus longifolius Bärenklau	a	90	6-8	weiß-rosa	○
Alchemilla mollis Frauenmantel	a	40	6	gelb-grün	○ - ●
Angelica archangelica Engelwurz	⊙	200	6-8	weiß	○
Asparagus pseudoscaber 'Spitzenschleier' Zierspargel	a	70	-	-	○
Bergenia cordifolia Bergenie	a	40	3-5	rosa	○ - ●
Chiastophyllum oppositifolium Goldtröpfchen	a	15	6-7	gelb	○ - ●
Crambe cordifolia Meerkohl	a	180	7-8	weiß	○
Epimedium × peralchicum 'Frohnleiten' Elfenblume	a	35	4-5	gelb	◑ - ●
Euphorbia characias ssp. *wulfenii* Wolfsmilch	a	120	5-6	hellgelb	○
Foeniculum vulgare Fenchel	a	200	7-10	gelb	○
Gunnera manicata Mammutblatt	a	180	7-8	grünlich	○ - ●
Helianthus salicifolius Weidenblättrige Sonnenblume	a	250	9-10	gelb	○
Hosta undulata 'Albomarginata' Funkie	a	50	6-7	lila	◑ - ●
Hypericum calycinum Johanniskraut	a	30	7-8	gelb	○ - ●
Liriope muscari 'Big Blue' Liriope	a	30	8-10	lila	◑ - ●
Macleaya cordata Federmohn	a	300	7-8	beige	○ - ◑
Pachysandra terminalis Ysander	a	25	4-5	weiß	◑ - ●

Dekorative Blätter für den grünen Garten

Name lateinisch deutsch	Lebensdauer	Wuchshöhe (cm)	Blütezeit (Monat)	Blütenfarbe	Lichtbedarf
Peltiphyllum peltatum Schildblatt	a	80	4-5	rosa	◑ - ●
Rheum palmatum var. *tanguticum* Zierrhabarber	a	200	5-7	rot	○ - ◑
Rodgersia Schaublatt					
R. aesculifolia	a	100	5-7	weiß	◑ - ●
R. pinnata	a	120	6-7	gelblich	◑ - ●
R. podophylla	a	150	5-6	gelbweiß	◑ - ●
R. tabularis = *Astilboides tabularis*	a	100	6-7	weiß	◑ - ●
Rudbeckia maxima Sonnenhut	a	200	8-9	gelb	○
Farne					
Adiantum pedatum Pfauenradfarn	a	40	-	-	◑ - ●
Asplenium trichomanes Streifenfarn	a	15	-	-	○ - ◑
Matteuccia struthiopteris Becherfarn	a	80	-	-	◑ - ●
Osmunda regalis Königsfarn	a	120	-	-	◑ - ●
Phyllitis scolopendrium Hirschzunge	a	35	-	-	◑ - ●
Kletterpflanzen					
Aristolochia macrophylla Pfeifenwinde	a	-1000	5-6	grünlich	○ - ◑
Hedera Efeu					
H. colchica	a	-2000	9-10	gelb	○ - ●
H. helix tricolor	a	-500	9-10	gelb	○ - ●
Parthenocissus Wilder Wein					
P. quinquefolia	a	-1200	6-7	grünlich	○ - ◑
P. tricuspidata 'Veitchii'	a	-1500	7-8	grünlich	○ - ◑
Vitis vinifera Weinrebe	a	-1000	6	grünlich	○

Zeichenerklärung: a ausdauernd, ⊙ einjährig, ⊙ zweijährig; ○ sonnig, ◑ halbschattig, ● schattig

Dekorative Blätter für den grünen Garten

Name lateinisch deutsch	Lebensdauer	Wuchshöhe (cm)	Blütezeit (Monat)	Blütenfarbe	Lichtbedarf
Bäume und Sträucher					
Aralia elata Aralie	a	-500	8-9	gelblich	○
Aucuba japonica 'Variegata' Aucuba	a	-200	4-5	rostrot	○
Catalpa bignonioides Trompetenbaum	a	-1500	6-7	weiß	○
Mahonia aquifolium Mahonie	a	-150	4-5	gelb	○ - ●
Viburnum davidii Schneeball	a	-150	6	rosaweiß	○ - ◑

Wolfsmilch *(Euphorbia characias* ssp. *wulfenii)*

Weiße Blüten, Blätter, Früchte für Schattengärten

Name lateinisch deutsch	Lebens- dauer	Wuchs- höhe (cm)	Blüte- zeit (Monat)	Weiß	Stand- ort	Boden- decker
Blumen						
Aconitum napellus 'Albus' Eisenhut	a	120	7–8	B	◑ - ●	
Actaea pachypoda Christophskraut	a	50	5–6	B, F	◑ - ●	
Ajuga reptans 'Riesmöve' Günsel	a	15	4–6	B	◑ - ●	✶
Allium ursinum Bärlauch	a	40	4–6	B	◑ - ●	✶
Anemone						
A. sylvestris Frühlings-anemone	a	30	5–6	B	◑	
A. japonica 'Honorine Jobert' Herbstaster	a	80	8–10	B	◑	
Angelica sylvestris Wald-Engelwurz	⊙	200	7–9	B	◑	
Aquilegia × *cultorum* 'Kristall' Akelei	a	70	5–6	B	◑	
Aruncus dioicus Geißbart	a	200	6–7	B	◑ - ●	
Astilbe Prachtspiere						
A. × *arendsii* 'Brautschleier'	a	70	6–8	B	◑ - ●	
A. thunbergii 'van der Wielen'	a	130	6–8	B	◑ - ●	
Astrantia major Sterndolde	a	60	7–9	B	◑ - ●	
Bergenia-Hybride 'Silberlicht' Bergenie	a	40	4–5	B	◑ - ●	
Campanula Glockenblume						
C. latifolia var. *macrantha* 'Alba' Waldglocken-blume	a	100	6–7	B	◑ - ●	
C. persicifolia 'Grandiflora Alba' Pfirsichblättr. Glockenblume	a	80	5–6	B	◑	
Cimicifuga Silberkerze						
C. cordifolia	a	200	8–10	B	◑ - ●	
C. ramosa	a	200	9–10	B	◑ - ●	
C. simplex 'Armleuchter'	a	140	10	B	◑ - ●	
Convallaria majalis Maiglöckchen	a	20	5	B	◑ - ●	
Corydalis cava Hohler Lerchensporn	a	20	3–5	B	◑ - ●	✶
Dicentra eximia 'Alba' Herzblume	a	30	5–7	B	◑	
Digitalis purpurea 'Alba' Fingerhut	⊙	120	6–7	B	◑ - ●	
Epimedium × *youngianum* 'Niveum' Elfenblume	a	20	4–5	B	◑ - ●	
Filipendula vulgaris 'Plena' Spierstaude	a	30	6–7	B	◑	
Fragaria vesca Walderdbeere	a	10	5–6	B	◑	✶
Fuchsia magel-lanica 'Alba' Fuchsie	a	130	7–10	B	◑ - ●	
Galanthus nivalis Schneeglöck-chen	a	20	2–3	B	◑ - ●	
Galium odoratum Waldmeister	a	15	5–7	B	◑ - ●	✶
Geranium clarkei 'Kashmir White' Storchschnabel	a	30	7–8	B	◑	
Gillemia trifoliata Dreiblattspiere	a	80	6–7	B	◑ - ●	
Helleborus niger Christrose	a	30	12–2	B	◑	
Hesperis matronalis Nachtviole	⊙	70	5–6	B	◑	
Hosta Funkie						
H. Hybride 'Francee'	a	60	6–7	L	◑ - ●	

Weiße Blüten, Blätter, Früchte für Schattengärten

Name lateinisch deutsch	Lebensdauer	Wuchshöhe (cm)	Blütezeit (Monat)	Weiß	Standort	Bodendecker
H. Hybride 'Ground Master'	a	50	6–7	L	◑ – ●	
H. Hybride 'Royal Standard'	a	60	7	B	◑ – ●	
H. sieboldii 'Alba'	a	40	6–7	B	◑ – ●	
H. undulata 'Undulata'	a	60	8–9	L	◑ – ●	
Kalimeris integrifolia Schönaster	a	80	6–7	B	◑	
Lamium maculatum 'White Nancy' Goldnessel	a	20	5–6	B, L	◑ – ●	✶
Lilium Lilie						
L. candidum Madonnenlilie	a	120	6–7	B	◑	
L. martagon Türkenbund	a	60	6–7	B	◑	
Macleaya cordata Federmohn	a	300	7–8	B	◑	
Myrrhis odorata Süßdolde	a	120	5–6	B	◑ – ●	
Omphalodes verna 'Alba' Gedenkemein	a	15	2–4	B	◑ – ●	✶
Ophiopogon japonicus 'Minor' Schlangenbart	a	30	7–8	B	◑ – ●	
Pachysandra terminalis Ysander	a	25	4–5	B	◑ – ●	✶
Phlox carolina 'Miss Lingard' Phlox	a	80	6–7	B	◑	
Polygonatum multiflorum Salomonssiegel	a	60	5–6	B	◑ – ●	
Primula Primel						
P. denticulata 'Alba' Kugelprimel	a	30	3–4	B	◑ – ●	
P. japonica 'Alba' Etagenprimel	a	60	5–6	B	◑ – ●	

Weiße Blüten, Blätter, Früchte für Schattengärten

Name lateinisch deutsch	Lebensdauer	Wuchshöhe (cm)	Blütezeit (Monat)	Weiß	Standort	Bodendecker
Pulmonaria officinalis 'Sissinghurst White' Lungenkraut	a	25	3–4	B, L	◑ – ●	
Rodgersia Schaublatt						
R. aesculifolia	a	100	5–7	B	◑ – ●	
R. pinnata	a	120	6–7	B	◑ – ●	
R. podophylla	a	150	5–7	B	◑ – ●	
R. tabularis (Astilboides)	a	100	6–7	B	◑ – ●	
Rubus calycinoides Brombeere	a	25	6–8	B	◑ – ●	✶
Saxifraga Steinbrech						
S. arendsii 'Schneeteppich'	a	15	4–5	B	◑ – ●	✶
S. fortunei	a	30	9–10	B	◑ – ●	✶
S. hypnoides var. *egemmulosa*	a	5	5–6	B	◑	✶
Symphytum grandiflorum Beinwell	a	30	3–5	B	◑ – ●	✶
Thalictrum dipterocarpum Wiesenraute 'Album'	a	100	7–8	B	◑	
Tiarella Schaumblüte						
T. cordifolia	a	20	4–5	B	◑ – ●	✶
T. wherryi	a	30	6–7	B	◑ – ●	✶
Tradescantia × andersoniana 'Gisela' Dreimasterblume	a	40	6–9	B	◑	
Tricyrtis hirta 'Alba' Krötenlilie	a	50	7–9	B	◑ – ●	
Valeriana officinalis Baldrian	a	160	5–9	B	◑	
Vinca minor 'Alba' Immergrün	a	15	4–6	B	◑ – ●	✶

Zeichenerklärung:
a ausdauernd
⊙ einjährig
⊙ zweijährig
◑ Halbschatten
● Schatten
B = Blüte
(B) = Scheinblüte
L = Laub
F = Frucht

Weiße Blüten, Blätter, Früchte für Schattengärten

Weiße Kletterrose 'Schwanensee'

Kletterknöterich *(Polygonum aubertii)*

Name lateinisch deutsch	Lebens-dauer	Wuchs-höhe (cm)	Blütezeit (Monat)	Weiß	Stand-ort	Boden-decker
Kletterpflanzen						
Actinidia arguta Strahlengriffel	a	-500	6	B	◑	
Clematis Waldrebe						
C. alpina 'Burford White'	a	-250	4-5	B	◑	
C. Hybride 'Duchess of Edinburgh'	a	-350	5-6, 9	B	◑	
C. Hybride Jackmanii Alba'	a	-600	6-8	B	◑	
C. Hybride 'Marie Boisselot' (= 'Mme. le Coultre')	a	-600	6-9	B	◑	
C. montana var. *pleniflora*	a	-600	5-6	B	◑	
Hedera Efeu						
H. colchica 'Dentata Variegata'	a	-1000	9-10	L	◑	✶
H. helix 'Glacier'	a	-1000	9-10	L	◑	
H. helix 'Minor marmorata'	a	-1500	9-10	L	◑	
Hydrangea petiolaris Kletterhortensie	a	-1000	6-7	B	◑ - ●	
Lonicera periclymenum Waldgeißblatt	a	-600	6-8	B	◑ - ●	
Polygonum (Fallopia) aubertii Kletterknöterich	a	-1500	7-9	B	◑	
Kletterrosen						
Rosa 'Bobby James'	a	-600	6-7	B	◑	
R. 'Rambling Rector'	a	-400	6-7	B	◑	

Zeichenerklärung:
- a ausdauernd
- ⊙ einjährig
- ⊙ zweijährig
- ◑ Halbschatten
- ● Schatten

B = Blüte
(B) = Scheinblüte
L = Laub
F = Frucht

Weiße Blüten, Blätter, Früchte für Schattengärten

Name lateinisch deutsch	Lebensdauer	Wuchshöhe (cm)	Blütezeit (Monat)	Weiß	Standort	Bodendecker
Bäume und Sträucher						
Cornus Hartriegel						
C. alba 'Argenteomarginata' Weißer Hartriegel	a	-300	5-6	B, L	◑ - ●	
C. canadensis Kanadahartriegel	a	-20	6	(B)	◑ - ●	✶
C. florida Blumenhartriegel	a	-300	5	(B)	◑ - ●	
Hydrangea Hortensie						
H. arborescens 'Annabelle' Schneeballhortensie	a	-200	6-9	B	◑ - ●	
H. aspera sargentiana Samthortensie	a	-200	7-8	B	◑ - ●	
H. paniculata 'Grandiflora' Rispenhortensie	a	-200	7-9	B	◑ - ●	
Philadelphus coronarius Pfeifenstrauch	a	-250	5-6	B	◑	
Pieris floribunda Lavendelheide	a	-300	4-5	B	◑	
Prunus padus Traubenkirsche	a	-1500	5	B	◑	
Rhododendron Rhododendron	a					
R. Großblumige Hybride 'Cunningham's White'		-400	4-5	B	◑	
R. Yakuchimanum Hybride 'Schneekrone'		-80	5-6	B	◑	
Sambucus nigra Schwarzer Holunder	a	-700	6-7	B	◑	
Symphoricarpus racemosus Schneebeere	a	-150	7-9	B, F	◑	
Viburnum Schneeball	a					
V. burkwoodii		-200	4-5	B	◑	
V. fragrans		-300	3-4	B	◑	
V. opulus		-200	5-6	B	◑	

Hartriegel *(Cornus canadensis)*

Rhododendron

Bunte Blüten, Blätter und Früchte für schattige Ecken

Herbstanemone *(Anemone japonica)*

Akelei

Name lateinisch deutsch	Lebens-dauer	Wuchs-höhe (cm)	Blütezeit (Monat)	Farbe	Stand-ort	Boden-decker
Blumen						
Aconitum Eisenhut						
A. × camarum 'Bicolor'	a	120	7–8	B blau-weiß	◑ – ●	
A. carmichaelii var. *wilsonii*	a	150	9–10	B blau	◑ – ●	
Actaea spicata 'Fructorubra' Christophskraut	a	60	5–6	F rot	◑ – ●	
Ajuga reptans 'Atropurpurea' Günsel	a	15	4–6	B blau	◑ – ●	✶
Alchemilla mollis Frauenmantel	a	40	6	B gelb-grün	◑ – ●	✶
Anemone japonica 'Königin Charlotte' Herbstanemone	a	100	8–10	B rosa	◑	
Aquilegia Akelei						
A. × cultorum 'Blue Star'	a	60	5–6	B hell-blau	◑	
A. × c. 'McKana Hybrids'	a	60	5–6	B viele	◑	
Astilbe Prachtspiere						
A. × arendsii 'Cattleya'	a	70	6–8	B rosa	◑ – ●	
A. × a. 'Hyazinth'	a	100	6–8	B lila-rosa	◑ – ●	
Astrantia major 'Rosensymphonie' Sterndolde	a	75	7–9	B rosa	◑	
Bergenia Bergenie						
B. afghanica	a	30	3–5	B hell-rosa	◑ – ●	
B. cordifolia	a	40	3–5	B rosa	◑ – ●	
Brunnera macrophylla Kaukasusvergißmeinnicht	a	50	4–5	B blau	◑ – ●	
Buglossoides purpurocaerulea Steinsame	a	30	6–7	B blau	◑ – ●	
Campanula Glockenblume						
C. latifolia var. *macrantha* Waldglockenblume	a	100	6–7	B blau	◑ – ●	

Bunte Blüten, Blätter und Früchte für schattige Ecken

Name lateinisch deutsch	Lebens-dauer	Wuchs-höhe (cm)	Blütezeit (Monat)	Farbe	Stand-ort	Boden-decker
C. persicifolia 'Grandiflora Coerulea' Pfirsichblättrige Glockenblume	a	80	5–6	B blau	◑	
Corydalis lutea Lerchensporn	a	30	4–9	B gelb	◑ - ●	✶
Cynoglossum nervosum Hundszunge	a	40	5–6	B blau	◑	
Digitalis Fingerhut						
D. lutea	a	80	6–8	B gelb	◑ - ●	
D. purpurea 'Excelsior Hybriden'	⊙	120	6–7	B rosa, rot, weiß	◑ - ●	
Epimedium Elfenblume						
E. pinnatum 'Elegans'	a	30	4–5	B gelb	◑ - ●	
E. pubigerum	a	30	4–5	B hell-gelb	◑ - ●	
E. × rubrum	a	35	4–5	B rot	◑ - ●	
Filipendula rubra 'Venusta Magnifica' Spierstaude	a	180	6–7	B rosa	◑	
Fuchsia Fuchsie						
F. magellanica 'Gracilis'	a	80	7–10	B rot	◑ - ●	
F. magellanica 'Riccartonii'	a	130	7–10	B rot-blau	◑ - ●	
Gaura lindheimeri	a	80	7–10	B rosa	◑	
Gentiana asclepiadea Schwalbenschwanzenzian	a	50	8	B blau	◑	
Geranium Storchschnabel						
G. macrorrhizum 'Ingwersen'	a	30	6–7	B rosa	◑ - ●	
G. × magnificum	a	60	6–7	B blau	◑	
Globularia elongata Kugelblümchen	a	15	6–7	B blau	◑	✶
Hepatica nobilis Leberblümchen	a	15	2–4	B blau	◑ - ●	
Hosta Funkie						
H. Hybride 'Francee'	a	60	6–7	B lila	◑ - ●	✶
H. Hybride 'Gold Standard'	a	60	6–7	L gelb	◑ - ●	
H. sieboldiana 'Frances Williams'	a	60	7–8	L gelb	◑ - ●	

Lerchensporn *(Corydalis lutea)*

Schwalbenschwanzenzian *(Gentiana asclepiadea)*

Leberblümchen *(Hepatica nobilis)*

Wicke *(Lathyrus vernus)*

Tigerlilie *(Lilium tigrinum)*

Bunte Blüten, Blätter und Früchte für schattige Ecken

Name lateinisch deutsch	Lebensdauer	Wuchshöhe (cm)	Blütezeit (Monat)	Farbe	Standort	Bodendecker
Hypericum calycinum Johanniskraut	a	30	7–8	B gelb	◑ – ●	✶
Impatiens glandulifera Springkraut	⊙	200	7–9	B rot	◑ – ●	
Iris foetidissima Schwertlilie	a	60	6	B blau	◑	
Kirengeshoma palmata Wachsglocke	a	60	8–9	B gelb	◑	
Lamiastrum galeobdolon 'Florentinum' Goldnessel	a	20	5–6	B gelb	◑ – ●	✶
Lathyrus vernus Wicke	a	30	4–5	B violett	◑ – ●	✶
Ligularia Kreuzkraut						
L. dentata 'Desdemona'	a	100	8–9	B orange-gelb	◑	
L. × hybrida 'Zepter'	a	200	7–8	B gold-gelb	◑	
L. przewalskii	a	130	7–8	B hell-gelb	◑	
Lilium Lilie						
L. martagon Türkenbund	a	60	6–7	B hell-braun-rot	◑	
L. tigrinum Tigerlilie	a	100	7–8	B orange	◑	
Lunaria annua Judas-Silberling	⊙	60	5–6	B lila	◑	
Lysimachia punctata Goldfelberich	a	90	6–8	B gelb	◑	
Meconopsis betonicifolia Scheinmohn	a	80	6–8	B blau	◑	
Monarda didyma Monarde	a	80	7–9	B rot	◑	
Omphalodes verna Gedenkemein	a	15	2–4	B blau	◑ – ●	✶
Peltiphyllum peltatum (Darmera peltata) Schildblatt	a	60	4–5	B rosa	◑ – ●	
Phuopsis stylosa Scheinwaldmeister	a	25	6–8	B rosa	◑	✶
Polemonium caeruleum Jakobsleiter	a	30	6–7	B blau	◑	
Primula Primel						
P. denticulata 'Grandiflora Hybriden'	a	30	3–4	B lila, violett	◑ – ●	

Bunte Blüten, Blätter und Früchte für schattige Ecken

Name lateinisch deutsch	Lebensdauer	Wuchshöhe (cm)	Blütezeit (Monat)	Farbe	Standort	Bodendecker
P. florindae	a	80	6-8	B hellgelb	◑ - ●	
Pulmonaria angustifolia 'Azurea' Lungenkraut	a	25	3-4	B blau	◑ - ●	
Saxifraga Steinbrech						
S. arendsii 'Leuchtkäfer'	a	15	4-5	B rot	◑ - ●	✶
S. × urbium	a	30	5-6	B rosa	◑ - ●	✶
Symphytum Beinwell						
S. azureum	a	30	4-5	B blau	◑ - ●	✶
S. grandiflorum	a	30	3-5	B gelb	◑ - ●	✶
Tellima grandiflora Falsche Alraunwurzel	a	40	5-6	B rötlich	◑ - ●	
Thalictrum aquilegifolium Wiesenraute	a	100	5-6	B lila	◑	
Tricyrtis latifolia Krötenlilie	a	60	6	B gelb	◑ - ●	
Vinca minor Immergrün	a	15	4-6	B blau	◑ - ●	✶
Waldsteinia ternata Waldsteinie	a	10	3-5	B gelb	◑ - ●	✶
Kletterpflanzen						
Akebia quinata Akebie	a	-900	5-6	B violett	◑ - ●	
Clematis Waldrebe						
C. alpina	a	-250	4-5	B blau	◑	
C. glauca	a	-500	8-9	B orangegelb	◑	
C. macropetala	a	-250	4-5	B blau	◑	
C. montana 'Rubens'	a	-900	5-6	B rosa	◑	
Hedera colchica 'Sulphur Heart' Efeu	a	-500	9-10	L gelbgrün	◑	✶
Lonicera Geißblatt						
L. brownii 'Dropmore Scarlett'	a	-800	6-9	B orangerot	◑	
L. tellmanniana	a	-500	5-7	B goldgelb	◑	

Zeichenerklärung: a ausdauernd, ⊙ einjährig, ⊙ zweijährig; ◑ halbschattig, ● schattig; B = Blüte, L = Laub, F = Frucht

Monarde *(Monarda didyma)*

Waldsteinie *(Waldsteinia tenata)*

Hortensie *(Hydrangea japonica)*

Seidelbast *(Daphne mezereum)*

Bunte Blüten, Blätter und Früchte für schattige Ecken

Name lateinisch deutsch	Lebens- dauer	Wuchs- höhe (cm)	Blütezeit (Monat)	Farbe	Stand- ort	Boden- decker
Sträucher						
Calycanthus floridus Erdbeer-Gewürzstrauch	a	-200	6-7	B rot	◑	
Cornus alba 'Spaethii' Hartriegel	a	-300	5	L gelb	◑	
Daphne mezereum Seidelbast	a	-125	3-4	B rosa- lila	◑	
Hydrangea Hortensie						
H. japonica 'Impératrice Eugénie'	a	-150	7-8	B rosa- lila	◑	
H. macrophylla 'Bouquet Rose'	a	-150	7-9	B rosa	◑	
Kerria japonica Kerrie	a	-200	5-6	B gelb	◑	
Mahonia aquifolium Mahonie	a	-100	4-5	B gelb	◑ - ●	
Rhododendron Rhododendron						
R. catawbiense 'Grandiflorum'	a	-400	5-6	B lila	◑	
R. ferrugineum 'Tottenham'	a	-50	5-6	B rosa	◑	
Ribes aureum Goldjohannisbeere	a	-250	4-5	B gelb	◑	
Symphoricarpus orbiculatus Korallenbeere	a	-200	7-8	B, L, rot	◑	
Weigela florida Weigelie	a	-300	5-6	B rosa	◑	

Ausdauernde Gräser für schattige Lagen

Name lateinisch deutsch	Wuchshöhe (cm)	Blütezeit (Monat)	Standort
Carex Segge			
C. conica 'Marginata'	25	5	◑ - ●
C. grayi Morgensternsegge	75	6–8	◑
C. morrowii Japansegge	40	4–6	◑ - ●
C. pendula Pendelsegge	100	6–7	◑ - ●
C. plantaginea Breitblattsegge	30	5–6	◑ - ●
C. siderosticha 'Variegata' Breitblattsegge	20	5–6	◑ - ●
Deschampsia cespitosa Waldschmiele	70	6–7	◑
Festuca scoparia Bärenfellschwingel	25	6–7	◑ - ●
Luzula Marbel			
L. nivea Schneemarbel	40	6–7	◑ - ●
L. sylvatica Waldmarbel	40	5–7	◑ - ●
Molinia arundinacea Pfeifengras	120	8–10	◑
Sinarundinaria nitida Chinarohrgras	-300	--	◑
Uniola latifolia Plattährengras	80	9–10	◑

Winterharte Farne für schattige Lagen

Name lateinisch deutsch	Wuchshöhe (cm)	Stand- ort
Adiantum pedatum Venushaar	50	◑ - ●
Athyrium filix femina Frauenfarn	70	◑ - ●
Currania Teppichfarn		
C. dryopteris Eichenfarn	30	◑ - ●
C. robertiana Ruprechtfarn	25	◑ - ●

Winterharte Farne für schattige Lagen

Name lateinisch deutsch	Wuchshöhe (cm)	Stand- ort
Dryopteris		
D. affinis Goldschuppenfarn	80	◑ - ●
D. erythrosora Rotschleierfarn	50	◑ - ●
D. filix-mas Wurmfarn	100	◑ - ●
Matteuccia struthiopteris Becherfarn	80	◑ - ●
Onoclea sensibilis Perlfarn	45	◑ - ●
Osmunda regalis Königsfarn	120	◑ - ●
Phyllitis scolopendrium Hirschzunge	30	◑ - ●
Polypodium vulgare Tüpfelfarn	25	●
Polystichum Schildfarn		
P. aculeatum	60	◑ - ●
P. setiferum 'Proliferum'	50	◑ - ●

Zeichenerklärung: ◑ Halbschatten ● Schatten

Schildfarn *(Polystichum aculeatum)*

Ein »Hofstaat« für die »Königin der Blumen«

Name lateinisch deutsch	Lebensdauer	Wuchshöhe (cm)	Blütezeit (Monat)	Blütefarbe	Lichtbedarf
Ajuga Günsel					
A. reptans 'Atropurpurea'	a	15	4-6	blau	○-●
A. r. 'Purple Torch'	a	15	4-6	rosa	○-●
Alchemilla mollis Frauenmantel	a	40	6	grüngelb	○-●
Anchusa azurea 'Loddon Royalist' Ochsenzunge	a	100	5-7	blau	○
Anthemis nobilis 'Plena' Römische Kamille	a	20	5-6	weiß	○
Antirrhinum glutinosum Löwenmaul	a	15	6-10	weiß-gelb	○
Aquilegia × cultorum 'Blue Star' Akelei	a	60	5-6	hellblau	○-◑
Asperula lilaciflora Waldmeister	a	5	6-8	rosa	○
Astrantia major Sterndolde	a	60	7-9	grau-weiß	○-◑
Calamintha nepeta ssp. *nepeta* Steinquendel	a	50	8-11	lila	○
Campanula Glockenblume					
C. medium Marienglockenblume	⊙	80	6-8	blau, rosa, weiß	○
C. persicifolia Pfirsichblättrige Glockenblume	a	80	6-8	blau, weiß	○
Convolvulus sepium Zaunwinde	a	300K	6-9	weiß	○
Delphinium grandiflorum 'Blauer Zwerg' Rittersporn	a	50	6-7	blau	○
Dianthus gratianopolitanus 'Blaureif' Pfingstnelke	a	15	5-6	rosa	○
Digitalis purpurea 'Excelsior Hybriden' Fingerhut	⊙	120	6-7	weiß, rosa, rot	○-●
Dryas × suendermannii Silberwurz	a	15	5-6	weiß	○

Ein »Hofstaat« für die »Königin der Blumen«

Name lateinisch deutsch	Lebensdauer	Wuchshöhe (cm)	Blütezeit (Monat)	Blütefarbe	Lichtbedarf
Fragaria vesca var. *semperflorens* Monatserdbeere	a	25	5-10	weiß	○
Geranium Storchschnabel					
G. clarkei 'Kashmir White'	a	30	7-8	weiß	○-◑
G. himalayense 'Johnson's Blue'	a	40	6-7	violett	○-◑
G. renardii	a	30	6-8	weiß-violett	○-◑
Gypsophila Hybride 'Rosenschleier' Schleierkraut	a	30	6-9	rosa	○
Iberis amara Schleifenblume	⊙	30	6-8	weiß	○
Iris graminea Pflaumeniris	a	40	5-6	violett	○
Lathyrus latifolius 'Rosa Perle' Wicke	a	200K	7-9	rosa	○
Lavandula Lavendel					
L. angustifolia 'Hidcote Blue'	a	50	7-8	tief-violett	○
L.a. 'Hidcote Pink'	a	40	7-8	rosa	○
L.a. 'Munstead'	a	40	7-8	rosa	○
Linaria purpurea 'Canon Want' Leinkraut	a	80	7-9	rosa	○
Linum narbonense Lein	a	50	6-7	blau	○
Lobularia maritima (*Alyssum maritimum*) Steinkraut	⊙	15	6-10	weiß, lila	○
Lupinus perennis Lupine	a	60	5-8	blau	○-◑
Malva Malve					
M. alcea Präriemalve	a	70	6-8	rosa	○
M. moschata Moschusmalve	a	60	6-9	rosa, weiß	○
Nepeta Katzenminze					
N. × faassenii	a	30	5-9	lavendelblau	○
N. mussinii	a	30	5-9	blau	○
Nigella damascena Jungfer im Grünen	⊙	50	6-10	blau, rosa, weiß	○

Ein »Hofstaat« für die »Königin der Blumen«

Name lateinisch deutsch	Lebens-dauer	Wuchs-höhe (cm)	Blüte-zeit (Monat)	Blüte-farbe	Licht-bedarf
Origanum laevigatum Dost	a	40	7–9	purpur-rosa	○–◑
Penstemon campanulatus Bartfaden	a	80	6–8	zartrosa	○
Petrorhagia saxi-fraga 'Alba Plena' Felsennelke	a	20	6–9	weiß	○
Phuopsis stylosa Scheinwaldmeister	a	25	6–8	rosa	○–◑
Reseda odorata Duftresede	⊙	40	7–8	gelb	○
Salvia Salbei					
S. lavandulifolia	a	40	6–7	blau	○
S. nemorosa 'Blauhügel'	a	40	6+9–10	blau	○
S. n. 'Ostfries-land'	a	50	6–7+9	violett-blau	○
S. nevadensis	a	30	7	hellblau	○
Saponaria ocymoides Teppichseifenkraut	a	20	5–6	rosa	○
Scabiosa caucasica 'Clive Greaves' Skabiose	a	80	6–10	hellblau	○
Stachys Ziest					
S. lanata 'Silver Carpet'	a	20	–	--	○
S. grandiflora 'Superba'	a	60	5–6	rosa	○
Teucrium chamaedrys Gamander	a	30	7–9	rosalila	○
Thymus rotundifo-lius 'Purpurteppich' Thymian	a	8	7–8	purpurrot	○
Veronica Ehrenpreis					
V. armena	a	10	5–6	blau	○
V. incana	a	30	6–8	blau	○
V. longifolia 'Blauriesin'	a	80	7–8	blau	○
Viola cornuta 'Gustav Wermig' Hornveilchen	a	15	5–8	violett	○–◑

Zeichenerklärung: a ausdauernd, ⊙ einjährig, ⊙ zweijährig; ○ sonnig, ◑ halbschattig, ● schattig; K = Kletterpflanze, benötigt Kletterhilfe

Sterndolde (*Astrantia major* 'Rosensymphonie')

Marienglockenblume *(Campanula medium)*

Scheinwaldmeister *(Phuopsis stylosa)*

Bezugsquellen

Blumen- und Kräutersamen
Blauetikett-Bornträger GmbH
6521 Offstein

Flora-Frey
Focherstraße 30, 5650 Solingen

Gruydt-hoeck
Postbus 1414, NL – 7901 BX Groningen (Niederlande)

Samen Mauser
Zürichstraße 98,
CH – 8600 Dünbenhorst/Zürich (Schweiz)

Sperling
Postfach 2640, 2120 Lüneburg

Suffolk Herbs
Sawyer's Farm, Little Cornard, Sudbury, Suffolk CO 10 ONY, England

Syringa-Samenversand, Bernd Dittrich
Postfach 1203, 7702 Gottmadingen
(Samen von Duftpflanzen)

Thysanotus Samen-Versand, U. Siebers,
Postfach 448109, 2800 Bremen

Gerhard Wißmann, Spezialsämereien,
Arndtstraße 26, 4500 Osnabrück

Kräuter und Duftpflanzen
Blauetikett-Bornträger GmbH
6521 Offstein

Kayser & Seibert,
Odenwälder Pflanzenkulturen,
Wilhelm-Leuschner-Straße 85,
6101 Roßdorf

Bio-Gartenmarkt Keller
Konradstraße 17, 7800 Freiburg

Pflanzenwelt Scherneck
Lanzenhainer Straße 5, 6425 Lautertal 7

Dr. Hans Simon,
Gärtnerischer Pflanzenbau,
Staudenweg, 8772 Marktheidenfeld

Biologische Gärtnerei Wiedemann
7340 Geislingen-Aufhausen

Staudengärtnerei Gräfin von Zeppelin
7811 Sulzburg/Laufen

Staudengärtnereien
Georg Arends, Staudengärtnerei,
Monschaustraße 76, 5600 Wuppertal 21

Staudenkulturen F. Feldweber
A-4974 Ort im Innkreis (Österreich)

Staudenkulturen Hagemann
Walsroder Straße 324,
3012 Langenhagen 6

Kayser & Seibert,
Odenwälder Pflanzenkulturen,
Wilhelm-Leuschner-Straße 85,
6101 Roßdorf 1

Staudengärtnerei Heinz Klose
Rosenstraße 10,
3503 Lohfelden bei Kassel

Dr. Hans Simon,
Gärtnerischer Pflanzenbau,
Staudenweg, 8772 Marktheidenfeld

Staudengärtnerei Gräfin von Zeppelin
7811 Sulzburg/Laufen

Wildkräuter und Wildblumen (Samen bzw. Jungpflanzen
Conrad Appel GmbH,
Abt. Wildpflanzensamen,
Bismarckstraße 59, 6100 Darmstadt

Blauetikett-Bornträger GmbH
6521 Offstein

Gruydt-hoeck
Postbus 1414, NL – 9701 BX Groningen (Niederlande)

Berg-Garten Wildkräuter, Wolfhart Lau,
Lindenweg 17, 7881 Großherrischwand

Gerhard Wißmann, Spezialsämereien,
Arndtstraße 26, 4500 Osnabrück

Wasser- und Sumpfpflanzen
Rudi Hartmann, Versandbaumschule,
Postfach 1503, 2080 Pinneberg

Heinrich Junge, Wasserpflanzen,
3250 Hameln

Teichgärtnerei Ursula Oldehoff
8196 Achmühle

Karl Wachter, Wasserpflanzengärtnerei,
2081 Appen-Etz bei Pinneberg

Blumenzwiebeln und Dahlienknollen
Wiehler Dahlien,
Gärtnerei Otto Bergerhoff,
5276 Wiehl

Albrecht Hoch,
Importeur von Pflanzenspezialitäten,
Potsdamer Straße 40,
1000 Berlin 37 (Zehlendorf)

Blumen Horstmann
Postfach 540, 2200 Elmshorn

Samen Mauser
Zürichstraße 98,
CH – 8600 Dünbenhorst/Zürich (Schweiz)

Wilhelm Pfitzer
Täschenstraße 51, 7012 Fellbach

Gärtner Pötschke
Postfach 2220, 4044 Kaarst

Rheinische Blumenzwiebel-Kulturen
Rittergut Birkhof, 4052 Korschenbroich 3

Firma G.R. Vatter AG
Sägestraße 65, CH – 3098 Köniz-Bern (Schweiz)

Willemse
Am Bahnhof, 4193 Kranenburg

Rosen
Richard Huber, Baum- und Rosenschule,
CH – 5605 Dottikon (Schweiz)
(großes Sortiment historischer Rosen)

W. Kordes' Söhne, Rosenschule,
2201 Sparrieshoop über Elmshorn

Ingwer J. Jensen GmbH,
Kultivateur historischer und seltener Rosen,
Hermann-Löns-Weg 39, 2390 Flensburg

Schultheis – Historische Rosen
6350 Bad Nauheim – Steinfurth

Baumschulen
Baumschule Conrad Appel
Bismarckstraße 59, 6100 Darmstadt

Firma C. Esveld
Rijneveld 72, NL-2771 XS Boskoop
(Niederlande)

Christian Fey
5309 Meckenheim

Geisenheimer Baumschule
Postfach 1250, 6222 Geisenheim/Rhein

Baumschule Hesse
Postfach 240, 2950 Weener 1
(Ostfriesland)

Euro-Baumschule Rudolf Schmidt
2084 Rellingen (Holstein)

Ernst Wohlt, Baumschule,
Postfach 2207, 2080 Pinneberg

Kletterpflanzen-Spezialitäten
Abtei Neuburg
Stiftweg 2, 6900 Heidelberg-Ziegelhausen
(Spezialgärtnerei für Efeu)

Firma C. Esveld
Rijneveld 72, NL – 2771 XS Boskoop
(Niederlande)

Ingwer J. Jensen
Hermann-Löns-Weg 39, 2390 Flensburg
(Umfangreiches Clematis-Sortiment,
Efeu, Kletterrosen)

Bezugsquellennachweis für Gartenmöbel
art & form Garten- und Terrassenmöbel
GmbH
Ostring 15, 6451 Mainhausen 1/
Zellhausen

B & W Bock von Wülfingen
Wellbornstraße 13, 3210 Elze

Chilstone Garden Ornaments, England
Alleinvertretung für Deutschland:
Dietrich Schirmer, Weyertal 59,
5000 Köln 41

Die Gartengalerie, Monika Tittlbach +
Christiane Widmayr-Falconi
Seidlstraße 25, 8110 Murnau

Thomas Fleischmann GmbH
Kraftshofer Hauptstraße 156,
8500 Nürnberg 90

GARPA Garten- + Park-Einrichtungen
Kiehnwiese 1, 2050 Escheburg

Haddonstone, England
Alleinvertretung für Deutschland:
Renate Weber, Lange Straße 65,
4937 Lage

Stephan Kirchner Gartenausstattung
GmbH
2280 Keitum/Sylt

Teak & Garden
Michael Schmidt-Paris
Gut Schönau, 2057 Reinbek-Ohe

Vahle-Bänke
Hauptheide 5, 4800 Bielefeld 15/
Jöllenbeck

Lauben und Pavillons
E. Böcker KG
Postfach, 5220 Waldbröl-Hermesdorf

Leif Erikson
S – 26051 Ekeby (Schweden)

Garden Decoration
R.v. Splintersingel 14,
NL – 5954 BM Beesel (Niederlande)

Hölscher + Leuschner
Siemensstraße 15, 4448 Emsbüren

Macarel, Dr. Hasso W. Komp
Seltersweg 55, 6300 Gießen

Pavillonvertrieb Alfred Kötter
Clarholzerstraße 84, 4836 Herzebrock

Lagerfeld GmbH, Roland-Gartenpavillon
Kuenstraße 25, 2000 Hamburg 70

Firma Markendorf
Leerßer Straße 36, 2818 Syke

Paidos GmbH
Friedrich-Ebert-Straße 5–7,
4052 Korschenbroich 1

Trip-Trap, Havnen
DK – 9560 Hadsund (Dänemark)

Bezugsquellen für Pflanzgefäße:
Holzkübel in historischen Formen
Garpa Holert Handelsgesellschaft mbH
Kiehnwiese 1, 2050 Escheburg

Stephan Kirchner, Gartenausstattung,
2280 Keitum/Sylt

Teak & Garden
Michael Schmidt-Paris
Gut Schönau, 2057 Reinbek-Ohe

Granittröge
Manfred Czernei
Sillertshausen 51, 8309 Au/Hallertau

Theo Rauscher
Siedlungsstraße 29, 8391 Obernzell/
Donau

Pflanzgefäße aus gebranntem Ton
Die Gartengalerie
Monika Tittlbach + Christiane Widmayr-
Falconi
Seidlstraße 25, 8110 Murnau

Thomas Fleischmann GmbH
Kraftshofer Hauptstraße 156,
8500 Nürnberg

HELLAS VASEN, Gerhild Reid
Lerchenweg 1, 8193 Ammerland

Gartenornamente
Chilstone Garden Ornaments, England
Alleinvertretung für Deutschland:
Dietrich Schirmer, Weyertal 59,
5000 Köln 41

Harry W. Crowther, England
Alleinvertretung für Deutschland:
Dietrich Schirmer, Weyertal 59,
5000 Köln " rF33741

Die Gartengalerie, Monika Tittlbach +
Christiane Widmayr-Falconi
Seidlstraße 25, 8110 Murnau

Thomas Fleischmann GmbH
Kraftshofer Hauptstraße 156,
8500 Nürnberg 90

Haddonstone, England
Alleinvertretung für Deutschland:
Renate Weber, Lange Straße 65,
4937 Lage

Bezugsquellennachweis für
Efeu-Rankfiguren
Stephan Kirchner, Gartenausstattung
2280 Keitum/Sylt

Literaturhinweise

Balston, Michael: The Well-Furnished Garden, Mitchell Beazley International Ltd, London
Brookes, John: Gärten im ländlichen Stil, Christian Verlag, 1988
Clarke, Ethne / Perry, Clay: Gartenpracht – von der Schönheit englischer Bauern- und Landhausgärten, Gerstenberg Verlag, 1987
Courtier, Jane: Herbs, Ward Lock Limited, London, 1986
Dahl, Jürgen: Nachrichten aus dem Garten, Ernst Klett Verlag, 1985
Dittrich, Bernd: Duftpflanzen für Garten, Balkon und Terrasse, BLV Verlagsgesellschaft, 1988
Franke, Wolfram: Faszination Gartenteich, BLV Verlagsgesellschaft, 1988
Foerster, Karl: Blauer Schatz der Gärten, Neumann Verlag, 1953
Gallup, Barbara / Reich, Deborah: Geformte Pflanzen – eine alte Gartenkunst neu entdeckt, Du Mont Buchverlag, 1989
Garland, Sarah: Der duftende Kräutergarten, Mosaik Verlag, 1988
Greenoak, Francesca: Gartenträume – Ideen zum Nachahmen und Verlieben, Franckh'sche Verlagshandlung, 1989
Hobhouse, Penelope: Die Kunst der Gartengestaltung, Du Mont Buchverlag, 1989
Hobhouse, Penelope: Farbe im Garten, Verlag Eugen Ulmer, 1986
Jekyll, Gertrude: Pflanzenbilder aus meinem Garten, Verlag Eugen Ulmer, 1988
Kreuter, Marie-Luise: Der Biogarten, BLV Verlagsgesellschaft, 1988
de Lestrieux, Elisabeth: Gartenglück – 40 Ideen für schönere Hausgärten, Verlag Eugen Ulmer, 1987
Minke, Gernot / Witter, Gottfried: Häuser mit grünem Pelz, Fricke Verlag, 1983
McHoy, Peter: Garden Ornaments & Statuary, Ward Lock Limited, London, 1987
Nissen, Gerda: Alte Rosen, Verlag Boyens & Co, 1984
Pardatscher, Günter: Hecken im Garten, Verlag Eugen Ulmer
Phillips, Roger / Rix, Martyn: Rosen, Droemer Knaur, 1988
Rose, Graham: Der pflegeleichte Garten, Mosaik Verlag, 1985
Rose, Graham: Der romantische Garten, Mosaik Verlag, 1989
Sackville-West, Vita: Aus meinem Garten, Ullstein Verlag, 1986
Schinz, Marina: Wunderbare Gärten – Tore zum Paradies, Du Mont Buchverlag, 1986
Stein, Siegfried: Wassergärten – richtig anlegen, bepflanzen, pflegen, BLV Verlagsgesellschaft, 1984
Stevens, David: Kleine Gärten und Innenhöfe, Mosaik Verlag, 1987
Strong, Roy: Kleine Gärten ganz groß, Mosaik Verlag, 1988
Tergit, Gabriele: Kleine Geschichte der Blumen, Ullstein Verlag, 1981
Widmayr, Christiane: Bauerngärten neu entdeckt, BLV Verlagsgesellschaft, 1990

Sonstige:
Katalog der Heil- und Gewürzpflanzen, Blauetikett Bornträger GmbH, Offstein
Katalog der Staudengärtnerei Gräfin von Zeppelin, Laufen/Baden, 1989/90
Kataloge Nr.1,2,3 des Rosenkultivateurs Ingwer J. Jensen, Flensburg
Katalog der Wasserpflanzengärtnerei Ursula Oldehoff, Achmühle/Wolfratshausen

Verzeichnis der abgebildeten Gärten

Mr. und Hon. Mrs. Acloque, England:
Seite 113/114.

Madaleine van Bennekom-Scheffer, Holland:
Seite 39 oben, 62, 74 unten rechts, 90 oben, 163.

J. van den Brink, G. Geertman, Holland:
Seite 46 unten links, 76 unten.

Joy Brinkworth-Makeham, Holland:
Seite 18, 23 oben, 44 oben, 48 unten, 51, 153 unten links.

Mr. und Mrs. Buchanan, England:
Seite 27 oben.

Canneman-Philipse, Walenburg, Holland:
Seite 36, 42, 48 oben, 53.

Chilstone Garden Ornaments, England:
Seite 66 unten.

Mr. und Mrs. Collum, England:
Seite 30, 67, 124 oben links.

Mr. und Mrs. Coote, England:
Seite 12 links, 29, 94.

Ankie Dekker-Fokker, Holland:
Seite 80/81 unten.

Margery Fish, England:
Seite 72 oben rechts, 111 oben rechts.

Thomas Fleischmann, Deutschland:
Seite 16/17, 58/59.

Mr. und Mrs. Gault, England:
Seite 33 unten, 34, 61 unten, 89 oben.

Ineke Greve, Holland:
Seite 8/9, 37 links, 43, 60 oben rechts, 66 oben links, 68 unten, 70/71 unten, 72 oben links, 114, 118 oben, 118 unten, 126 oben, 136, 145, 146/147.

Mr. und Hon. Mrs. Healing, England:
Seite 13.

Rob Herwig-Modeltuinen, Holland:
Seite 46/47 unten, 50 unten, 131 oben.

Iden Croft Herbs, England:
Seite 161.

Familie Kögel, Deutschland:
Seite 112/113

Ton ter Linden, Holland:
Seite 24, 130/131 unten, 160 unten.

Walda Pairon, Belgien:
Seite 10/11, 12 rechts, 38 oben, 66 oben rechts, 73, 74 unten links, 75 unten, 81 oben rechts, 128 oben.

Poley-Bom, Holland:
Seite 19, 28, 36 unten, 37 rechts, 55, 66 oben links, 61 oben, 64/65 oben, 78 oben, 89 unten, 115, 173.

Patricia van Roosmalen, Belgien:
Seite 25 unten, 38 unten, 39 unten, 50 oben, 54 oben links, 54 unten, 56/57 oben, 57 unten, 60 unten, 63 oben, 63 unten, 68 oben, 83, 84/85, 110, 113 unten, 134, 138 unten links, 138/139, 140, 142, 143, 144, 150, 155.

Stiftung Tuinen Mien Ruys, Holland:
Seite 46 oben, 71 oben, 82.

Vita Sackville-West, Sissinghurst Castle Garden, England:
Seite 22/23 unten, 116, 122/123 unten.

Irmtraut Schoreck, Deutschland:
Seite 14/15, Seite 21.

Hans Stevense, Holland:
Seite 47 Mitte.

Familie Stump, Deutschland:
Seite 78 unten.

Monika Tittlbach, Deutschland:
Seite 76/77 oben, 93, 100 oben, 100 unten, 101.

Fini Widmayr, Deutschland:
Seite 47 oben.

Rosemary Verey, England:
Seite 26, 31 oben, 65 unten, 86/87, 88, 96/97, 98, 128 unten.

Register

A
Acanthus longifolius 129
Acer platanoides 'Drummondii' 94*
- -'Globosum' 83
Achillea 'Moonshine' 114*
– *ptarmica* 'Schneeball' 118, 125
– *umbellata* 118
Akelei 15, 101, 136
Aktinide 103
Alant 90f.
Alba-Rose' Great Maiden's Blush' 139
Alchemilla mollis 15, 62
Allium afflatunense 'Purple Sensation' 55
Ananas 106
Anchusa azurea 118
Antaemis nobilis 'Plena' 30
- -'Treneague' 30, 67
Apfelbaum 97
Apfelminze 113*
Apfelrose 106
Aristolochia 129
Artemisia 114*, 118
– *assoana* 117
– *schmidtiana* 'Nana' 122
– *stelleriana* 111
Artischocke 90f., 96
Astilbe 132, 136
Astrantie 117

B
Baldrian 117
Bank 17, 25, 60, 64f., 65*ff., 111, 145
Bärenklau 118, 129
Bärlauch 131
Barnsley House 55, 96f.
Bartblume 118
Bartnelke 98, 108
Basilikum 91
– 'Opal' 123
Bauerngarten 27f., 79ff., 96, 140
Baumhasel 52
Baumwürger 103
Beeteinfassung 116
Beifuß 86
Beinwell 90, 93, 129
Belag 19f.*
Berberis buxifolia 'Nana' 130
– *gagnepainii* var. *lanceifolia* 130
Berberitze 41, 102, 123, 130
Bergenie 79, 123, 129, 134, 136
Betonplatten 20, 35, 63
Birke 130
Birnbaum 144*
Blaublatt-Funkie 75, 81*, 129, 134
Blauregen 48
Bleiwurz 130
Blumenbogen 5, 19, 53f., 54*, 57, 139*, 144
Blumenkohl 'Purple Cape' 123
Blumenrabatte 13f.
Blütenhecke 41
Blutpflaume 52
Bohne 96, 98
Bohnenkraut 86
Boretsch 85, 87, 92f.
Bourbonrose 'Honorine de Brabant' 142*
Brauner Storchschnabel 123
Brokkoli 'Rosalind' 123
Brunnen 5, 59, 70*, 71, 76, 87
Brunnera macrophylla 83
Buche 115
Buchs 27*, 39*, 40ff., 74f., 80f., 81*f., 87*ff., 97f., 100*, 102, 116, 134, 143
Buschbohne 98*
– 'Purple Teepee' 123
Buschwindröschen 131
Buxus sempervirens 'Suffruticosa' 40, 81, 97
– – 'Arborescens' 81

C
Campanula alliariaefolia 66
– *persicifolia* 117
– *raddeana* 125
Celastrus 103
Centaurea dealbata 'Steinbergii' 125
Chicoré 98
Chinakohl 98
Chinarohrgras 103, 130
Christrose 92, 103, 130
Clematis 45, 47, 79, 134*, 143
– *alpina* 42, 79
– *montana* 48
– *montana* 'Rubens' 45, 100
– *texensis* 79
– *vitalba* 42, 103
– x *jackmanii* 123
Clematis-Hybride 120*
– 'Madame le Coultre' 134
– 'Miss Bateman' 117
Climbing-Rose 'Schneewittchen' 116f.
Cotoneaster 102, 130
Cotula potentillina 31
– *potentillina squalida* 31
Crataegus arrierei 83
– *laevigata* 'Paul's Scarlet' 83
Currykraut 87*

D
Dahlie 15, 104, 115
Damaszener Rose 105, 138, 139
Delphinium 118
Dianthus caesius 'Blaureif' "127
Dichternarzisse 107*
Digitalis lutea 114*
– *purpurea* 'Alba' 66
Dill 86f., 91, 93, 129
Diptam 113*, 130
Dochtblume 117
Dreimasterblume 132
Duft 29f.*, 105
- -Pelargonie 106
- -Potpourri 86, 106, 109
- -Seerose 109*
Duftbank 67, 106
Duftbeet 107
Duftgarten 53, 104, 106
Duftpfad 29
Duftpflanze 30, 85, 105f., 108
Duftwicke 48, 79, 109

E
Eberesche 103
Eberraute 91f., 97, 106, 108
Echte Kugelakazie 83
Echter Rotdorn 83
Echter Wein 56
Edeldistel 118
Efeu 45, 51*, 79, 83, 100f.*, 103
Ehrenpreis 117
Eibe 19, 38*, 41f., 79, 81, 83, 89, 103, 115, 127, 134, 145
Einfassung 23, 40, 43, 45, 87
Eissalat 98
– 'Rosa' 123
Elfenblume 130
Endivie 98
Engelstrompete 109
Engelwurz 89f.
Erbse 94, 98
Erdbeere 105f., 142f.
Estragon 88
Euonymus fortunei 130

F
Färbekräuter 86
Färbermeister 86
Färberwaid 86
Farn 129f.
Federmohn 131
Feldahorn 52
Feldthymian 30
Feldulme 52
Felsenbirne 102
Fenchel 88f., 91, 96f.
Fetthenne 127
Feuerbohne 48, 54, 96, 98
Feuerdorn 41, 102
Fichte 130
Fiederpolster 31
Fingerhut 15, 66, 88, 101, 116, 131*, 132, 136*, 143
Fingerkraut 125
Fingerstrauch 102, 117
Flechten 44, 66, 79
Flieder 102
Floribundarose 140
Foeniculum vulgare 'Purpureum' 91
Forsythie 102
Frauenmantel 15, 18, 62, 79*, 88, 92, 103, 123, 125, 129, 134, 136, 143
Fruchtkorb 73*
Fugenpflanzen 44*
Funkie 55, 75, 79, 83, 103, 123, 129, 131*, 134, 136

G
Gallica-Rose 'Assemblage des Beautés' 139
––– 'Gloire de France' 126*
Gamander 87*
Gartenaurikel 122
Gartenhäuschen 5, 12, 60, 67ff., 69*
Gartenornament 5, 34, 59, 76ff., 81*, 83
Gartenraute 111
Gedenkemein 130f.
Gehölze 19, 40, 42, 52, 68
Geißbart 131, 136*
Geißblatt 45, 53, 56*, 65, 69, 79, 103, 105, 109, 134
Gelber Lerchensporn 103, 130, 134, 136*
Gemüsegarten 44, 86f., 96
Geranie 75, 92
Geranium 15
– *endressii* 126*, 127
– *macrorhizum* 'Ingwersen' 130
– *renardii* 66, 117, 130
– 'Spessart' 130
Gerberlohe 28
Gewächshaus 13, 96
Gewürzminze 110
Gitterhecke 51f.
Gitterspalier 47*, 48*, 68f.
Gitterwand 48f., 69
Glaskugel 73, 76*, 79
Glockenblume 65f., 116, 136*
Glockenrebe 48
Glyzine 55f.*, 56, 103, 106
Goldbandlilie 116
Goldglöckchen 43
Goldhopfen 54*, 98
Goldlack 105, 107*
Goldmohn 101
Goldnessel 131*
Goldregen 55f.
Goldrute 86
Granit 20f., 21, 24*, 25ff.*, 31, 34f., 61, 63, 92, 115
Grasweg 29
Gunnera 129
Günsel 118
Gurke 98

H
Hagedorn 83
Hainbuche 41, 68, 143, 145
Hängelobelie 75
Hartriegel 102, 131*
Haselwurz 131, 134
Hasenglöckchen 131
Hauswurz 73f., 101
Hecke 5, 10f., 13f., 17, 37*ff., 49f., 61, 63, 65, 67, 79, 81f., 88, 106, 115f., 130, 143f.
Heidekraut 77
Heiligenkraut 18, 40, 87*, 91, 93, 97, 108f., 111, 117
Helianthus salicifolius 129
Heliotrop 108*, 109
Helleborus niger 103

Herbstaster 104, 115
Himbeere 50
Hochbeet 67
Hochstammrose 79, 98
Holzapfel 52
Holzbirne 52
Holzschutzmittel 46, 48, 51, 57, 93
Holzschwellen 35
Hornveilchen 125
Hortensie 75, 134, 136
Hosta 55, 79, 83
– 'Ground Master' 131*
– 'Thomas Hogg' 129
– *sieboldiana* 'Elegans' 75, 128*, 129
Humulus lupulus 'Aureus' 98
Husarenknopf 75
Hyazinthe 107*, 115
Hydrangea anomala ssp. *petiolaris* 45, 103
– *aspera sargentiana* 134, 136
– *macrophylla* 75
Hypericum 103

I
Immergrün 103, 131, 136
Immergrüne 101
Indianernessel 102
Iris 87 f., 92, 105

J
Japanischer Liguster 42
Japansegge 130
Johannisbeere 97
Johanniskraut 103
Junger im Grünen 101, 116, 142
Juniperus communis 'Hibernica' 19

K
Kalebasse 48
Kalmus 110
Kamille 29, 30*, 41, 67*, 101
Kapringelblume 127
Kapuzinerkresse 47, 92, 97
Karotte 97
Kartoffel 97 f.
Kastanie 104
Katzenminze 92, 100 f., 101*, 118, 143
Kaukasus-Storchschnabel 123
Kaukasusvergißmeinnicht 83
Kerbel 91, 93
Kermesbeere 90
Kerrie 102
Kies 19 f., 26 f., 27*, 34 f., 63, 67, 75, 91, 129
Kiesel 17, 25*, 34 f., 55, 63, 72, 90
Klatschmohn 41, 101
Kletterbrombeere 50, 54
Klettergerüst 47, 49
Kletterhortensie 45, 56*, 134*
Kletterknöterich 11, 103
Kletterpflanze 11 f., 42, 44*, 45, 47 ff., 56 f., 67, 79, 100, 115, 134
Kletterrose 19, 42*, 45, 49* f., 50*, 65, 69, 100, 106, 131*, 139*, 143 f., 144*
– 'Adelaide d'Orléans' 144
– 'American Pillar' 144
– 'Bobby James' 144
– 'Coral Dawn' 56
– 'Filipes Kiftsgate' 144
– 'François Juranville' 144
– 'Fräulein Octavia Hesse' 145
– 'Goldstern' 42, 56
– 'Lawinia' 42
– 'Long John Silver' 144
– 'Lykkefund' 145
– 'May Queen' 127
– 'Mme. Alfred Carrière' 144
– 'Morning Dawn' 42
– 'New Dawn' 42, 102
– 'Paul's Lemon Pillar' 134, 144
– 'Polstjärnan' 144
– 'Rambling Rector' 144
– 'Seagull' 144
– 'Sympathie' 56
– 'Wedding Day' 145
Klinker 20 ff., 23*, 26*, 31, 34 f., 61, 63, 97, 115
Klostergarten 87
Knoblauch 106
Knotengarten 87*
Kohl 96 f.
Kolkwitzie 43
Konifere 83
Königskerze 41, 52, 92, 98, 101, 125
Kopfsalat 98
– 'Inka' 123
Kornblume 65
Kornelkirsche 52, 68
Krause Minze 110
Kräutergarten 17, 23, 30, 85, 87 ff.*, 90*, 93
Kresse 96
Kreuzkraut 136
Kriechender Günsel 122 f.
Krokus 107*, 115
Kübelpflanze 34, 109
Küchengarten 5, 11, 23, 28, 50*, 53 f.*, 82, 94*, 96 ff.
Küchenkräuter 13
Kugelakazie 103
Kunststein 66, 72
Kunststeinplatten 26*
Kürbis 47

L
Laburnum wateri 'Vossii' 56
Lamium maculatum 'Shell Pink' 134
– – 'White Nancy' 132
Laube 67 f., 68*, 69, 85, 98, 106, 144
Laubengang 5, 53 ff., 98, 106
Lauch 96
Laufkamille 30, 36, 62, 106
Laufminze 31
Lavandula angustifolia 'Hidcote Blue' 89, 125
Lavendel 18, 40, 86 f.*, 89, 91, 97, 102, 108*, 109, 125, 143
Lein 118
Leinkraut 103, 113*, 142 f.
Leitstauden 14
Levkoje 105*, 108*, 122, 142
Liebstöckel 88, 90, 93
Liguster 41, 82, 88, 102, 115
Ligustrum ovalifolium 42
Lilie 74 f., 92, 96, 108*, 109, 114
Linde 68
Lobelie 75
Lonicera periclymenum 42
Lorbeer 74, 82, 92
Lungenkraut 116, 129
Lupine 116, 118, 122, 142

M
Madonnenlilie 87 f., 92, 105*, 116 f.
Mahonie 102
Maiglöckchen 105
Malve 102
Mammutblatt 128*, 129
Mangold 97
Margerite 41, 65, 92, 101
Marienglockenblume 142
Mauer 5, 17, 32, 37 ff., 44*, 45 f., 48, 60, 63, 93, 100, 111, 115, 124, 130, 134, 145
Meerkohl 116
Meerrettich 87, 89
Melaphyr 24
Mentha piperita var. *citrata* 110
– – – *piperita* 110
– – – 'Aureovariegata' 110
– – – 'Black Variety' 110
– *pulegium* 31, 110
– *requienii* 31, 110
– *rotundifolia* var. *Bowles* 110
– – – *variegata* 110
– *spicata* var. *crispa* 110
– – – *spicata* 110
– *suaveolens* 110
Minze 29, 106, 110
Mispel 103
Mohn 65, 98
Möhre 96
Monarde 88
Moos 23, 44, 66, 79
Moschusmalve 88, 142
Moschusrose 105
Mutterkraut 41, 88, 92, 100*, 101

N
Nachtkerze 15, 41, 88, 98, 108, 125
Nachtviole 107 f., 132
Nadelhölzer 42
Narzisse 55, 75, 124
Naturstein 21, 26, 34 f., 63
Natursteinplatten 21*, 34, 63, 69, 91
Nelke 105, 127
Nessel 55
Niveauunterschied 10

O
Obstbaum 80
Obstgarten 44
Ochsenzunge 118
Ocimum basilicum 'Opal' 91
Oleander 74 f., 92, 109
Orange 75, 106

P
Pachysandra 103
Päonie 87, 92, 96
Papaver orientale 'Graue Witwe' 122
– – 'Juliane' 122
Papyrus-Sonnenblume 129
Parthenocissus ricuspidata 'Veitchii' 45
Pavillon 67, 69, 106, 143 f.
Pelargonie 106
Pergola 5, 11, 26, 53, 56 f., 106, 110, 116, 144
Perlkies 27, 34, 69
Perückenstrauch 123
Petersilie 86, 92, 96 f.
Petunie 75
Pfefferminze 110
Pfeifenstrauch 102, 106
Pfeifenwinde 48, 103, 129
Pfirsich 106
Pfirsichblättrige Glockenblume 118
Pflasterstein 17
Pflücksalat 97 f.
– 'Lollo Rossa' 123
– 'Red Salad Bowl' 123
Phacelia 101
Phlox 116 f.
Phuopsis stylosa 126*
Picea glauca 'Conica' 83
– – 'Laurin' 83
Podest 34
Poleiminze 31*, 110
Polsternelken 118
Polsterpflanzen 52
Polyantha-Rose 140
Polygonum aubertii 11
Portulak 90
Potentilla fruticosa 'Abbotswood' 117
– *recta* 'Warrenii' 125
Primel 124, 136
Pulmonaria officinalis 'Sissinghurst White' 116

Q
Quarzit 21
Quendel 30, 90, 93

R
Rabatte 13*, 14, 29, 49, 112, 115, 145
Radicchio 98
Rainfarn 86, 106
Rankgerüst 124

Rankgitter 5, 11, 13, 48, 65
Ranunkelstrauch 136
Rasen 5, 20, 26, 29 ff., 52, 65, 78, 85
Rasenpfad 29, 29*
Raumteiler 10 f., 17, 38, 45*, 49*
Raute 105
Reseda 105, 106*, 108
Rheum palmatum 'Tanguticum' 129
Rhododendron 102, 130, 136
Rindenmulch 28*
Rindenschnitzel 26
Ringelblume 86, 88, 101
Rittersporn 52, 117 f.
Robinia pseudoacacia 'Bessoniana' 83
– – 'Umbraculifera' 83, 103
Rodgersia abularis syn. *Astilboides tabularis* 128
– *aesculifolia* 132
– *pinnata* 129
Römische Kamille 30, 67, 86, 88, 90
Rosa alba 51, 139
– *centifolia* 51
– *damascena* 51
– *gallica* 51, 139
– *gallica* 'Officinalis' 139*
– – 'Versicolor' 143
– *longicuspis* 116
– *omeiensis pteracantha* 102
– *pimpinelle* 'Stanwell Perpetual' 143
– *rubiginosa* 51
– *rubrifolia* 143
Rose 5, 27, 50, 52, 56*, 68, 85 ff., 96, 102, 105 f., 113*, 126*, 138, 140, 142 f., 143*, 144 f., 145*
– 'Aimable Rouge' 138
– 'Assemblage des Beautés' 138
– 'Belle Isis' 138
– 'Constance Spry' 145
– 'Rose des Quatre Saisons blanc mousseux' 139
– 'Kathleen Harrop' 103
– 'La France' 140
– 'Madame Hardy' 143
– 'Moonlight' 108
– 'New Dawn' 103
– 'Raubritter' 139*
– 'Schneewittchen' 114*, 143
– 'Souvenir de la Malmaison' 138
– 'Tuscany' 143
– 'William Lobb' 140*
Rosenbogen 53*, 143
Rosenkohl 97
Rosenlaube 5, 145
Rosmarin 92, 105, 108*
Rotbuche 41
Rudbeckie 98

S

Sagina subulata 62
Salat 93 f., 96, 98
Salbei 18, 88, 91 ff., 98, 105, 118, 122, 125, 127
Salvia officinalis 'Purpurascens' 91
Samthortensie 132*, 134
Sanvitalio procumbens 75
Sauerkirsche 52
Säule 55, 57, 75*, 79, 83, 134
Säulenwacholder 19
Schafgarbe 118, 125
Schattengarten 130, 134
Schattenhartheu 130
Schaublatt 123, 132
Schaumblüte 131 f.
Scheinmohn 130
Scheinwaldmeister 126*, 143
Scheinzypresse 83
Schiefer 21
Schildfarn 134
Schleifenblume 101
Schlingknöterich 69
Schmuckkörbchen 101
Schneeball 102
Schneebeere 103
Schneefederfunkie 132
Schnittlauch 85 f., 92, 97
Schotter 20, 27, 34
Schottische Zaunrose 51, 105
Schwertlilie 100 f.*, 103, 116, 122
Scilla non-scripta 131
Sedum populifolium 127
Seerosen 32
Sichtschutz 14, 47
Silberkerze 52*, 130 f.
Silberling 101
Sissinghurst 64, 116*, 144
Sitzplatz 11, 18, 32 f.*, 59 f., 63*, 112
Skulptur 59, 73, 78*, 79 f., 97
Sommerblumen 14, 45, 52, 100*, 101, 106
Sommerflieder 102
Sommerzwiebel 'Piroska' 123
Sonnenblume 98
Sonnenröschen 125
Sonnenschutz 56
Sonnenuhr 76, 78 f., 87, 89*, 97, 134
Spalier 48, 106, 134, 144
Spaliergitter 62, 98, 108
Spalierobst 11, 50*, 55*, 97
Spierstrauch 102
Spinat 97
Spindelstrauch 131
Spinnenpflanze 127
Spitzahorn 83
Spornblume 113*, 118, 127
Sprudelstein 72*
Stachelbeere 97
Stangenbohne 98*
– 'Purple Padded' 123
Star of India 120*
Statue 76 f., 79, 87, 116
Staude 14, 52, 101, 106, 111, 132
Stechapfel 108
Stechpalme 41, 82, 102
Steinbrech 131
Steinkraut 75, 97, 101, 124*
Sterndolde 123, 142
Sternmoos 62
Stiefmütterchen 75, 97, 108, 122
Stielmangold 98
Stockrose 52, 98, 122
Storchschnabel 15, 113*, 118, 126*, 127, 130, 132
Strauch 14, 45, 101, 130, 136
Strauchhortensie 103
Strauchrose 92, 101, 101*
– 'Moonlight' 66

T

Tafelblattrodgersie 128
Tagetes 108
Taglilie 108*, 114*, 118, 125
Tausendschönchen 97
Taxus baccata 81
– *media* 'Hicksii' 19
Teppichpflanze 29 ff.
Terrakottatopf 74*, 92, 98
Terrasse 38, 56, 60 f., 61* f., 63, 67, 70, 74, 78, 85, 88, 91 f., 112
Thuja 83
Thymian 29 ff., 31*, 36, 62, 67, 85, 97, 101, 106
Thymus citriodorus 30
– *serpyllum* 30
– – 'Albus' 30
– – 'Coccineus' 30
Tiarella cordifolia 132
– *wherry* 132
Tilia cordata 56
Tomate 96, 98
Trauerrose 79
Treppe 17, 32* f., 34, 36*, 78, 106
Treppenpflanze 36, 62
Trichterwinde 122
Trockenmauer 45*, 106
Tulpe 55, 75, 107*, 115
Türkenbund 131 f.
Türkenmohn 122

V

Veilchen 104 f.
Verbene 75
Vergil 138
Vergißmeinnicht 75, 97
Villandry 96
Vinca 103
Vogelbad 59, 71 ff.*

W

Wacholder 82 f.
Waldgeißblatt 42, 108
Waldglockenblume 132
Waldmarbel 130
Waldmeister 108*, 131
Waldrebe 106
Waldsteinie 130 f.
Walnußbaum 65, 89
Wandelgang 56*
Waschbeton 34, 61
Wäscheplatz 17, 19
Wasserbecken 19, 32, 59, 70 f.
Wasserfeder 109
Wasseriris 32
Wasserminze 110
Wasserpflanze 109
Weidenblättrige Birne 116
Weigelie 102
Weinrebe 50, 56
Weißdorn 68, 82
Weiße Rose 139
Wermut 88
Wicke 123
Wiese 65
Wilde Malve 41
Wilder Wein 45, 56, 79, 98, 103
Wildrose 139 f.
Winde 142
Windschutz 10, 14, 37
Winterjasmin 124
Winterlinde 56
Winterling 124
Wolfsmilch 123
Wollziest 111, 117
Wunderblume 101, 109

Y

Ysop 97

Z

Zaubernuß 136
Zaun 17, 37 ff., 41, 46*, 47*, 48 f., 51, 100 f., 144
Zentifolie 139, 142
Zichoriensalat 'Roter von Verona' 123
Ziegel 22 f., 44, 67, 93, 97
Zierapfel 103
Zierkirsche 103
Zierkohl 97
Zierkürbis 69
Zierlauch 55
Zierornament 79
Zierquitte 102
Zierrhabarber 129
Ziertabak 108*, 109
Ziest 108
Zitrone 74, 106
Zitronenmelisse 89, 92 f.
Zuckerhut 98
Zuckerhutfichte 83
Zwergkonifere 77
Zwiebelblumen 14
Zypresse 79
Zypressenwolfsmilch 123

Die schönsten BLV Gartenbücher – speziell für Sie ausgesucht!

BLV Gartenberater
Christiane Widmayr

Bauerngärten neu entdeckt

Geschichte, Gestaltungsmerkmale und typische Pflanzen des Bauerngartens, Pflegeansprüche, Verwendungsmöglichkeiten, Gestaltung im städtischen Bereich.

5. Auflage, 175 Seiten, 85 Farbfotos, 31 s/w-Fotos, 9 farbige und 17 s/w-Zeichnungen

Handbuch Garten

Praxisnahes Nachschlagewerk über alle Gartenbereiche: Gartengestaltung, Boden und Düngung, Vermehrung, Gehölze, Rasen, Rosen, Stauden, Sommerblumen, Kletter- und Kübelpflanzen, Wassergarten, Naturnaher Garten, Gemüse und Mischkultur, Obst, Kräuter und Gewürze, Gärtnern unter Glas und Folie, Pflanzenschutz, Gartenrecht, mit Jahresarbeitskalender.
487 Seiten, 849 Farbfotos, 96 farbige Zeichnungen

Wolfram Franke

Faszination Gartenteich

Teichanlage mit verschiedenen Materialien; ökologische Zusammenhänge, Bepflanzungsbeispiele und Bepflanzungspflege; Tiere im und am Gartenteich; spezielle Elemente wie z. B. kleine Bäche und Springbrunnen; Gartenteich-Probleme im Überblick.

2. Auflage, 183 Seiten, 189 Farbfotos, 8 farbige Zeichnungen, 16 Grafiken

Michael Lohmann

Der bunte Blumengarten

Ideenreiche Beispiele, wie man mit Stauden, Sommerblumen und Gehölzen ein bezauberndes Blumenparadies anlegen kann – mit vielen praktischen Arbeitsanleitungen.

111 Seiten, 125 Farbfotos, 13 Zeichnungen

BLV Gartenberater
Edgar Gugenhan

Bunte Gärten auf Balkon und Terrasse

Alles über das Gärtnern auf Balkon, Loggia, Terrasse und Dachgarten: Gestaltung, Pflegeanleitungen, Pflanzenauswahl.

183 Seiten, 107 Farbfotos, 41 s/w-Fotos, 8 Zeichnungen

Marie-Luise Kreuter

Der Bio-Garten

Das Standardwerk für den naturgemäßen Anbau von Gemüse, Obst und Blumen: alles über Aussaat, Pflanzung, Pflege und Ernte sowie die Anlage eines Naturgartens mit vielen neuen Tips zu Sorten, Präparaten, Geräten und Methoden!

13. Auflage, 319 Seiten, 334 Farbfotos, 275 farbige Zeichnungen

Michael Lohmann

Das Naturgartenbuch

Grundlagen und praktische Anleitungen: Klima, Wetter, Biologie von Pflanzen und Tieren; Planung, Obst- und Gemüsegarten, Hecken, Gehölze, Blumenwiese, Gartenteich, Steine, Felsen, Mauern.

2. Auflage (Neuausgabe), 176 Seiten, 99 Farbfotos, 16 s/w-Fotos, 39 Zeichnungen

Michael Lohmann

Der natürliche Garten

Anschauliche Anleitungen zur Anlage und Bepflanzung eines Naturgartens; typische Naturgarten-Elemente wie Wildhecke, Gartenteich, Fassadengrün oder Blumenwiese; Informationen zu den Lebensgemeinschaften sowie zum biologischen Gemüse- und Obstanbau.

111 Seiten, 109 Farbfotos, 3 Zeichnungen

Michael Lohmann

Der kleine Küchengarten

Informativer, reich illustrierter Wegweiser für alle, die in kleinen Gärten Salate, Gemüse, Gewürze, Teekräuter, Beeren- und Baumobst effektiv anbauen wollen.

111 Seiten, 118 Farbfotos, 5 Zeichnungen

BLV Garten- und Blumenpraxis 320
Marie-Luise Kreuter

Der naturgemäße Kräutergarten

Anlage eines Kräutergartens, Gewürz- und Heilkräuterarten, Pflegemaßnahmen, Ernte, Verwendung.

128 Seiten, 136 Farbfotos, 2 s/w-Fotos

BLV
Verlagsgesellschaft
München

In unserem Verlagsprogramm finden Sie Bücher zu folgenden Sachgebieten:
Garten und Zimmerpflanzen · Natur · Angeln, Jagd, Waffen · Pferde und Reiten
Sport und Fitness · Reise und Abenteuer · Wandern und Alpinismus · Auto und Motorrad
Essen und Trinken · Gesundheit.

Wünschen Sie Informationen, so schreiben Sie bitte an:

BLV Verlagsgesellschaft mbH, Postfach 40 03 20, 8000 München 40.